华为没有秘密 2

华为如何
用常识塑造伟大

吴春波 著

中信出版集团 · 北京

图书在版编目（CIP）数据

华为没有秘密 . 2 / 吴春波著 . -- 北京：中信出版社，2018.11（2024.7重印）
ISBN 978-7-5086-9337-8

I. ①华… II. ①吴… III. ①通信企业－企业管理－经验－深圳 IV. ① F632.765.3

中国版本图书馆 CIP 数据核字（2018）第 182339 号

华为没有秘密 2

著　　者：吴春波
出版发行：中信出版集团股份有限公司
（北京市朝阳区东三环北路 27 号嘉铭中心　邮编　100020）
承 印 者：北京盛通印刷股份有限公司

开　　本：880mm × 1230mm　1/32　　印　　张：13.25　　字　　数：333 千字
版　　次：2018 年 11 月第 1 版　　印　　次：2024 年 7 月第 5 次印刷
书　　号：ISBN 978–7–5086–9337–8
定　　价：58.00 元

目　录

序　跟着走的旁观者　V

一　发展历程：苦难与辉煌

1. 身份的证明：从华为的四年企业形象广告所看到的　002
2. 华为的最伟大之处：等得及！　016
3. 华为以过冬的心态活在春天里　026
4. 以奋斗者为本：解读华为人力资源管理的新动向　040
5. 华为诤言：大机会时代下千万不要机会主义　054

二　不忘初心：坚守与聚焦

1. 华为组织驱动力模型：开放、自我批判和持续对标　060
2. 庇护华为成长的七个基本常识　070
3. 华为战略有特色没秘诀　079
4. 华为的压强原则　086
5. 华为是如何将一帮草莽英雄打造成正义铁军的？　090
6. 任正非：别妄谈工业 4.0，工业自动化的堡垒还没攻破　096
7. 2016 年任正非说了什么？　100

三 砥砺前行：悲壮与激昂

1. 1996 年市场部大辞职 106
2. 2007 年华为的集体大辞职 112
3.《天道酬勤》一文写作始末 126
4. 华为的床垫文化 136
5. 华为是如何自我批判的（上） 144
6. 华为是如何自我批判的（下） 159
7. 华为是如何开大会的 173
8. 华为是如何发奖的 180

四 梦的力量：守望与信仰

1. 华为的核心价值主张是如何演变的 198
2. 华为核心价值观的内在逻辑 211
3. 华为的蓬与麻 221
4. 分享岂止唯利益 225
5. 激励断思 229
6. 华为的集体宣誓 232
7. 华为的小费文化 245
8. 华为的“八条要求”与“十六条军规” 252

五 见微知著：孤独与血性

1. “我鼓励你们奋斗，我自己也会践行” 260
2. 教育：任正非与柳传志的一次碰面 266
3. 任正非日本考察札记 273
4. 任正非的首次美国之行 285
5. 任正非：建筑反映了企业的价值观和文化 288

6. 钥匙中的管理哲学 296
7. 两张“网红”照片背后的故事 300
8. 华为都在学什么 307
9. 任正非与韦慧晓 315
10.“他姓任，故任性” 318
11. 华为人的吃饭文化 321
12. 华为的咖啡文化 327
13. 任正非脑中的四条船 333

六 编外补拾：往事如云

1. 参与修订《基本法》 344
2. 我为华为上课的日子 366
3. 只言片语话华为 394

后 记 411

序

跟着走的旁观者

这本书是我对华为的观察记录，汇集的是我对这家企业的观察、记录、心得、感悟、思考与体验。

1995 年 12 月，我第一次以咨询者的身份与华为结缘，转眼已经是 22 个年头。当年的华为，有 1 200 名员工，销售额只有 15 亿人民币，是一个为活下来而苦苦挣扎的小公司，与那些声名显赫的大公司相比，华为如同一棵弱小的小草。

第一次进入华为，留下深刻印象的只有两点：其一是老板非常有个性，与深圳的那些老板不一样；其二是华为的员工年轻，公司像个大学校园。回首往事，一个教书匠能够与一个世界级的中国高科技公司有交集，或许是命中注定，或许是运气好，这种机遇是可遇不可求的。因为华为，我改变了人生，改变了人生的道路，人生只为一件大事来！

在早期，我作为管理顾问，在华为还颇有指点江山或者说指手画脚的感觉，毕竟当年华为的管理处于“乱中求治”的建构阶段，没有能力也没有觉悟进行系统的管理体系的建设；随着公司的高速发展，华为在“治中求乱”中构建了经营与管理的均衡体系，我当年的良好感觉也逐渐变为失落。曾在网上看到一个段子，说的是毛毛问父亲邓小平：

“长征时你干什么了？”邓小平用浓重的四川话回答：“跟着走。”复问：“光走吗？”回答：“有时候也骑牲口。”管理大师彼得·德鲁克曾自称为“旁观者”，其自传亦以此为名。对于伟人和管理大师，我难以望其项背，不敢与其齐肩。在华为的二十几年，个人角色定位，其实就是一个微不足道的“跟着走”的“旁观者”。与华为一路同行，边走边看，边看边思，有点心得，有点感悟，记录下来，于是就有了这本书。

感谢命运的垂青，感谢任正非先生的认可，感谢华为的平台，使我能够零距离地与一个公司一同走过20余年，能够近距离地观察一个公司由弱小到壮大的痛苦的成长过程。作为亲历者，我见证了华为在成长发展过程中的点点滴滴，风风雨雨；作为亲历者，我也目睹了华为成长路上的那些里程碑式的大事件：市场部大辞职，《华为公司基本法》（简称《基本法》），先僵化、后优化、再固化的世界级管理体系的引进，NVQ（英国国家职业资格体系），IPD（集成产品开发），ISC（集成供应链）、IFC（国际金融中心），与思科之争，“从泥坑中爬起来的是圣人”，集体降薪，自主创业，七千人集体辞职，“雄赳赳，气昂昂，跨过太平洋”，轮值CEO（首席执行官），美国国会调查，呼唤炮火，等等；也经历过“华为的冬天”，感受过“北国之春”，目睹过“一江春水向东流”，忧思过“华为的红旗到底能打多久”。

华为从小到大，坚持“以客户为中心，以奋斗者为本，长期坚持艰苦奋斗”的经营哲学和成长逻辑，经过30年的努力，成为在改变世界经济格局中的中国力量，引起世人的关注是很正常的。大量的学者及出版物都在执着地从不同的角度探索研究华为及任正非成功的秘密、基因、密码、秘诀、秘籍、真经和关键要素。在早期，我也怀有如此目的。很遗憾，我至今并没有找到所谓华为成功的秘密，或许只缘身在此山中。如果说，在华为有什么重大发现的话，那就是“常识”，对企业成长和经营管理常识的探索，对常识的遵从，对常识的敬畏，对常识的坚守。据此，这本小册的书名定为《华为没有秘密 2》。如此书名，可能不合时宜，或许会让读者失望，但作为一个长期近距离的旁观者和零距离的参与者，我看到和感受到的是一个没有秘密的华为，华为真的没有秘密！

经历过华为由一棵弱不禁风的小草，成长为企业丛林中的一棵大树，是一种幸运。如果不能记录这棵大树的成长年轮，则是暴殄天物式的浪费。哲人言：理论是灰色的，实践之树常青。依靠在华为的大树下，作为一个蹩脚的画工，忙里偷闲地鼓捣点灰色的理论，已成为我的一种习惯和生活方式。我是文科生，不懂技术，至今对华为的高深的通信技术一窍不通，所谓的管理学专业也是半路出家，似懂非懂。因此，我的观察与思考聚焦于企业的成长、企业中的人和对人的管理。具体讲，在华为，我关注的重点是企业成长战略与路径、企业成长中的人与组织、机制与制度、管理之道与之术，同时也关注华为点点滴滴的改进与进步，当然更关注作为华为领袖的任正非先生。

我这些文章是原汁原味的记录和点滴零碎的思考。如本人的微博所言："写作本书，犹如窑工。把华为的思想与实践材料掰开了，揉碎了，去粗取精，串联并合，勾画描述，怀以工匠的职守、敬畏、虔诚、平静、理性的心态，经制坯、阴干、素烧、上釉，烧制而成。此器物，属民窑。而非汝、官、哥、定、钧五大官窑，非御制，亦非官监民制。""不说教，不搬弄，不卖弄，不媚俗，不江湖，不扒粪，不预设前提，不讨巧，不剪刀，不糨糊，不敷衍，不放弃，不绕道。"如果这些思考，能够给中国的企业和企业家们带来一点启发，或者带来一点思考的线索，就足够了。

本书是近两年新写作的。主要内容聚焦于华为 30 年的成长与发展历程、华为的内在成长驱动机制、华为成长过程中的重大关键事件回顾、华为的核心价值主张解析及对任正非的近距离观察等五部分，试图为读者展示一个没有秘密的真实的华为。

书中必有谬误、偏见、错误与不妥之处，敬请任正非先生及华为宽容、包涵与指正！敬请读者谅解与指正！

是为序。

2018 年 2 月 13 日

于求是楼

一 ■ 发展历程

苦难与辉煌

华为自创业起已经走过了30年，2017年公布的“《财富》500强排行榜”上，华为排83位，由2010年首次入榜的397位，7年的时间，飙升了314位。华为有句广告语：华为不仅仅是世界500强，华为还是世界100强。用任正非的名言讲：“华为没有成功，华为只是在成长……”当然，世界500强并不能说明全部问题，但至少也说明了很多的问题。

回顾华为30年的创业、成长与发展历程，所谓的辉煌只是短暂的美丽绽放，苦难却一直与华为相伴。

1. 身份的证明：从华为的四年企业形象广告所看到的

1.1 形象广告

广告，是为了某种特定的商业需要，通过一定形式的媒体，公开而广泛地向公众传递信息的宣传手段，一般称为“商业广告”。这里要谈的不是华为的商业广告，而是其企业形象广告。

自2013年开始，华为连续四年对外发布企业形象广告，在此之前，华为也曾多次发布过企业形象广告，但从其传播范围、影响程度和思想深度来讲，这四年的企业形象广告给人们留下的印象最为深刻。

形象广告就是企业向公众展示企业实力、社会责任感和使命感的广告，通过同消费者和广告受众进行深层的交流，增强企业的知名度和美誉度，让消费者对企业及其产品产生信赖感。

华为的企业形象广告除上述目的外，从其背后，或许我们可以读出更多的内涵。仔细研读这四年的广告，有助于我们了解华为成功背后的东西。

第一，传递华为的核心价值观。企业形象是外表，企业文化是内涵，相由心生。综观四组广告，它向外界传递的就是华为的核心价值观，昭示着华为的坚守与主张。

第二，华为自身的身份证明。通过企业形象广告，华为在为自己的过去与当下背书：华为是什么？华为为什么？为什么是华为？以往的华为是如何走过的？今天的华为是如何成就的？

第三，这四年的华为企业形象广告，有助于解读华为在成长发展过程中的内在逻辑关系，有助于把握华为取得成功的关键要素，是什么支撑了华为的成功？是什么驱动了华为的高速成长？

第四，这四年的华为企业形象广告，有助于了解华为成长背后的管理哲学，是什么在指导着华为的成长与发展？华为处理成长过程中的矛盾与冲突的基本原则是什么？

可以认为，在华为这四年的企业形象广告的正面与背面，隐含着和彰显着太多太多的内容，需要人们解读，思考。

1.2 四年企业形象广告

2013年：下一个倒下的会不会是华为

广告来自华为实拍的三张工作照，拍摄者为赖磊宇，拍摄时间为2008年3月，拍摄地为印度尼西亚的加里曼丹岛。

照片记录的是华为供应链物流经理在现场为新项目考察仓库和路况，在考察途中，吉普车深陷泥沼，经一夜的救助，没有脱离困境，第二天步行一两个小时寻求帮助，在当地人的帮助下，才脱离困境。

在照片中，华为员工身趴在泥泞中，清除障碍，人陷泥浆，人泥一色，人们能看到的是坚强的脊梁。

广告发布当年正值《下一个倒下的会不会是华为》一书畅销之时，故广告主题采用了该书的名字（这组照片经任正非推荐，也放在该书的初版中）。华为会不会倒下？华为什么时候倒下？华为会不会是下一个倒下的？这是外界普遍关注的问题，也是任正非及华为长期高度关注的问题。

这组广告直面的也是这个问题，透过让人震撼的照片，我们或许能够找到问题的答案。

他们是80后，他们是独生子女，他们也是知识员工，因为华为的文化、机制与管理，他们成为战士，成为一支铁军。当他们在异国他乡，为了解决客户的通信问题，血肉之躯卧在泥浆之中，为华为战车的前进清除障碍，如此的奋斗，倒下的绝不是华为！起码下一个不是华为！

相反，如果他们洗净身上泥浆，换上得体的西装革履，回到深圳的总部，如任正非所描述的那样："在总部漂亮的草坪上，喝着咖啡，听着PPT（演示文稿）汇报，欣赏着周围的美景，下一个倒下的肯定是华为！”

因为这些广告主要发布在纸媒上，加上当今读书看报的人减少，这组广告并未引起外界应有的反响，甚至在互联网上也很难一睹这组照片。

2014 年：李小文精神

2014 年 6 月 5 日开始，华为在《人民日报》《光明日报》《经济日报》《参考消息》《环球时报》《中国青年报》《科技日报》《人民邮电报》《第一财经日报》《21 世纪经济报道》等媒体上，推出大幅平面系列企业形象广告。

系列广告有四组，同一照片，广告词不同。照片的主人是李小文先生，除对李小文先生的简单介绍外，然后就是大幅的广告词。

其一：“华为坚持什么精神？就是真心向李小文学习。”

其二：“华为坚持什么精神？踏踏实实向李小文学习。”“在大数据时代，敢于像当年挖掘巴拿马、苏伊士运河那样的大视野、大战略、大决心，寻找大数据时代的‘巴拿马’‘苏伊士’。”

其三：“华为坚持什么精神？努力向李小文学习。”“在大机会时代，千万不要机会主义。开放，开放，再开放。”

其四：“李小文精神就是时代精神！真心向李小文学习。”

说真心话，这组广告词并不华丽，也算不上好的广告文案，甚至在语法上也有些瑕疵。看到后第一反应是，这些广告词肯定是任正非撰写的，后经确认，果然如此。简单直接，直抒胸臆，不讲修辞，这是典型的任正非的语言风格。

这组广告发布后，公司内外许多人发问：李小文是谁？犹如当年旁观华为“蓝血十杰”表彰大会的记者们，收到邀请函时的发问：蓝血十杰是干什么的？

李小文先生（1947.3.2—2015.1.10），四川自贡人，是北京师范大学遥感与地理信息系统研究中心主任，教授，博士生导师，加利福尼亚大学地理学博士，中国科学院院士，是著名遥感学家、地理学家，国内遥感领域泰斗。

2014 年 4 月 21 日，一张李小文先生 4 月 18 日在中国科学院讲课时的照片被传到网上，照片中的李小文先生黑衣蓄胡，穿布鞋不着袜，凝目讲稿，看似做脱贫报告的老农。一直默默无闻的李小文先生迅速成为网红，被称为“布鞋院士”“仙风道骨”“扫地僧”“玉树临风”“王者风范”。

李小文先生的走红如媒体所言：“李小文这种被神化的‘扫地僧’精神和气质，可以说是对时下知识精英界‘精致的利己主义’的一种批判和反讽，也是对知识阶层的期许。”想当年，我求学的时候，像李小文先生这样的老师在校园并不鲜见，到如今，此景斯人只能靠追忆。李小文先生坚守操行至今日，确实难得。虽身怀绝艺，却行事低调，随性超脱，风骨本色，活得纯粹，活得简单，活得洒脱。正如“扫地僧”那样，在低调、沉默、内敛的外表之下，有着惊人天分和盖世神功。第一眼看到照片，本人首先想到的是“衣带渐宽终不悔，为伊消得人憔悴”。

华为采用李小文先生的照片做企业形象广告，无疑是任正非及华为在向中国科学家致以最高敬意。

这只是华为采用李小文先生照片做广告的用意之一。

在广告词中，还有一个关键词“李小文精神”。这是这组广告的更深刻用意所在。

2014 年，被称为“中国创业元年”“传统企业互联网转型元年”“移动互联网元年”“万物互联元年”“互联网金融元年”等等。在这诸多“元年”中，一种精神或思维成为时代的主导，这就是“互联网精神”，或称“互联网思维”。有成功企业的背书，有著名企业家的演讲与论著，有主流媒体的宣传，一时间“互联网精神”与“互联网思维”成为企业界的主流价值观，颠覆、口碑、极致、生态、去中心、无边界、自组织等成为风靡一时的常用语。于是，企业用互联网精神替代企业文化，老板用互联网思维重新思考企业的战略，学者们在以往的演讲题目加上“互联网思维”的前缀，图书畅销榜长期被有关互联网思维的著作占领。

互联网精神或互联网思维在神州大地，可谓“忽如一夜春风来，千树万树梨花开”。在其引领下，一些以“互联网 +”为噱头的所谓创新企业大量涌现，但好景不长，花开了，没结果，“北风卷地白草折，胡天八月即飞雪”。奇葩开后，化作了春泥。

华为也同样受到互联网精神和互联网思维的冲击，员工不淡定了，加上外界对公司没有互联网精神和缺乏互联网思维的尖刻批评，华为的核心价值观受到质疑和冲击，华为的企业文化面临污染之虞。

正是在这一背景下，李小文先生的照片出现了，华为以此作为企业形象广告，回击内外部的质疑，阐明坚守的价值主张，这就是：华为不需要互联网精神，华为不需要互联网思维，华为认同与坚守的是李小文精神。

正如任正非所言：在互联网时代，第一不要互联网冲动；第二不要炒作互联网精神；第三不要动不动就使用时髦语言、颠覆的语言；第四不要盲目创新；第五不要纠结、不要攀附，坚信自己的价值观。华为是不是互联网公司并不重要，华为精神是不是互联网精神也不重要，这种精神能否使我们活下去，才最重要。豆腐还是豆腐，汽车还是汽车，多还是那个爹，娘还是那个娘。

这就是任正非在广告中反复强调向李小文精神学习的原因所在。

今天看来，华为这组企业形象广告，既是拨乱反正与正本清源，又再次诠释和传递了公司的核心价值观。

李小文先生生前是否去过华为，是否与任正非有过见面有待考证。

据说，当华为的高管到北京与李小文先生洽谈照片版权事宜时，李小文先生讲道：我坚持的东西，与你们华为倡导的是一致的。他将照片版权无偿送给了华为使用。

在华为内网上，有员工建议在华为命名一条“李小文路”（目前华为有以中国科学家命名的冲之大道、隆平路和稼先路）；有人建议设立“李小文奖”；也有人急求李小文同款布鞋；还有人在反思：如果李小文在华为考核会打 C，还是 D ？——华为的自我批判无处不在。

李小文先生与华为在特殊的时期相遇，李小文精神与华为核心价值观契合，任正非通过李小文先生为华为背书，在互联网时代也是一段佳话。

2015 年，芭蕾脚

2015 年，华为的企业形象广告是单幅照片，照片是一双芭蕾演员的脚。在对比鲜明、充满冲击力的画面中，左脚光鲜靓丽，展现出的是芭蕾舞之美；右脚脚趾扭曲变形甚至有些丑陋，以至观后让人有不适的感觉。

中文广告词有三个版本：

“我们的人生‘痛，并快乐着’。”

“伟大的背后是苦难。——罗曼·罗兰”

“人们总是崇尚伟大，但当他们真的看到伟大的面目时，却却步了。——罗曼·罗兰”

罗曼·罗兰的话出自罗曼·罗兰的小说《约翰·克里斯朵夫》，是华为的一位高管花了几天的时间，从厚厚的小说中找到这句话的，他中学时读过这本书。

照片的拍摄者为美国《时代》周刊摄影师亨利·路特威勒（Henry Leutwyler），其在纽约芭蕾舞团连续四年拍摄，270余幅作品结集*Ballet*(《芭蕾舞》)，这张照片是其中获金奖的作品。路特威勒说，芭蕾舞“不仅仅是舞蹈”，它“表达了人类情感的各种形态：爱、绝望、热情、希望，还有最重要的是，快乐”。正如康德所说：“驱使人前行的唯一原因乃是痛苦，痛苦高于快乐。快乐不是肯定的精神状态。”

亨利·路特威勒的照片拍摄时间不详，其摄影集是2012年12月出版的，两年多以后，被任正非发现，所以，华为本年企业形象广告的总创意与总策划是任正非。由此，也看出任正非的博闻广识！

任正非第一眼看到这幅照片后，怦然心动，立刻被照片的冲击力所震撼，接着是共鸣，他不禁惊叹：这不就是华为吗！

这幅照片展现的就是真实的华为！

外界看到的是华为的辉煌、成功和华丽，但这只是华为的A面，华为还有不为人知的B面，这就是血淋淋的、丑陋的、不堪的苦难。

一双芭蕾脚，把华为的A面与B面直观地展现在世人面前。

外界在探寻华为辉煌背后的秘密，因为人们坚信华为一定有秘密。

一双芭蕾脚，把华为的全部秘密直观地展现出来了：左脚是果，是当下，是结果，是表面；右脚是因，是过去，是过程，是本质。

外界一直在探究低调内敛神秘的任正非，很多人从不同角度观察任正非，但大多陷入“盲人摸象”的窘境。

一双芭蕾脚，也把真实的任正非直观地展现在世人面前，任正非给出的答案是：任正非就是一只大臭脚！他还加了一句：华为也是！对于前半句，华为的高管委婉地修正为："那只伤痕累累的脚代表的就是任正非本人。"

这只脚代表的也是全体华为人！

2015 年 1 月 22 日，任正非在达沃斯世界经济论坛的发言中阐释了这则形象广告的含义：

"我说这就是华为人生，痛并快乐着。华为就是那只烂脚，如果不表现出来，社会还觉得我们这只脚还挺好。"

"我们除了比别人少喝咖啡，多干活，其实不比别人有什么长处。就是因为我们起步太晚，成长的年限太短，积累的东西太少，我们得比别人多吃点苦。所以我们有一只芭蕾脚，一只很烂的脚，我觉得就是华为的人，痛并快乐着。华为就是那么一只烂脚，它解释了我们如何走向世界……"

其实，芭蕾脚除了展现走出去的艰辛，同样也展现了走过来的苦难！

当你右脚血淋淋的时候，你的左脚会辉煌吗？

我看到芭蕾脚的照片时，头脑中想到的是五个字："苦难与辉煌。"

从美学的观点看，华为芭蕾脚的广告并不能称得上美，甚至打破了人们对芭蕾舞的美感印象，但谁都无法否认其视觉冲击力。正如有人所言："这幅广告出现在全国各地的机场、高铁里，每次看到会忍不住躲避它，又忍不住多看几眼。看到的时候都会泛起一阵心酸，也许，这就是和广告之间产生了某种共鸣吧。"

2015 年 1 月 4 日，芭蕾脚广告在全球许多机场及媒体投放；2015 年 3 月 18 日开始，在国内陆续投放。随之，在全球范围内引起巨大的反响：

3 月 19 日《人民日报》发表评论："其中（芭蕾脚）有华为引以为荣的艰苦奋斗、以苦为乐的企业文化，也折射了中国品牌在海外筚路蓝缕、努力开拓的不懈精神。""用中国品牌讲中国故事是一门艺术，必须善讲会讲。既讲品牌成长的经历，也讲品牌彰显的精神，既讲大故事，也讲小故事，既讲老故事，也讲新故事，既讲事物，也讲人物，把中国品牌的故事讲得生动活泼、娓娓动听，使中国品牌成为当代中国形象的闪亮名片。"

2015 年 3 月 21 日，美国女歌手凯西亚·科尔（Keyshia Cole）在脸谱网上转发了华为芭蕾脚，并写下了："Everyone wants to be successful until they see what it actually takes."（每个人都想成功，直到他们看到成功需要付出的实际代价。）并由此得到 46 万次点赞，19 万次转发及 7 000 个评论。

尼日利亚电力部长和夫人一行来访华为，在深圳机场看到芭蕾脚广告，当得知含义时，深受感动，主动请缨做宣传大使。他说："这个广告非常有意义！这样的故事要讲给大家听，一定会得到很多人的认可，进一步了解华为。为什么不在整个西非做宣传？我可以负责西非！"

一位中学校长在看 2015 年 1 月 4 日李克强总理视察华为的新闻报道时，看到华为展厅的芭蕾脚广告后，向华为索求广告的高清照片，想挂在学校的礼堂里，激励莘莘学子。

国内媒体也有大量的文章在解读芭蕾脚，如《读懂华为的"芭蕾脚"，有一种风光叫沧桑》《华为"烂脚"广告折射中国品牌"走出去"背后辛酸》《华为 2015 年关键词：芭蕾脚——苦难点亮未来》《光鲜背面，华为亮出疤痕累累"芭蕾脚"》《"烂脚"广告——华为以奋斗者为本的故事和灵魂》《中国式的华为：看"芭蕾脚"背后的故事》，甚至《华尔街日报》（中英文版）也撰文《华为：芭蕾脚广告与公司文化之思》。

对于华为的芭蕾脚广告，这次反应大多数是正面的认同，这真的难得一见。这也证明了芭蕾脚照片直达心灵的巨大的艺术冲击力和感染力，同时也证明华为本年度企业形象广告的成功。

2015 年，如果要给华为选个关键词，毫无争议的应该是：“芭蕾脚”。

2016 年，厚积薄发

2016 年，华为企业形象广告的主题是厚积薄发，1 月份首先在巴塞罗那电子展上推出。它由三幅照片组成。

第一幅照片：捕鱼的瓦格尼亚人。

照片展现的是刚果的瓦格尼亚人在刚果河上捕鱼的场景。巨浪翻滚每秒流量 2.8 万立方米的刚果河上，瓦格尼亚人身处激流之中，手扶树枝编制的捕鱼工具，命悬一线地在为生存而战，在与命运抗争。为了生存他们把命都赌上了，稍有闪失，就会葬身刚果河。

照片所配的广告词为：“不在非战略机会点上消耗战略竞争力量。”此话应该源于“二战”时期的德国陆军元帅弗里茨·埃里希·冯·曼施坦因所写的《失去的胜利》。任正非内部讲话中多次提到该书，由此推断，广告词有可能出自任正非。

其实，广告所用照片也来自任正非。有人在文章中曾提出，这幅照片来自爱尔兰女摄影师安德鲁·麦康奈尔（Andrew McConnell）在 2010 年所拍的照片。真实的情况是，照片来自任正非在中央台看到的一部纪录片《神秘刚果河》。2015 年 10 月，任正非在与前中央电视台英语新闻主播杨林进行的一次“花园谈话”中说道：“中央电视台播了一部《神秘刚果河》的纪录片：在波涛汹涌的河面上，渔民历经九死一生去捕鱼。我们也相当于这些在非洲河上的孤胆英雄，坚持 20 年才划到起跑线。但，起跑线上的突破，就是人类社会认知的突破，这有多难！”

这也是对这幅广告创意及来源最权威和最真实的诠释。

其寓意为华为应长期聚焦于大数据洪流中的战略性机会，像瓦格尼亚人聚焦于刚果河的大鱼一样，“不在非战略机会点上消耗战略竞争力量”。其实，这也是任正非一直坚守的“压强原则”和“力出一孔”的另一种形式的表达。

我将这幅照片解读为“战略聚焦”。

第二幅照片：上帝的脚步声。

照片展现的是欧洲核子研究组织（CERN）大型对撞机的照片。照片所配的广告词为：“欧洲核子研究组织数十年的厚积薄发，隐约听到了上帝的脚步声。”

欧洲核子研究组织成立于 1954 年 9 月 29 日，是世界上最大型的粒子物理学实验室，它还是世界上第一个网站、第一个网络服务器、第一个浏览器的诞生地。欧洲核子研究组织有大约 3 000 名全职员工，并有来自 80 个国家的大约 6 500 位科学家和工程师，代表 500 余所大学机构，在此进行实验。2012 年 7 月 4 日，欧洲核子研究组织宣布探测到的新粒子是希格斯玻色子，又叫“上帝粒子”。上帝粒子的发现有助于解释恒星、行星和人类存在的原因，被认为是现代物理学最重大的发现之一。

华为借用这幅照片做广告，诠释着创新的艰难，难就难在创新需要几代人的持续投入——投入劳动和知识，甚至是个人的健康以至生命，当下把创新和创业浪漫化了，看看欧洲核子研究组织，才能理解创新的真正含义。

这幅广告，实际也在为任正非的战略布局背书。在互联网时代，华为必须如任正非所言："在主航道持续密集投资，多路径、多梯次地探索未来方向，通过大规模的战略投入，使用投资密集型，来缩短探索方向的时间，实现突破。聚集力量，密集投资，饱和攻击。扑上去，撕开它。"而不是机会主义地等待风口，投机性地选择战略机会，被动地坐等战略机会出现。

任正非坚信的是像欧洲核子研究组织那样："华为过去 28 年来的持续密集投资，终于使我们在大数据时代成为主要贡献者。这是一个长期、痛苦的积累过程，但华为人已经听到了成功的脚步声。"

我将这幅照片主题解读为"战略投入"。

第三幅照片："花蝴蝶"乔伊娜。

照片展现的是美国短跑运动员乔伊娜微笑着冲过终点的情景，所配的广告词是："0.01 秒是一生心血的厚积薄发。"

弗洛伦斯·格里菲斯·乔伊娜（1959.12.21—1998.9.21）是美国当代最优秀的女子短跑运动员。1988 年，她在第 24 届汉城奥运会上，只用了 10 秒 49 就跑完了 100 米。这个成绩至今无人打破。除 100 米外，她在 200 米跑中还创造了 21 秒 34 的世界纪录。

这幅广告用乔伊娜的照片诠释的是战略突破，经过持续的聚焦，持续的战略投入，才可能有战略突破。而这种突破是短暂如绚丽的烟花瞬间绽放，如同"芭蕾脚"的左脚，或许就是像乔伊娜那样，日复一日的训练，落下一身伤病，才会有 0.01 秒的突破。

乔伊娜在美国是个有争议的人物，直至她去世，争议也未停止过，选用她的照片做广告，是有一点风险的。任正非对此的解释是："我们之所以选择乔伊娜，主要考虑的是，英雄不需要完美，英雄就是英雄，我们选乔伊娜就是这个目的。乔伊娜有缺点，有缺点也是英雄。没有别的想法。”

重新观看这幅广告，我突然想到了当年5月30日任正非在人民大会堂讲到的华为进入“无人区”——正如乔伊娜的照片所显示的一样，长长的跑道上，花蝴蝶迎风绽放，后面没有追赶者，前面没有可追赶者，这恰好寓意着华为今天所处的境地。

我将这幅照片主题解读为“战略突破”。

三幅照片，三幅广告，各自表达的内容不同，但联系起来看表达了战略的三大关键要素：战略聚焦，战略投入，战略突破。三者紧密相关，构成战略的系统问题，这些问题的核心浓缩为一个战略主题：厚积薄发。

1.3　形象广告的意义

四年的企业形象广告，从“下一个倒下的是不是华为”，到“李小文精神”，到“芭蕾脚”，再到“厚积薄发”，尽管其创意不同，主题有别，风格有异，但其有共性，有相互联系，存在内在逻辑。

如果说“下一个倒下的是不是华为”，是提出了问题，那么，“李小文精神”、“芭蕾脚”和“厚积薄发”就是在描述问题，就是在分析问题，就是在解决问题。

从李小文先生穿布鞋的脚，到对比强烈的芭蕾脚，再到乔伊娜飞奔的脚，这三双脚正是华为一路走来的真实写照：踏实、坚实、执着、沉重、沧桑、悲壮、辉煌。

语言大多数时候是苍白无力的，通过具有视觉冲击力又让人深思的照片，才能直达受众的心灵，把受众内心的共鸣激发出来，华为新的形象广告，将很好地在全球舞台展示自己。从这一点看，华为的企业形象广告取得了巨大的成功。

笔者窃认为，华为的企业形象广告可以作为广告传播理论与实践的经典案例。

华为的企业形象广告，作为广告，“润物细无声”地展示华为的企业形象，在更高的维度彰显华为的社会价值，不仅提升了社会主流阶层对华为的喜好度、信任度、拥护度，而且在全球舞台上成功地展现了华为，对于公司企业形象提升、客户认同、价值观传播等，都具有重要的意义与价值。

华为的企业形象广告，可以说完美地诠释了公司的战略，解读了华为成长发展的内在逻辑，背书了华为成长发展到今天的内在原因，展示了华为在成长与战略方面的价值主张。

华为的企业形象广告，一如既往地向员工传递着价值主张，无不彰显着华为坚守和崇尚的管理哲学、成长逻辑和价值体系。

华为的企业形象广告，是这家公司的真实写照，也是华为的“身份证明”。

华为的企业形象广告，是研究这家公司成长与发展的素材，也是解读其成功的关键线索。

2. 华为的最伟大之处：等得及！

2.1　华为的坚守、执着：用乌龟精神，追上龙飞船

华为新员工培训的时候要看一部电影——《身份的证明》。

广告是在反复验证一种组织身份，是华为自我身份的证明。这种“身份”呈现的主张和坚守，有助于我们了解华为在成长发展过程中的

逻辑关系，及其基本的哲学主张，也有助于了解在人们纷纷追求快速、“等不及”的时代里，想通过所谓 1、2、3、4、5 条就想学到华为的精华，为什么往往事与愿违。这些广告，证明了华为成长的轨迹，验证了所谓“华为成功背后”的东西。

关于华为，其实已经有各种“总结”，各种“成功的关键”，也有各种揭秘。有好多文章认为，在互联网时代、“互联网 +”时代、双创时代，华为成功转型。也有人写了两万多字的文章来研究华为的转型之路、成功之路。但我认为，华为 28 年没有转型，华为就是这么个型，就是一只“小土鳖”，长在村里，然后慢慢往外爬，爬到三线城市、二线城市、中心城市，然后再爬到全世界。

讲到华为的成长轨迹，形象一点说，华为就是一只“象龟”。2013 年任正非有篇文章的题目是：《发扬乌龟精神，追上龙飞船》。

什么是乌龟精神？乌龟是如何追赶上龙飞船的？

华为这种“龟”有两个特点：第一，紧贴大地接地气。华为从来没有梦想过找到一个风口，从来没有梦想长出一双隐形的翅膀，而是贴着地面，坚持走下去。第二，它高昂着头。认定自己的目标，响应内心的呼唤，在自己选定的道路上坚持走下去，经得起诱惑，耐得住寂寞，跟着客户一步一步走下去，一步步赚着小钱，一步一步地做大。

今天（本文写于 2016 年 7 月 1 日）是一个特殊的日子，1921 年的这天一个组织成立了，13 位党代表，其中 10 个人是 30 岁以下，要人没人，要钱没钱，要政权没政权，要武装没武装，是一群一无所有的年轻人，但是他们有激情，有梦想，有愿景，有使命，有冲动。没工资，没奖金，没福利，没保险，全玩命，一玩命就是 28 年，1949 年成了中国的执政党。

华为也走过了类似的 28 年的发展之路。关于它的成功我们找不到太多的秘密，找不到所谓的成功关键，就是一路走下去。由像龟的土鳖，到“象龟”（因四条腿像大象，故名）就是华为的路径，从 1987 年成立，就是那么一步步爬的艰难的过程，自己约束自己，在自己认定的路上坚定地走下去，走下去就有未来。它的厚积薄发在 2000 年前后有一个爆发式增长，由一个默默无闻、一无所有的中国公司，最后成为世界通信制造业的老大，现在的华为只有两个指标还落后于竞争对手，其他所有指标全面领先于竞争对手。华为就是这么坚守和执着，一步步积累，一步步走下去。

互联网上到处都有心灵鸡汤，其实最好的心灵鸡汤就是“一万个小时定理”。任何事情坚持一万个小时肯定成功。但是现在好多人“等不及”，有些组织浮躁，老板浮躁，员工也浮躁，于是有了诸如弯道超越、变道超越或匝道超越等模式，虽然也在跑，但是老拐弯，拐弯跑，跑拐弯，最后回到原点，白忙活一场。有些人不断选择自己的路径，但是也不断地改变自己的路径。华为有一点可学的东西，就是这种坚守和执着。

2.2 是否下一个倒下取决于自己

华为诞生在蛇口的一个三居室里，1993 年搬到工业园，1996 年搬到了科技园，2002 年左右搬到了坂田，2017 年新园区正式竣工交付。有文章说华为要逃离深圳，可谓是标题党了。华为这个园区有 1 900 亩地，像国外的“牛津镇”“威尼斯镇”那样，里面通小火车，9 分钟跑一圈，设计得十分漂亮。华为由小到大，就是这么走过来的，没有依靠所谓的资本运营、并购、弯道战略，没有依靠下绊子把竞争对手引到烂泥坑里。

华为十年的研发累计投入达到 3 900 多亿。1996 年华为给自己定下了纪律，按照销售额的 10% 提取研发费用。拿这么多钱干什么不好？拿这些钱去搞理财、去折腾基金，或者放到银行里去，多保险、稳妥。如果拿这个钱去做房地产，收益绝对又高又快。任正非学的是建筑专业，他要是去搞房地产，一样风生水起。所以说，华为真是在管住自己。一个能管住自己的企业是“可怕”的，一个能管住自己的人是“可怕”的。这个世界上最困难也是最伟大的就是自我约束、管住自己。

现在的华为，每天研发投入是 1.6 亿元人民币，这每天 1.6 亿的研发投入，一天给华为赚 10 亿的销售额，赚 1 亿多的利润。所以我相信这个世界上是有公道的，公道就是天道酬勤，种瓜得瓜，种豆得豆，种下什么收获什么。华为的成功就是靠这种持之以恒的投入。现在都在提双创，想创新就必须真金白银地砸钱，这就是华为的坚守，华为的执着。你坚持走下去，上天会眷顾你。

华为是 2010 年进入世界 500 强的，排名 397 位，2018 年升到第 72 位，8 年的时间飙升 325 位。竞争对手——华为称之为友商，一直在往下走，华为却在往上走。好多友商现在都不在了，而这些友商都是大名鼎鼎的百年老店，平均年龄是 106 岁，而华为才 28 岁。很多伟大企业说倒就倒，眼见他起高楼，眼见他宴宾客，眼见他楼塌了，华为凭什么没有倒下？

其中有很重要的一点，就是华为背后的那些价值主张。它所坚持的东西，是我们可能找到华为成长之谜的关键要素。我们来看 2013 年华为的广告，照片显示的是华为的员工在海外，在原始森林里为客户安装基站，他们趴在泥浆里，用自己的血肉之躯为公司的战车清除障碍，开辟前进的道路。我觉得华为这个广告在回答华为会不会倒下。有人说这是伪命题，但我认为这绝对不是伪命题。华为会不会倒下的答案，就在这张照片中。华为凭什么倒下？华为倒下了天理不容，老天眷顾勤奋者、奋斗者！有人跟我较劲，说华为这么干也有可能倒下，我说这也可以给你解释：如果华为这么干还倒下了，只有一个解释，华为的命不好。

大家再想另外一个场景，这帮人洗干净身上的泥浆，西装革履回到深圳总部，在华为大学草坪上晒着太阳，喝着咖啡，欣赏着周围的美景，跷着二郎腿，听着下属拍马屁，华为凭什么不倒下？

所以华为倒下还是不倒下取决于自己。

2.3 华为坚守商业常识：豆腐就是豆腐，汽车就是汽车

2013 年，任正非在接受新西兰记者采访的时候，记者问了一个问题，华为到底凭什么超越友商？任正非回答：华为之所以有今天，就是因为“不喝咖啡”，把竞争对手喝咖啡的时间，用在往前跑上。距离等于速度乘以时间，这是常识。兔子速度快，但是它不跑，所以华为这只龟，爬着爬着就缩短了和兔子的距离，就可以和兔子肩并肩，爬着爬着前面就没兔子了。就这么简单，没有什么复杂的。2014 年接受英国记者采访时，任正非回答华为所谓的成功原因仅一个字：“傻。”做企业和做人一样，坚守这些东西，不抛弃这些东西就是最简单的成功。

再举一个例子，华为 2014 年的广告。那段时间互联网思维非常流行，有著名学者写了长文，批判华为没有互联网思维，没有互联网精神。华为内部、高层也用了很长时间讨论，华为到底需要不需要互联网精神，需要不需要互联网思维？讨论结果是任正非那句著名的话：豆腐

还是豆腐，汽车还是汽车。

当时讨论用的案例就是特斯拉和宝马，大家达成的共识是特斯拉能做的，宝马都能做。特斯拉代表的是互联网，无非是加载集成、加载模块，太简单了。宝马代表的是传统，但是宝马能做的特斯拉做不了，因为宝马做汽车已经一百年了，对客户的了解、对车子的了解，这不是一个暴发户能够迅速补上的课。但有个前提是宝马要觉醒，要变化，要适应这个变化的时代。这句话传出去以后，被宝马的高管听到了，深受鼓舞，最后送了任正非一辆宝马车（另外一种说法是试驾）。

2014 年，华为通过企业形象广告首先表明自己的简单，做企业本来是简单的事情，生活本来就简单，是人为地搞得那么复杂；其次是坚守，因为简单，所以可以把更多的资源投入到坚守的事情上。任正非亲自写的广告词：在大机会时代，千万不要机会主义，开放，开放，再开放。当时我在微博上写了一句话：中国企业家应该把这句话挂在自己的办公室里，每天默诵三遍。市场经济机会很多，机会主义很盛行，这是中国企业很大的问题。通过学习李小文精神，华为就是在应对所谓的互联网思维和互联网精神。

2.4 华为的自我批判：苦难辉煌与战略聚焦

华为是不是互联网公司并不重要，华为精神是不是互联网精神也不重要，这种精神能否使我们活下去，才最重要。华为要做的就是坚持自己的优势不动摇、延续性创新、走向开放，吸取外部的正能量。自我批判、乌龟精神，这就是任正非对互联网时代最基本的判断，也是通过他的思考给员工的一些约束和引导。

2. 5　科学的人力资源管理激发"群狼"潜力

华为通过四年形象广告，来做自己身份的证明，为什么有今天，坚守什么，坚守过程中做了什么？

现在关于华为的议论很多，有人讲现在华为这么火，物极必反，该出事了。有人也说任正非近年在网上特别红，感觉华为是不是有问题？任正非的回答是一连串的问题：华为未来还能走多久？还能走多远？取决于什么？

第一，要有一个强有力的领导集团。任正非加上了一个限定词"能够听得见批评的领导集团"。只要听得见批评，就不会腐败，不会山头主义。

第二，有制度和规则。其实任正非和华为这几年做的一个重要的转变，就是从任正非的华为变成了华为的任正非。就是让制度和规则守望华为，比让任正非守望华为更靠谱。这里有一个限定词，这个制度和规则是进取的，不是控制的、内敛的。

第三，有一个奋斗的群体，即人力资源队伍。有个限定词就是"善于学习"，而且要奋斗。有一组研究数据：以色列每年每人读 64 本书，而我国有超过 60% 的成年人一年没有读一本书——但愿这个数字是错误的。学生都不读书了，不记笔记了，看着你这 PPT 有点意思了拿出手机拍个照，然后再自拍一下。一个不学习的民族没有未来。我认为学习不是在公众号上学习，也不是在微信上学习。不学习，可怕，更可怕的是我们失去了学习的欲望和学习的能力。

任正非的讲话充满了霸气。领导集团制度和规则、奋斗的人还需学习，这三个胜利的要素里，两个都和人力资源有关。有一个重要的问题，华为从来没有讲过自己的文化是狼性文化。提到狼性，人们就想到凶残、自私、贪婪，其实狼性和人性一样，一面是天使一面是魔鬼。如果一定要将企业文化形容为“狼性文化”，华为的“狼性”一定是正能量的一面，是敏锐的嗅觉，眼睛盯着客户。华为的制度是坚决提拔那些“屁股对着老板，眼睛盯着客户”的干部，坚决淘汰那些“眼睛盯着老板，屁股对着客户”的人。盯着老板的那是奴才，是为了自身利益最大化。怎样让大家盯着客户，盯着猎物？狼的嗅觉很厉害，在草原上能闻到 3 公里以外的肉味。一旦闻到肉味，本能地扑上去，不开会、不讨论、不纠结、不请示、不汇报。不是独狼而是群狼扑上去。华为坚持的“以客户为中心”，不就是嗅觉问题吗？“以奋斗者为本”，不就是强烈的进攻意识吗？“持续艰苦奋斗”，不就是团队精神吗？华为的核心价值观有个特点，没有自相矛盾。而有的企业核心价值观，每一条看着都很美，但是自相矛盾，相互否定。

华为 80 后、90 后的员工，大多是独生子女，也是聪明人。2013 年企业形象广告有一张很受关注的照片，上面三个小伙，身上是灰，脸上全是灰，还是露出灿烂笑脸，不是外面人说的那样，华为人生活在水深火热之中。你非奋斗者，焉知奋斗者之快乐？人没有累死的，都是愁死的，烦死的！有梦的人需要奋斗，没梦的人都安于现状不思进取了。你想逆袭吗？想逆袭就需要奋斗。我思考的是：奋斗是人生的主旋律，问题是华为怎么使员工变化，怎样让他们去奋斗？这就是人力资源管理的问题。所以我有一个观点，华为把知识员工变成了战士，把端茶送水的也变成了战士。都说 80 后、90 后娇惯，但是在华为，端茶倒水的都是本科毕业的学生，衣着干净，气质大方，他们彬彬有礼地来给你倒水，这就叫以客户为中心。

华为把员工变成了一支铁军，就像是李云龙的部队。李云龙手下有个独立团，外号叫“野狼团”，希望打仗，能打仗，打起来“嗷嗷叫”。

这支队伍在联想叫斯巴达方阵，在华为叫铁军。有这帮人这么拼，不成功都很难。问题是怎样使他们有这个状态，怎样保持狼的基因不变？怎样把羊变成大灰狼，抱团打天下？一流的人才去美国了，二流的当公务员了，三流的进央企了，四流的进外企了，进华为的都是五流的。五流的抱团打天下照样超越一流，华为的实践证明了这一点。我们是资源相当匮乏的大国，但是中国最优质的是人力资源：第一人多，人多力量大；第二是便宜；第三是聪明，已经到顶了；第四是勤奋，有人老唱衰中国经济，但是即使周末了，你出去看看，酒店还在做培训，周末了外国人进教堂，中国人进课堂，你说中国经济能不行吗？

华为的员工就是邻家的孩子，衣着不光鲜，颜值也不高，抱起团来却能成功逆袭。可是有人只欣赏华为的高大上（高端大气上档次），没有思考华为怎么实现高大上。实现高大上的关键是人力资源管理。我总结为三句话：团结一切可以团结的人，激励一切可以激励的人，挖掘一切可以挖掘的潜力。做到这三句，中国企业没问题，遇上这么一个伟大的时代，有这么大的持续增长的市场，我们应该有所作为，否则连自己都对不起，核心问题是怎么样管理这些人力资源。

2.6　等得及：华为的象征“薇甘菊”与“尖毛草”

任正非是 1944 年生人，44 岁创业，2018 年 74 岁，可他哪像一个 74 岁的老人？事业会焕发一个人的青春，这是任正非的常态，不是新常态。华为的报销规定出差飞机超过 5 个小时，才能坐公务舱。到北京 3 个小时，就得坐经济舱，任正非、董事长无一例外。任正非到现在都没有专门的司机。他出去学习，总是先进书店。

老板是员工的榜样、标杆。预测一个企业的未来就是要看高层在干什么。外国记者采访任正非，提了一个非常具有挑战性的问题：据说你不懂技术、财务、营销，华为为什么需要你？任正非答了两个字——糨糊！就是凝聚着 176 000 名员工，团结在一个公司的愿景和使命下，能够为公司的战略目标做贡献，能够为客户创造价值，把这些人力资源巨大的潜力持续地开发出来。

任正非是坚守三个主义，来构造华为的糨糊的：

第一，理想主义。华为是梦想驱动的公司，1992 年提出超越“四通”的目标，1994 年提出通信三分天下，必有华为一席。14 年后华为实现了这个目标，又过 4 年，华为成为行业老大。华为实现梦想的基本点，是回归商业本质，回归商业基本原理，开放开放再开放；是拿来主义，通过优秀的文化把大家凝聚起来。

第二，以制度为核心。就是前述的让制度与规则守望华为，把任正非的华为，变成华为的任正非，让内部规则的确定性，来应对外部环境的不确定性。

第三，以利益为基础。企业永远是利益关系。用资本主义的高效率方式创造价值，用社会主义方式分配价值，共同创造，共同富裕。“力出一孔”，是价值创造，“利出一孔”，是价值分配。把 17 万人的力量凝聚起来，聚焦一个很小很小的目标，这就是华为的压强原则，持续施压，突破一点，两面展开，撕开口子，系统领先。

朴素的、简单的、可衡量的、被信仰的价值观，是华为的内在驱动力。通过管理把员工的精神向物质转移，还是人力资源管理的问题。

简单讲华为的核心价值观，“以客户为中心”是方向；“以奋斗者为本”有两层含义，一是奋斗，二是让奋斗者不吃亏；“长期坚持艰苦奋斗”是思想上不懈怠，不喧嚣，持续为客户创造价值。

华为提倡学习。很多的企业文化太冠冕堂皇了，华为的企业文化就是血性与狼性。牺牲是军人的最大奉献，但是胜利才是军人的最高奉献。员工的最高奉献就是绩效，做企业需要充满激情的奋斗。

华为的精神和基因拥有两面。一面是薇甘菊，这种植物对生存条件要求极低，快速生长，快速发育，一年能长一千多米。在华为体现的是血性，是亮剑精神。正如黄巢诗云“待到秋来九月八，我花开后百花杀，冲天香阵透长安，满城尽带黄金甲”，有那种霸气、不服输的精神，这是华为的 A 面。它的另一面是非洲的尖毛草，成长早期贴地而行，别人在野蛮生长，它在倒生长扎根，根可以深到地下 28 米，进入生长期，它三五天能长两到三米高。我们看见了华为的 A 面，市场欢腾业绩增长，却忽视了它的 B 面是聚焦、坚韧、沉静、内敛，是打好基础抵制诱惑，把握机会，以倒生长的方式为正生长积蓄能量，在聚焦业务的同时关注内部管理、优化组织、实现经营与管理的均衡。一旦看到机会，就用压强原则开始发力，释放能量，以超过竞争对手几倍的资源投入压过来。这两种植物是华为精神的象征，地面上看到的是薇甘菊，地下是尖毛草，二者实现均衡发展。

任正非曾说：“决胜取决于坚如磐石的信念，信念来自专注。华为唯一的武器是团结，唯一的战术是开放。”说到底还是人力资源的问题。

3. 华为以过冬的心态活在春天里

3.1 任正非的迷茫与自信

迷茫来自技术而不是战略

2016 年 5 月 30 日，任正非在人民大会堂初次讲到，在无人区的华为，既孤独，又迷茫。我们可以看到，人类从硅时代走向石墨烯时代，这是一个真正的颠覆性变化，而不是互联网上热炒的概念。世界那么大，我们颠覆谁？没有真正技术性支撑，或者仅仅停留在口号上的颠覆，并非务实的明智之选，也难以实现。而石墨烯替代硅所引发的电子工业革命，汹涌澎湃，巨浪滔天，难以想象。华为已感到前途迷茫，找不到方向。所以，任正非的迷茫主要来自对科学技术的迷茫，是对未来信息技术传送没有“低时延”、没有理论基础的迷茫，而不是对公司未来方向以及战略层面的迷茫。

众所周知，当前的华为，已在本行业逐步进入了无人区。随着逐步逼近香农定理、摩尔定律的极限，世界大信息流量、低时延的理论还未被创造出来，华为已前进在迷雾之中。前方既无人领航，也无既定规则，后方亦无人跟随。在这种前无古人、后无来者、中间无规则的困境当中，找不到方向的感觉随之而来。

他不但不迷茫，而且还自信

任正非对技术的迷茫，是技术高速发展转型期的必然的阵痛。在未来，华为跟在别人后面跑的速度会逐步慢下来，进入低速增长阶段，创立引导理论的责任已悄然降临。这并不是真正的迷茫，或者说，他一点也不迷茫。

在华为总部的一面湖中，有 8 只从瑞典引进的黑天鹅。这个湖，也因此而得名“天鹅湖”。

为什么要引进黑天鹅？因为它预示着不确定性。所以，不仅在华为总部，华为的上海研究所和南京研究所也都养了黑天鹅，这是为了时刻警醒全体华为人，未来，黑天鹅可能随时会出现，不确定性也会常伴左右。

同时，任正非也给出了解决方案。他说，即便有黑天鹅，也不会出现在外部，它只会出现在我们的咖啡杯中。我们可以及时把“黑天鹅”转化成为“白天鹅”。

也就是说，任正非要“把黑天鹅放入咖啡杯中”，经过思想的碰撞，然后，化为白天鹅飞出来。这是一杯咖啡主义，吸收宇宙能量，这就是任正非的第一个自信。

任正非的第二个自信是：站在华为内部看外部，以内部规则的确定性应对外部环境的不确定性。

今天，有些企业面临的最可怕的现实是，不仅外部环境是不确定的，甚至公司内部的规划、战略、方向、文化也不能确定。以不确定应对不确定，这是最危险的。而华为目前的理念是，站在后天看今天，以当下规则的确定性应对未来的不确定性。外部尽管是不确定的，但我们内部可以确定，能够把握。

为此华为提出“一切为了作战，一切为了服务业务，一切为了胜利”的口号。任正非说，这三个一切，在华为要管十年。

一个处于转折期的企业，需要思想、需要假设、需要争论、需要异见，从中寻找未来的方向。尤其是作为高层领导人，应该像《战争论》所讲的，当交战双方打得十分胶着的时候，高级将领的作用就是登高远望，为迷惑的士兵指明前进的方向。像高尔基小说中的丹柯那样，用内心之火为队伍照亮前进的道路。所以，面对未来的不确定性，必须要有坚守、要有思考，这是一个根本性的问题。

任正非的所谓迷茫只是表象，只有对未来有着深刻把握的人，才会有如此的迷茫。这是清醒中的迷茫，或者是清醒者在为迷茫者指点迷津。

这是任正非战略自信的体现。

那么，什么是战略自信？2016 年 1 月 13 日，在华为市场部的会议上，任正非说："决胜取决于坚如磐石的信念，信念来自专注。华为唯一的武器是团结，唯一的战术是开放。"

信念、专注、团结、开放，是任正非所着重强调的内容。

有了战略自信之后，接下来就取决于战略耐心与战略执行。任正非擅长使用军事化的语言。针对不确定性的研究与验证，他是这样表达的：

"要采取多路径、多梯次的进攻，跨越'上甘岭'，攻入无人区。"

"我们要敢于在这个战略机会窗开启之时，聚集力量，密集弹药，饱和攻击。扑上去，撕开它，纵深发展，横向扩张。"

我们看出，这正是一支队伍的"狼性"体现。这匹狼是可怕的，这就是他的战略自信。

华为战略自信的现实基础

任正非一直在强调："没有正确的假设，就没有正确的方向；没有正确的方向，就没有正确的思想；没有正确的思想，就没有正确的理论；没有正确的理论，就不会有正确的战略。"

所以，任正非始终在思考，通过思考把公司带向正确的道路。

任正非在华为的三个主要责任是洞察与把握方向、节奏和人均效率。所以我们看，这几年，华为所有的指标，几乎全面领先竞争对手。所以，这个"冬天"确实没有出现在华为的面前。

2016 年 5 月份，任正非在人民大会堂提出，到 2020 年，华为的销售收入要超过 1 500 亿美元。也就是说，4 年后，华为的销售收入要突破 1 万亿人民币。

对华为来说，在 CT（通信技术）领域已经成为行业领袖。为适应 ICT（信息和通信技术）的融合趋势，华为战略要扩展到整个 ICT 领域。

这是一个横跨信息与通信技术领域的很大的布局，是华为未来垂直多元化发展的战略构图或者说是战略梦想，也是任正非在人民大会堂语惊四座的现实基础。

在机会窗出现时，进行垂直多元化的发展，控制自己的欲望很重要。很多企业一做大就要多元化，这是一个影响中国企业的很大的问题。我们的企业都遵循着风险分散的理论，把“不要把所有的鸡蛋放到同一个篮子里”视为铁律，生怕篮子倒了，鸡蛋全碎掉。所以，那么多技术领先的企业都去搞房地产，都迷醉于并购和上市，都开始所谓的多元化发展。而华为偏偏反其道而行之，敢于把所有的鸡蛋放到同一个篮子里，然后看好它。这样，篮子照样不会倒，鸡蛋也不会碎。这也是属于华为的战略自信。

所以，华为未来的梦想，就是“化云为雨”，通过自己的管道和终端，让“云”流向千家万户。现在，华为在全世界177个国家为自己的消费者，为全世界1/3的人口提供服务，未来，这一比例还会增大。未来华为的业务战略就是云管端。

3.2 华为公司的“生物进化史”

像“龟”——“象龟”：28年的沧桑蜕变

如果说，华为在这个冬天活得如此温暖，那么一定有它的道理。多年来，华为始终坚守的一种精神，就是乌龟精神。成功是从创业初期的一只小土龟，坚持目标，永不放弃，不断努力爬行的结果。华为现在进入“无人区”，不是因为找到了风口，也不是因为长了一双“隐形的翅膀”，而是像乌龟那样坚守目标，砥砺前行的结果。

所以，如今的华为，每天申请8个专利，在2008年、2014年和

2015年，华为既得的专利数都是世界第一。

为什么华为能获得第一？因为它有真金白银的投入。没有投入，何谈创新？

所以我们说，不论身处行业的冬天，还是经济的春天，华为的价值观都始终如一。一个企业、一个人能走多远，取决于速度乘以时间。兔子跑得快，但是它坚持不下去。乌龟虽然慢，但是它永不言弃。

华为就像是一只小龟，认定目标，心无旁骛，艰难爬行。它不但能越过高山，还能够漂洋过海，在全球爬行。在这个过程中，它经得起诱惑，不投机取巧，也不试图弯道超越，就这样围绕着客户价值，稳中求进，爬行着去满足客户的要求，爬行着赚自己的小钱。爬着、行着、追着、赶着，经过了28年，这只小龟就长成了大大的象龟，它不但能超越兔子，还能成为一头大象。

像薇甘菊一样，做好产品与服务

薇甘菊是世界上100种外来入侵物种之一，是菊科多年生草本植物，兼有性和无性两种繁殖方式，可乘风传播扩散其种子。薇甘菊从花蕾期到盛花期大约有5天，开花后5天完成授粉，再过5~7天种子成熟，然后散布，开始新一轮传播。薇甘菊的茎节和节间都能生根，一个节1天生长近20厘米。在内伶仃岛，薇甘菊的一个节在一年中分枝出来的所有节的生长总长度为1 007米。由于其蔓延速度极快，故有些学者称其为“一分钟一英里的杂草”。

薇甘菊的特点是：一、对生存条件要求极低；二、繁殖速度极快。我们都知道大树底下不长草的道理，而对于薇甘菊来说，因其具有超强的繁殖能力和喜欢攀缘的藤本植物特点，能够形成对大树的绞杀之势。所以，在薇甘菊面前，大树都会被绞杀掉。

华为的产品与服务就像是薇甘菊。任正非说：因为薇甘菊号称“植物杀手”，它只需要很少的水、很少的养分，就能够实现高速生长，能够抢光其他植物的资源，拓宽自己生长的空间和范围。我们做产品，需要具备薇甘菊的能力，要在末端接入层成为霸主。要想成为行业的薇甘菊，就必须具备实力，没有实力是做不了霸主的。

那么，华为早期的技术实力在哪里呢？华为的产品到底比别人好在哪呢？要知道，华为在国际上的竞争对手都是百年老店，它们与华为的平均年龄相差有 70 岁之多。而早年的华为还相当弱小，拿什么参与竞争？靠什么赢得市场？我想，做好一件事，取决于技术和态度，技术不行，态度可以补。但是前提是，你要有这种敢于搏杀、敢于亮剑的血性，这就是任正非强调的霸气。没有这样的铮铮铁骨，只有好的态度，仍然无法占领市场。

做企业需要这样的精神，否则，就永远只能跟在别人后面，难有出头之日。而当冬天来临，一遇到风吹草动，企业就会不战而溃。

在华为，这种血性不是仅体现在任正非身上，而是属于全公司的，它流淌在全体华为人的血液之中。这就是我们所讲的企业文化，它不是写在墙上的白纸黑字，而是每个人身上散发出来的激情，是这种血性的偾张。

所以，对于华为来讲，薇甘菊的精神，就是它从创立至今那种敢于成功的血性，在强敌面前敢于亮剑的勇气与决心。正如薇甘菊一样，不退缩、不恐惧、敢与竞争对手一决高下，然后从农村爬到城市，再爬到中心城市，最终爬向了全球。

尖毛草的倒生长模式

华为在市场上攻城略地，需要有薇甘菊的精神，它是华为精神与基因特质的象征，但是，不仅如此。在华为不为人知的另一面，它也有着尖毛草一样强大的“倒生长”能力。

尖毛草也是一种非常有特点的植物，它是非洲大地上生长最高的草之一，素有“草地之王”的美称。尖毛草早期是贴着地面的，生长极其缓慢，甚至难以察觉。但事实上，它从未停止过生长，只不过这种生长没有体现在地面之上，而是体现在其根部。在长达 6 个月的时间里，尖毛草在无声无息之中，根部的长度发展到了 28 米，这是非常罕见的现象。

当蓄积了足够的营养和能量之后，尖毛草便会迅速生长，在短短几天的时间里，一下子就长成了草地之王。

当别的野草在疯狂生长的时候，尖毛草却紧贴地面不动，悄悄将自己的根系无限延伸。而一旦机会来临，则当仁不让，开始发力。

弯道超越，难免有机会主义的嫌疑。真正的超越，不是在等待竞争对手喘息之时或者是行业的“季节”更迭，也不是依靠对手的疏漏，或者是用阴暗的伎俩，将竞争对手引入泥潭来实现超越，而是建立在实力提升的基础之上的超越。

所以，华为的成长模式，与尖毛草生长的模式是一模一样的：聚焦、坚韧、沉静、内敛。在成长初期，稳打基础、积蓄力量、抵制诱惑，聚焦业务发展，以“倒生长”的方式为“正生长”积蓄力量。华为首先关注于企业内部管理，致力于提升组织能力，优化组织，搭建平台，梳理流程，构建队伍，构筑文化。当公司对机会与环境做出准确判断时，能够把握机会，顺势而为。这时，企业终于从倒生长模式开始向正生长转化，开始释放能量，实现迅速生长。这就是任正非所说的“横向扩张、纵向发力”。

所以我们说，企业的成长要靠“余粮”，但同时不要忘记实现经营与管理的均衡发展。华为认为，管理也是生产力，真正的核心竞争力，是如何实现二者的均衡。这是华为在成长与发展过程中，始终放在首位的追求。

保持狼基因，培育野狼团

前面提到，如果一定要将企业文化形容为“狼性文化”，那么华为采用的一定是狼性当中正能量的一面。

在这个前提下，我们说，企业的发展要像一群狼：有敏锐的嗅觉，有不屈不挠、奋不顾身的进攻精神以及群体奋斗意识等三大特征。

如果把市场当成“猎物”，你会发现，猎物并非遍地都是。市场机会少之又少，没有灵敏的嗅觉，没有强烈的进攻精神，那么市场必定不会属于你。华为一旦发现机会，不开会、不讨论、不纠结，就是本着强烈的进攻精神，本能地往上扑。同时，这个进攻，绝不是独狼作战，而是狼群的战术进攻，共同奋斗。

以客户为中心，以奋斗者为本，持续艰苦奋斗，这就是狼性在企业实践中的体现。那么，我们都知道，狼性是一种状态，让大家都在状态，都具有狼性，非常有必要。

辩证地看，市场机会又多如牛毛，关键在于你如何去发现它。那么，华为怎样保证一种狼性文化的状态呢？如何拥有一支狼性文化的队伍，保证企业的核心竞争力呢？

2014 年，任正非再度接受外媒采访的时候，他不说“不喝咖啡”了，他说，华为之所以成为行业领袖，就是因为“傻”。

的确如此。任正非最欣赏的两个人，一个人是国外的阿甘，一个是国内的许三多。华为的成功没有秘密可言，就是典型的阿甘式成功。而阿甘精神的核心就是目标坚定、专注执着、默默奉献、埋头苦干。所以，“华为给员工的好处就是‘苦’，没有其他。而在这份‘苦’之后，是个人的成就感、是收入的改善、是越来越坚定的跟着公司前进的信心……这是在华为不断吃苦却人人都愿意留下来的原因”。

在我们这个社会，聪明的人太多，但往往“精致而利己”。而社会并不需要那么多利己的聪明人，而需要更多的“阿甘”，要有几分傻气，甘愿投入、甘愿付出、不计回报。

而甘做阿甘，是因为这批人有着广阔的视野、坚强的意志、胸怀他人的品格，除此之外，还要等得及。要知道，华为人与大家并没有什么不同，同样的独生子女，同样是知识员工，同样是 80 后、90 后。作为华为人，他们在做什么呢？

在巴格达，办公楼刚刚建好，还没搬进去的时候，遭遇了炸弹袭击。有三位华为员工亲历了这次袭击，但当他们满身是泥、满脸是土、汗流浃背地从硝烟中撤出来的时候，他们发回来的照片，仍然是一张张灿烂的笑脸。

经常有人问我，华为我们学得会吗？学得会与学不会，应该另当别论。不论是否学习华为，企业必须要解决的问题是，怎样管理人力资源，如何挖掘人力资源的潜力，如何打造一支能征善战的铁军，尤其是怎样管理企业的知识型员工。

华为人有什么特别之处呢？他们并没有超高的颜值，也没有更光鲜的衣着，但他们聪明、年轻、勤奋。华为能做的，就是把他们团结在一起，开发他们的潜力，实现他们的价值，让平凡的人也能得到机会，然后，靠这样的年轻人来实现超越，这就是华为成功的动力源泉。所以，中国企业要树立信心，我们最好的资源，就是这样的人，就是千千万万个邻家子弟。但是在他们身上，一定都有着狼一样的精神。

城墙是否被攻破，不是取决于城墙的厚度，而是取决于守城将士的信心；城墙是否被攻破，不是取决于攻城的武器，而取决于攻城将士的血性。我们企业所需要的，正是这样的血性与狼性。

头狼不老，基因不变

如今，华为和一些成功企业共同面临的问题是可怕的基因变异问题，是大灰狼最终会变成羊的问题。

再好的公司，即便是在整个社会经济发展形势喜人的时候，即便在行业的春天里，如果大家都不干活，都在抱怨，都在挖公司墙脚，整个组织散发出负能量，坐吃山空，企业靠什么生存？所以，企业文化的核心，应该是怎样保持狼性不变，避免公司坚守的精神力量被稀释、被污染，遭到遗忘和背叛，这也是华为持续要解决的问题。如何得到每个员工的信任？如何让大量的新人继续认同华为文化，这是核心问题。

而解决这个问题的一个基础，首先是头狼不老。

任正非本人也是一个奋斗者。他 2018 年 74 岁，已经到了古稀之年，而且浑身是病，糖尿病、高血压、颈椎问题、抑郁症，还患有癌症。在这样的身体状态下，一个古稀的老人，一年却有 200 多天在市场上奔波。

此外，他生活简朴，行事低调。他出行通常坐经济舱，尽量避免在公共场合成为焦点。

也正因为如此，我经常奉劝企业家们，要学会自我批评、自我反省，企业家不能够一味地指责下属。要扪心自问，我是否为干部和员工做出了榜样？任正非在 70 岁的时候在做什么？我们看看他的面容，他的精神状态，像一个 70 多岁的老人吗？有多少老人 70 多岁了还能像他那样？所谓"先天下之忧而忧，后天下之乐而乐"，天下乐而后乐，这是企业家精神。而促使任正非始终保持活力的，正是他的信念与企业家精神。

如今，在华为，任正非已经成功地把知识分子变成了战士，把每一位员工变成了和他一样的战士。这与共产党把千万群众变成战士是一样的，是楷模的作用，是榜样的力量。

3.3 朴素价值观下的指导思想

一面是苦难，一面是辉煌

大家都知道，2014 年的时候，“互联网精神”“互联网思维”在中国大地盛行，而任正非用李小文先生的照片为华为的价值观代言。他想说明的是，华为不需要互联网精神和互联网思维，而需要像李小文院士这样的精神——简单、专注、执着。他说：“在大机会时代，千万不要被机会主义思潮所左右。互联网改变了世界，但是豆腐还是豆腐，汽车还是汽车，它不能改变商业的本质。所以，华为有没有互联网精神，或者有没有互联网思维并不重要，重要的是，能够保证华为活下去的是价值观和企业精神。”

2015 年，芭蕾舞者的双脚成为华为新的宣传图片，也在社会上产生了广泛影响。它非常直观地解读了华为在取得辉煌成就的背后，有多少艰苦卓绝的付出。

没有这种血淋淋的付出，不可能成就企业的辉煌。而很多企业或者很多人，却往往只盯住辉煌的一面，不愿意投入，不愿意付出代价。

而这双脚，就是伟大的真面目。一面是苦难，一面是辉煌。

任正非如是说：华为的“五要”

要坚持已有的优势不动摇，并且要继续前进。要积极关注特斯拉，学习特斯拉的优势所在。我们积极看待世界发生的变化，一旦出现攻城的战略性机会点，要千军万马压上去。要敢于在战略机会点上聚集力量，实施饱和攻击。

要延续性创新，继续发挥好自己的优势。小公司容易有颠覆性创新，但作为大公司，不要轻言颠覆。

还要持续走向开放，只有开放才能获得战略机会点。占据了战略机会点，谁都会支持你，而反之则意味着无路可走。

要通过自我否定，使用自我批判的工具，勇敢地去拥抱颠覆性创新。自我批判是拯救公司的最重要的行为。在充分发挥存量资产作用的基础上，也不要怕颠覆性创新砸了我们的"金饭碗"。

要坚守乌龟精神，持续奋斗。华为的这种乌龟精神不能变，我也借用这种精神来说明华为人奋斗的理性。我们不需要热血沸腾，因为它不能点燃为基站供电，我们需要的是热烈而镇定的情绪，紧张而有秩序的工作。一切要以创造价值为基础。

对华为公司来讲，长期要研究的是如何活下去，寻找我们活下去的理由和活下去的价值，活下去的基础是不断提高核心竞争力，而提高企业竞争力的必然结果是利润的获得以及企业的发展壮大，这是一个闭合的循环。

核心价值观：简单、朴素、清新、指向单一、可衡量、被信仰

华为是以理想主义为旗帜，以实用主义为原则，以拿来主义为手段；以文化为纽带，以制度为核心，以利益为基础；是在用资本主义的方式创造价值，用社会主义的方式分配价值。

任正非曾说："是什么驱动力使华为走向成功？我认为是华为的核心价值观所描述的利益驱动力，是它驱动了全体员工的奋斗。这是一场

从精神到物质的转移，而物质又巩固了精神力量。”所以，简单、朴素、清新、指向单一、可衡量、被信仰的价值观是华为的内在驱动力。

关于华为的驱动力模型，我总结了这样三条：

第一条：长期保持公司的开放性，是华为不断进步的前提条件。不故步自封，保持开放，吸取正能量。

第二条：长期保持对公司的自我批判，是华为不断进步的内驱力。自我批判，即严于律己，实现自我约束。在这个世界上有两种人最可怕：吸烟的人戒烟了，对这种人要小心；用了微信却又卸载的人，更要小心，他对自己更狠。对别人狠不可怕，对自己狠很可怕，华为就是那种对自己特别“狠”的人。

第三条：长期保持对标学习，保持对先进典范的学习，是华为不断进步的原动力。

聚焦主航道，让一线呼唤炮火

华为在其《业务管理纲要》中指出，在业务的运转上，华为永远以客户为中心。坚持两个基本点，即以客户需求导向为产品发展的路标，以流程化的组织建设为企业管理的目标。

以客户为中心，就要有以客户为中心的组织结构。华为做的，就是聚焦主航道，让一线呼唤炮火。把指挥中心建立在听得见炮火的地方，资源向一线倾斜，在上甘岭上培养干部。所以我们看，这依然是流程的问题，依然是管理的问题。

学习“蓝血十杰”，坚持回归科学管理

2015 年 6 月 18 日，华为召开了首次“蓝血十杰”颁奖大会。目的是表扬那些为公司管理体系构建做出突出贡献的员工，这次表彰大会的

主题就是回归科学管理。

华为坚持回归科学管理，就是向“蓝血十杰”学习。学习“蓝血十杰”对数据与事实的科学精神；学习他们从点滴建立起现代企业管理大厦的职业精神；学习他们尊重市场法则，在缜密调查研究基础上进行决策的理性、科学精神、职业精神和理性主义。

我认为这对任何企业都适用。过去是经济高速增长的 30 年，但更多的是野蛮增长、野蛮成长，走到现在，要回归科学管理。

英雄“倍”出，而不是“辈”出

在华为，呼唤的是英雄“倍”出，而不是“辈”出。其中，华为的“铁三角”，就是其组织的发动机。它是以价值创造为核心的，以奋斗者为价值主体，为客户提供及时、准确、优质的服务。

4. 以奋斗者为本：解读华为人力资源管理的新动向

4.1 人力资源管理的价值链理论及其实践

构建人力资源管理的价值链

本部分以“以奋斗者为本”为题，主要是对华为人力资源管理新动向的解读，主要依据近些年来华为人力资源管理的一些新举措、新政策的演变，来了解华为怎样践行以奋斗者为本的管理哲学。

当下的流行词是“颠覆与创新”，人力资源管理领域也如此。但本人认为，欲知新动向，首先要了解旧规则。如果天天颠覆创新，我们可能会迷失方向。

以奋斗者为本是一个理念，所以华为人力资源管理体系的架构，以及架构之上的一些所谓创新和优化，都是基于这样一种理念。华为人力资源管理体系的打造，应该是从1997年的这篇文章——《全力创造价值，科学评价价值，合理分配价值》开始的。在这篇文章里，我提出了一个人力资源管理理念：人力资源管理体系的构建要从价值创造、价值评价、价值分配开始。当时我不知深浅地提出了这一理论框架。其后，依据服务价值链理论，给它定名为“华为人力资源管理价值链”。这一理论框架得到了华为人力资源管理实践的验证，我想这是一个“小确幸”，我为这个模型得到了企业实践的验证而感到确幸。

基于人力资源管理价值链的人力资源管理实践，在于形成价值创造、价值评价和价值分配的人力资源管理的“铁三角”。如果说人力资源是一座大楼，那么这个体系的三个方面就是三根顶梁柱，由此形成人力资源管理的“金刚石”。

在价值创造方面，就是各尽所能。我们所谓的人力资源开发不就是把每个人的能力和潜能极大地开发出来吗？这可以归纳为三句话：团结一切可以团结的人，调动一切可以调动的积极性，挖掘一切可以挖掘的潜力。

在价值评价方面，真正实现按劳分配。华为的人力资源管理，很重要的一点是按劳分配。按劳分配到底按什么规律，在不同企业有不同的理念，也有不同实践。事实上，很多企业并不是按劳分配，而是按年龄，按工龄，按学历、职称、职务来分配的，没有实现真正意义上的按劳分配。当然，劳动也包括简单劳动和复杂劳动，复杂劳动就是我们说的按知识分配，按劳分配是按简单劳动和复杂劳动进行分配的。

在价值分配方面，核心问题是真正实现多劳多得，让雷锋不吃亏，给那些为公司拉车的火车头加满油，让奋斗者得到应有的回报，同时让那些偷懒者得到应有的惩罚。

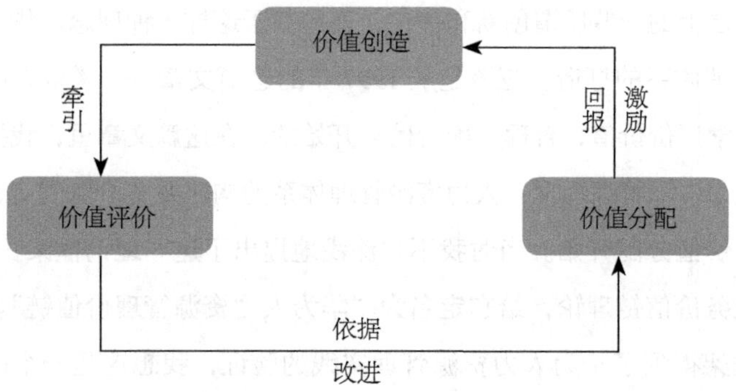

图 1 人力资源管理的“铁三角”——人力资源管理价值链

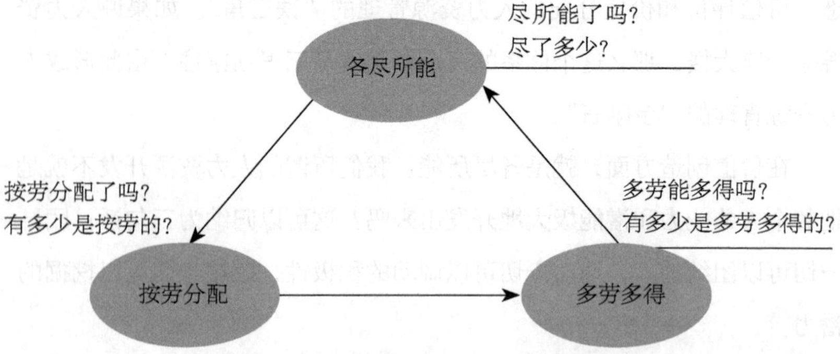

图 2 如何充满活力——对机制的反思

华为所有的体系，无非是建立价值，无非是把我们党的理念、把邓小平改革开放的理念，或者一个新的思路去构架出来，实际上的核心还是分配价值，还是利益的问题。如何凝聚 18 万员工，使他们都愿意为组织目标付出，这叫作“力出一孔”；而企业是功利组织，怎么让那些人为功利组织做贡献，这叫“利出一孔”。所以华为人力资源管理体系的核心是解决了两个问题——力与利，这是一个导向性的体系。

华为的人力资源管理体系也是按照价值创造、价值评价和价值分配来构建的，价值创造的核心是文化问题，所以它的组织结构和实践的流程也按照这样一个模型建构。这样的管理体系，是一块金刚石，我们很多企业的人力资源管理体系是一块石墨。金刚石和石墨的组成元素相同，都是碳元素，差别就在于结构。

不难看出，华为的人力资源管理体系是相互连接的，它的“碳元素”是呈三角形排列的。结构化的东西才会有力量，但很多企业的人力资源管理体系却是孤岛化、模块化的，是摊大饼的模式，没有实现力量的整合。

基于人力资源管理价值链的华为人力资源管理体系

华为人力资源管理的评价体系有三大块，其核心的核心是职位。职位是很多人力资源管理的基础和平台，解决的是工作平台的问题，遗憾的是，很多企业并没有构建职位体系与职位管理平台；任职资格是解决能力和资格的问题；然后是解决绩效管理的问题。这三大评价体系是互有分工又相互联系的，最终的结果要落实到薪酬，与薪酬相结合。

在这个结合的过程中，实际上华为没有任何创新，如果说创新，其实就是四个字：拿来主义。其中，任职资格是从英国拿来的 NVQ（National Vocational Qualification），是国家职业资格体系，它来自一个国家；职位描述和职位评价是从合益咨询拿来的；绩效体系是来自 IBM（国际商业机器公司）——都来自别人成功的实践。华为所谓的创新就是把这三块结构化，形成铁三角，相互不发生冲突，并且能够很好地匹配起来。我们在这里看不到年龄、职称、职务、学历等传统的内容，能看到的是做好绩效管理、产生绩效结果的基础。

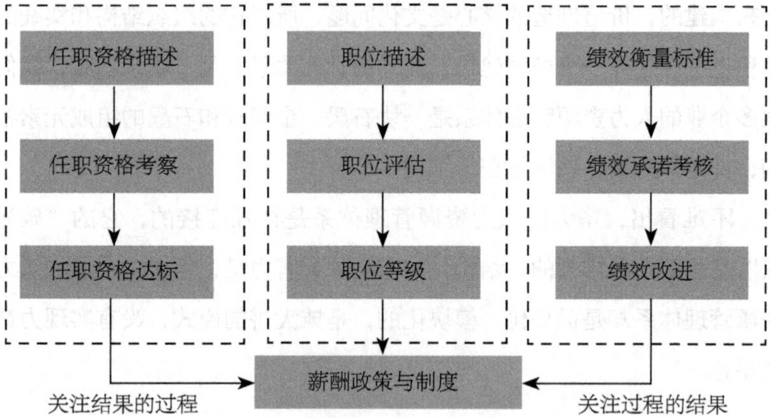

图 3 华为人力资源管理体系的核心——评价体系

做好绩效，第一，要有平台、有岗位；第二，必须有资格和能力；第三，必须要有成果来衡量，要有绩效标准来衡量。所以这一套体系的核心是评价与报酬的结合。

很多企业都会谈到自己的薪酬有问题、激励有问题，但是它们并不知道，它们最大的问题不是薪酬制度的问题。虽然各企业的薪酬制度是不一样的，没有可比性，但也没有哪个企业能认定自己的薪酬制度是世界一流的。既然不是薪酬制度的问题，那么问题的核心出在哪里？问题的核心出在评价体系，评价体系的扭曲必然造成分配的扭曲，评价体系是大锅饭，薪酬必然是大锅饭，所以我们一再强调，人力资源体系的核心应该是评价体系。

职位对应工资；资格决定晋升；绩效决定价值。如果有的人在一个职位上能够长期保持高绩效，那么累计绩效的回报就是持股，当然也可以通过期权的方式。但华为没有期权，因为它不是上市公司，华为实行的是员工持股计划。2017 年，华为在员工持股的基础上，又加了一个

TUP（Time-based Unit Plan，时间单位计划），所以现在的华为是员工持股 +TUP，这是一种新的激励方式，来解决评价和分配的结合。这样的报酬方式是基于评价的，而不是基于上下级关系，不是基于人格，也不是基于情怀的。

决定薪酬的三大要素是职位、绩效和文化，然后在这个基础上按照市场规律，保持公司薪酬水平在市场上的竞争力。这也不是华为的原创，而是国际领先企业的通用原则。根据这个原则，我们确定了薪酬体系中一个很重要的内容，叫“付酬要素”。

为什么要支付报酬？这是一个理念问题，也是一个政策问题，更是一个战略问题。支付报酬，实际上是激励性要素的复制，如果给华为的价值评价和价值分配定个性，那就是十六个字“以岗定级，以级定薪、人岗匹配、易岗易薪”，由“评价分配制”转向“获取分享制”，这是华为在评价体系和报酬体系上的一个重大变化。过去是先评价，再分配，现在变成了按照一定的规则，先抢粮食再分享，是基于责任和贡献支付报酬。当然，这套体系也必须有文化的支撑，用制度保证奋斗者得到合理的回报是这套体系的核心内容，也是它的核心理念。不基于工龄、年龄、职称、职务、学历等，因为这些因素是不可激励的，而且和绩效也没有很高的相关性。没有数据证明大学毕业的学生一定比中专技校毕业的学生的绩效高，学历只是进入职位的资格证明，可以用来构建保护效率，但不能保证基于公平的激励回报。

归纳起来讲，华为人力资源管理体系的基本特征是：

第一，由“评价分配制”转向“获取分享制”；第二，基于责任和贡献支付报酬，用制度保障奋斗者得到合理回报；第三，彻底摒弃回报与工龄、年龄、职称、职务、学历等不可激励的，且未被验证与绩效有直接关系的个人要素挂钩；第四，构建以保护效率而不是保障公平的激励与回报体系。

建立现代人力资源管理的正义

在企业人力资源管理实践中，公平与效率往往存在矛盾。到底是效率优先，还是公平优先？90 后的价值主张是可以忍受低工资，但是忍受不了不公平，从这个角度讲，效率和公平是一个政策性的选择。我们人力资源的重要责任，就是建立现代人力资源管理的“三公原则”：公平、公正、公开。我觉得在“三公”之上，还应该有一项重要的任务，就是要建立我们现代人力资源的正义，正义之师是不可战胜的。

什么是人力资源的正义？以奋斗者为本，这就是正义。如果我们让奋斗者吃亏，我们就失去了正义。所以怎样在制度建设上把我们的公司理念真正落地，可能是很重要也很艰难的工作。

司马光言：“治国之要三：曰官人、曰信赏、曰必罚。”唐太宗说：“国家大事，唯赏与罚。赏当其劳，无功者自退；罚当其罪，为恶者咸惧。”

治理企业也是之要三：曰干部、曰激励、曰约束。企业大事，同样是唯赏与罚。赏当其劳，有能者自进；罚当其责，无能者咸退。

治国“三要”，也是人力资源管理的核心问题，实际上就是战略、激励和约束的问题。治国之道和治企之道没有什么太大的差别，因为国家和企业都是组织，我们的管理对象都是人力资源，所有的核心问题就是激励机制、约束机制，激励人和约束人。但是人也有两面性，一面是天使，一面是魔鬼，我们要激励天使的一面，约束魔鬼的一面。过去我们堂而皇之的理念叫以人为本，但是如果笼统地谈以人为本，可能会引起误会，问题出在哪里？这个人是好人还是坏人？如果是坏人，我们还要以他为本吗？即使是好人，他身上有正能量也有负能量，我们以他的哪一种能量为本？所以华为的以人为本聚焦为以奋斗者为本，这是对以人为本理念的修正，更是一种激励。

4.2 华为人力资源管理新动向

华为在人力资源管理上的新动向，可以归纳为以下几点导向性的政策目标：

第一，人力资源变革要为公司的大发展构筑强大而持续发展的动力机制，实现对基层作战管理团队的决策力和竞争力提升，基本作战单元的激励和其战斗力提升，以及机关的服务水平、能力的提升。

第二，在职位评估、人岗匹配及薪酬调整中，要不断减少非作业岗位的人员，提高公司总体运作效率，降低企业运作成本。

第三，要使用熟悉战争和能打胜仗的人员来充实机关。

第四，减增涨：减人、增效、涨工资。

现在很多国企管理人员都面临着降薪问题，我到国企讲课，他们让我讲减薪情景下人力资源的激励问题，我觉得这是无法实现的。想要降低成本，不能降薪，要减人、增效、涨工资，这就是任正非心中的梦想，叫“五三四”：五个人的活，由三个人干，发四个人的工资。人力资源管理体系面临一个很重要的主旋律或者说关键词就是效率，增效是核心领域。

价值创造——培养与激发奋斗者

以奋斗者为本是华为文化最重要的部分，核心是怎样通过人力资源体系使它落地。华为 2017 年的第一个新变化，就是任正非希望华为英雄“倍”出，而不是英雄辈出。一代人里能出几个英雄？所以要加倍，就是要人人创造价值；第二个变化，以奋斗者为本，要有真东西。你是不是奋斗者，不是自我感觉，不是自我评价、自我认知，谁都觉得自己是雷锋，谁都觉得自己是奋斗者，而对于公司来讲，要有一套能够甄选奋斗者的制度体系；第三个变化，价值分配，要保证奋斗者合理的回报。

2013 年 9 月，华为出了一个重要文件，对华为的人力资源未来的变革走向有重要的价值，文件的标题为：团结一切可以团结的力量。这是从价值创造的角度来讲的，要团结一切可以团结的力量，调动一切可以调动的积极性，挖掘一切可以挖掘的潜力。华为变革的一个特点是想明白了才做，而不会因为一句话、一个思路、一个想法而做，所有的变革都有明确的指导思想。

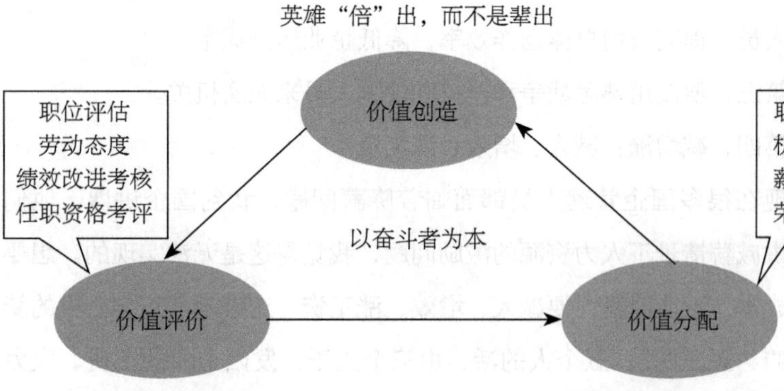

图 4　让文化与制度培养、回报与激励奋斗者

确立愿景，明确目标和追求，解决长期艰苦奋斗的原动力；明确团结优秀员工群体的管理导向；团结的基础和起点是各级主管要改变人才管理上的一些观念。华为进而提出了八大举措。

1. 强调做好人与岗位的"匹配"，把合适的人用在合适的岗位上。

2. 探索多样化的岗位设计和用工方式，团结优秀员工。

3. 建立横向换岗机制，建设内部人才市场，实现人才合理流动。

4. 合理授权、责权对等，构建一个鼓励当责的氛围。

5. 让职位职级框架具有一定的灵活性，敢于破格提拔，打破平衡，再造平衡。

6. 提升基层员工的薪酬激励。

7. 定位好，使用好机关空降兵。

8. 有针对性地实施本地化策略，用好本地员工。

在华为，简单朴素且被信仰的价值观是华为的内在驱动力。任正非提出："是什么驱动力使华为成功？我认为是华为的核心价值观描述的利益驱动力，它驱动了全体员工的奋斗，是一场精神到物质的转移，而物质又巩固了精神力量。释放出我们11万员工（2011年数据）能力的背景是近20年来，华为不断推行的管理哲学对全体员工的洗礼。你身上小小的原子核，在价值观的驱使下，释放出了巨大的原子能；其实200多年前，美国是一个一无所有的殖民地，并非什么上帝的力量，而是一种哲学精神、体制的力量，促使他们变得这么强大。所以我们也可以以哲学的精神、制度的力量推动成功。"

以奋斗者为本，这是一个简单朴素的、被信仰的价值观，是华为的核心驱动力。华为文化并不复杂，没有我们听不懂和解释不清楚的，就是怎样把员工的精神力量释放出来，把员工的积极性调动起来。

构建人才管理金字塔，优化人才管理政策

目标：面向多元化人才，做好选用育留，激发活力，实现超越。

华为构建了自己的人力资源金字塔。华为曾经很少使用"人才"这个词，过去基本不用，但在2012年，华为开始正式使用这个词，并开

始构建人才管理体系。这个体系包括商业管理者、职能管理者、业务专家，应该说，比过去华为由任职资格构成的人力资源通道要丰富得多，这也是一个变化。

1. 干部选拔：强调责任结果导向，强调成功实践经验，强调会带团队。在此基础上，敢于破格提拔。

2. 人才发展：坚持用选拔机制牵引人才发展，对选拔上来的人要培养，员工为自身成长担责，从实践到理论，理论到实践循环提升。

3. 干部监管：授权的同时做好全面监督，管好自己，管好业务内控，管理好下属。

4. 专业队伍：打通专业通道，鼓励员工“爱一行、干一行、专一行”，发挥专业价值。

5. 干部：系统梳理，整合健全干部选用育留管，支撑人才输出。

6. 专业员工：完善专家管理基础，打通专业通道。

7. 建立开放透明、自由流动的机制，促进干部的人员管理改进。

优化干部管理政策

华为的人力资源管理政策是人才需求、人才政策导向。管理机制的核心是面向多元化人才，做好选用育留，激发活力，实现超越。超越谁？目标很明确，要超越美国。基于这一目标，有三个明确强调：

强调所有干部须具备基层成功实践经验：执行过本领域主业务流程上的基层业务活动。

强调承担全球业务管理责任的干部应具备全球视野与跨文化管理经验：对直接承担全球业务管理和相关决策责任的管理者，“海外成功经验”是必须具备的干部资格要求；对间接承担全球业务管理责任，支撑全球业务开展的管理者，“海外成功经验”是优先选拔要求；对其他管理岗位，不做要求。

强调中高层干部要具备跨领域工作经验：不同岗位有不同的跨领域经验要求。

这三个明确强调，体现了对干部要求的变化。

强调基层工作经验，没有基层成功经验，很难成为一个好的管理者。任正非的观念是：宰相必起于州部，猛将必发于卒伍。

强调全球视野和跨文化管理，强调中高层干部要具备跨领域的管理经验，简单地讲就是对中高层强调责任结果导向，强调成功实践经验，强调会带团队。过去虽然也有这方面的要求，但是不成系统。对华为的干部来说，这三个强调，又是一个大的转变。

张扬血性，激发斗志

2015 年 6 月 10 日，公司转发文件《美军还能打仗吗？》，任正非撰写按语“军人的责任是胜任，牺牲只是一种精神。华为的员工不只是拥有奋斗精神，更要把这种奉献，落实到脚踏实地的学习与技术提升上，在实际工作中体现出效率与效益”；牺牲是军人最大的付出，但不是军人的最高奉献。军人的最高奉献是胜利。这就是奋斗者的定义，奋斗者最大的责任不是牺牲、受苦，而是要实现高绩效，要像军人一样，胜利才是责任。

2015 年 10 月 10 日，金一南将军在华为的讲座《关于队伍的灵魂与血性》，8 000 人收视，4.3 万人后来观看视频。

2015 年 11 月 29 日，公司再次转发金一南将军的文章：《胜利的刀锋——论军人的灵魂与血性》。此文同样强调了牺牲不是最高奉献，最高奉献是胜利这样的精神。

华为的轮值 CEO 郭平先生写了一篇文章：《记住插在硫磺岛上的那

面旗帜》，文章提出："一切为了作战、一切为了服务业务、一切为了胜利。"这就是价值创造。种种举措都表明，奋斗是至高无上的荣誉，华为始终在培养奋斗者，并尊崇奋斗者。

优化价值评价体系

如前所述，价值评价的核心是甄别与认可奋斗者。

华为的价值评价体系包括：基于 PBC（绩效承诺考核）、WET（绩效考核的三大内容为高绩效、执行和团队）、KPI（绩效指标的分解工具，即关键绩效指标）、PDCA（绩效计划、绩效计划实施、绩效检查和绩效反馈）的绩效管理体系；基于任职能力与素质的任职资格管理体系；基于职位描述与评价的职位管理体系；基于劳动态度和关键事件的价值观评价体系；基于组织绩效目标评价的年中述职制度；基于绩效、文化与素质的干部评价体系。

华为在简化流程、增强柔性、优化指标、收敛聚焦，它不是要颠覆，而是不断优化改进。

回报与激励奋斗者

通过破格晋升、提升基层员工待遇、提高新员工起薪、实施 TUP 计划、明日之星评选等举措，加大对奋斗者的激励力度。

其中，明日之星的评选很有特色，它是按照部门总人数的 20% 来民主评选明日之星。全球 7 639 个地区，评选 36 058 人（截至 2015 年 7 月底）。评选形式是民主评选，各地各自讨论制定标准，由各 OEC（Office of Ethics and Compliance，道德遵从办公室）组织评选，比例非常高。现在企业都在讲激励，但都是非物质激励，或者每个单位每年只评出 10 个优秀员工，我认为这太吝啬了。任正非引用毛泽东的诗，遍地英雄下夕烟，六亿神州尽舜尧。这是对华为人力资源队伍的基本评价。这就是创新，虽然只是一个奖状，只是一个小小的点，但作为一个杠杆，撬动了员工奋斗的阀门，这也是对奋斗者的回报。

共同创造，共同贡献，共同分享

华为也偶尔吃吃“大锅饭”，2014 年到 2015 年，华为搞了两次大锅饭：2014 年，公司将 26 年反腐管理改进所分享的节约奖励，共计 3.74 亿人民币，平均发放给在职员工，每人 2 500 元；第二次是 2015 年，公司将管理改进所分享的节约奖励，共计 1.77 亿美元，平均发放给所有在职员工，每人 1 000 美元。

这么做的理念也是共同创造、共同贡献、共同分享，坚决反腐，持续改进，全员分享节约奖励。这是多元化激励，也是一种创新，让全体员工共享反腐败成果，共享提高效率、节约成本的成果。这样做的结果是员工有干劲、组织有活力，否则，反腐成果都进了领导腰包，员工是没有积极性的。

员工关系管理

员工关系管理的变化大概有如下几个方面：成立员工关系部；开放员工论坛；建立健全公司体系的党组织系统；强化员工保障体系；强制休假制度；设立首席健康官；发布华为员工健康报告。

总结起来，华为在员工关系管理方面，有这样一些理念性的内容。

以理想主义为旗帜：文化管理；以实用主义为原则：在商言商，回归商业常识，回归商业基本；以拿来主义为手段：汲取别人的优秀管理经验；以文化为纽带；以制度为核心；以利益为基础。

在激励方面，华为的理念是，在保证基本的回报和基本激励为前提的情况下，尽可能多地使用非物质激励。物质激励，如山，如父爱，厚重；非物质激励，如水，如母爱，温暖，特点是投入小效果大。

当我们知道了哪些是促使公司成功的关键因素，我们也就知道了用什么样的薪酬政策去管理它。

5. 华为诤言：大机会时代下千万不要机会主义

5.1 市场充满了机会，但企业不能机会主义

现在中国的企业都在焦虑转型，但是转向何处？大家都很迷茫。有人说华为是转型最成功的一家企业。但我不这么认为，华为创立 30 多年来没有转型，它一直坚持一个型，坚持一条路径，或者说坚持一个成长逻辑。这就是：在自己认定的目标上一直走下去。

有时候我们为自己制定战略、目标和梦想，有时候又背叛它，最后的结局就是原地打转。

华为的成功也离不开奋斗。在中国企业的语境下，“奋斗”的反义词是“等不及”。机会主义就是中国企业当中存在的一个症结性问题。做企业其实是一个投入产出的过程，多重视些投入，少关注些结果，有时候出结果很自然。你不种就收不到，这就是常识。

不服输的亮剑精神是华为成长之本，这家中国企业能够实现超越的原因就在于不服输，坚持积累。不管是传统企业还是互联网企业，最终都要回归基本的商业常识。现在很多企业都是强势经营，弱势管理。但是从常识来讲，经营管挣钱，管理管赚钱。我们现在挣钱能力都很强，但在管理上跑冒滴漏。大家都在讲转型，我认为减增涨即减人、增效、

涨工资，这就是中国企业的转型之路。

而减员增效的价值取向其实是高效率、走内涵式成长之路。中国企业家们从来都有绝好的商业意识，善于发现机会。那他们弱点在哪里？是抓住机会的能力差。我们发现了机会，但往往最后失去了机会。因为抓住机会不是靠企业家一个人，而是要靠组织。

简单和聚焦是对华为精神概括的两个关键词。正如任正非所告诫华为的那样："在大机会时代千万不要机会主义。"

5.2 常识、制度与狼性

华为曾是一家弱小的民营企业，创立之初，国内有200多家通信制造企业，华为最终成为留下来的四家之一，靠的正是狼性和血性。如任正非所坚守的一条原则：进攻是最好的防御。

大战略无密可保，大战略要回归常识，为客户服务是华为存在的唯一理由。市场经济不相信眼泪，永远是优胜劣汰，适者生存。为什么中国老百姓一年送给日本3万亿元，因为中国太缺少质优价低的产品，这正是对我们的挑战。客户选择你的理由就是在质量、服务、成本和速度这四点上比竞争对手好一点。用任正非的话说，就是"领先半步是先进"。

华为是以客户满意度作为一切衡量工作的准绳，承接战略落地的是一个能够凝聚人力资源，发育技术，使战略目标和战略实践更好地匹配的体系。任正非有一句口头禅，重要的事情不着急，一定要想明白看清楚，让更多的人参与，一个伟大英明的政策一定是民主管理制度的结果。在华为的管理体系中，高层组织是华为决策委员会，人力资源、财经委员会、战略与发展委员会三大委员会是华为的最高权力机构，加上轮值 CEO，是华为的上层平台。任正非没有当任何一个委员会的主任。

华为学习别人坚守三部曲，“先僵化，后优化，再固化”。在研发上，华为把工程师变成工程商人，为市场的成功负责。营销上营和销分离，但共同考核。华为的奋斗机制是人人可为，在华为的概念里，奋斗即改进、提高效率。

1998 年《华为公司基本法》正式出台后，华为开始以“拿来主义”和开放态度打造自己的机制和管理体系，对管理大量投入，单在管理咨询上就投入了几百亿。现在，华为不同的部门有 300 多名引进的咨询人员。

华为的营运模式可以归结为三句话：商业模式客户化、运作模式流程化以及企业文化坚持高绩效。

流程是华为的“高速路”。华为的目的就是通过这条路，能比竞争者更早发现客户的需求，能比竞争者更了解客户的挑战和压力，通过市场研发和这个流程，快速解决客户问题。对接每个客户，华为派出的是客户经理、解决方案经理和供应链经理的铁三角。华为以客户为导向，提升一线的待遇，特别是在人力资源上让听得见炮声的人来呼唤炮火。因此可以看出，华为以客户为中心不是一个理念，而是由组织、流程、管理，包括人力资源管理形成的一套体系。

5.3 华为狼性是因为“分赃分得好”

在华为的人力资源体系中，最重要的是“价值评价”，给干得好的多发，这叫激励；给干得一般的人发合适了，这叫回报；给干得少的人少发，这叫约束。华为会给员工定出挑战性的目标，一年下来每个部门、每个人都在增长。而最直接的体现，就是华为现在每年的累计增长率是 40%。

“高绩效”则是华为给员工留下的唯一道路。如果承诺的目标完不成，一般的处理是主管领导降职或者免职，或是不能晋升以及本部门所有员工都不能加薪。这样一来把干部和员工都凝聚在一块。“这是一条没有救生衣的船。”高绩效的背后，是日益提升的人均效率。除了人均效率，企业之间什么都不可比。1999 年华为和微软的人均效率比是 1∶8.8，也就是说 8.8 个华为人加班加点拼命干的事相当于微软 1 个人干的事。这个数据到 2011 年是 1∶4.7，再后来是 1∶3.5。华为提倡英雄，提倡奋斗，也让奋斗者成为公司价值创造的主题。企业不能陷入“小人得志、好人受气”的劣币驱逐良币的境地，因此一个合理的“分赃机制”非常重要。任正非认为世界上最有战斗力的人实际上是索马里海盗，就是因为“分赃分得好”。

“不让雷锋吃亏，不让投机者获利”。而所谓的“激励与约束”，其核心就是要告诉员工，往前跑会得到什么，往后退会失去什么。2005 年，华为制定了六条核心价值观，而这六条到现在还没变。“用制度培养文化，用制度培养雷锋。”任正非做的最重要的一件事，就是把任正非的华为变成了华为的任正非，让制度守望华为，而不是让任正非来守望华为。

在华为的定义中，奋斗者的定义只有三个标准：高绩效、劳动态度考核、任职资格提升。在华为，只认功劳，不认苦劳，只有给客户带来价值，才是完成了目标。对于奋斗者，华为从不吝投入，例如员工持股 + TUP。只要是同样的位置，就是同样的薪水，在一个合理的评价体系以及清晰的薪酬体系中，一切人为要素，包括工龄、年龄、职称、学历都可以忽略。

概括一下就是：以理想主义为旗帜，以实用主义为原则，以拿来主义为手段，以文化为纽带，以制度为核心，以利益为基础，用资本主义的方式创造价值，用社会主义的方式分配价值，在创造价值上保证力出一孔，在分配价值上保证利出一孔。

二 · 不忘初心

坚守与聚焦

一个公司的成长与发展，取决于其组织的能力，而组织能力则取决于其组织的战略、架构、组织中人能力的发挥与潜力的开发，而更为重要的是，在其组织成长过程中，组织领导者及全体员工发自内心的坚守、承诺与信仰。

在华为的成长与发展过程中，变化是主旋律，持续地变革，目的在于保持组织的活力，持续地提升组织的能力；不变也是主旋律，坚守自己的核心价值观，持续地为客户创造价值；将组织能力提升与组织活力的保持，始终聚焦于主航道，始终聚焦于公司的核心价值观。

不忘初心，方得始终。靡不有初，鲜克有终。初心难得，始终难守。

华为做到了，华为也是一直如此做的。

1. 华为组织驱动力模型：开放、自我批判和持续对标

1.1 华为的内在驱动力是什么？

企业家及其经营管理哲学、企业优秀的企业文化、企业的核心竞争力或许都是企业的内在驱动力，但从组织成长的观点来看，它们不但显

得比较空泛，而且缺乏内在的逻辑关系，现有的研究更没有揭示其内在的运作机理。

人的驱动机制及其驱动力不同于组织的驱动机制及其驱动力，人是被组织所驱动的，那么，组织的驱动力是什么？

具体到华为这个组织，它的内在驱动力又是什么，是任正非及其管理哲学吗？

任正非长期致力于把“任正非的华为”，变成“华为的任正非”，其个人及其经营管理哲学已经内化在华为组织之中了，组织的内在驱动力还需从组织内部寻求，任何相对独立于组织之外的要素，都难以形成组织的内在驱动力。坚守“唯有惶恐者才能生存”理念的任正非，在华为成立之初，他予以华为基本的价值观体系，并通过管理、运作与机制设计，构建了华为的内在驱动力，这就是开放、自我批判与持续对标学习。

保持开放（或谓拿来主义）、自我批判、持续对标学习是华为核心价值观的重要组成部分，也是构成华为组织的内在驱动力，其闭合循环，就是华为由小到大不断成长进步的内在驱动力。

“以客户为中心，以奋斗者为本，长期坚持艰苦奋斗”是华为的经营哲学或核心价值主张，同样也可认为是华为的内部驱动力，但是这无法解释这三点正式提出之前，是什么力量在驱动着华为的成长与发展，因为这三点是在华为成立十余年之后才提出的。而且，这三点正是在华为坚守的开放、自我批判和持续对标学习基础上提出的。前者与后者之间存在着内在的逻辑关系，后者无疑是前者的前提。

可以认为，保持开放、自我批判和持续对标学习是华为由小到大以至超越对手的内在驱动力，这也是探求华为的内在成长逻辑的三个关键出发点，这三点可以称为华为的成长的“三元内在驱动力模型”。

封闭、模仿、学习与创新是一个组织的四种状态，支撑组织四种状态的是不同的核心价值观，或谓价值取向。华为一直把学习他人作为公司的核心价值观——在华为的六大核心价值观中没有“创新”，而与学习相关的有两条：“开放进取”和“自我批判”。内外开放与自我批判是学习他人的重要前提。

开放是前提，自我批判与持续对标学习是两翼。这或许也可称为华为的“一个中心两个基本点”。只有具备了开放的心态和开放的组织形态，才能够全方位地吸纳外部的能量，进而对组织存在的问题进行持续的自我批判，并在此基础之上，持续地向其他优秀的组织学习，从而为组织的成长与发展提供源源不断的动力。

华为在内部管理上长期奉行“先僵化，后优化，再固化”的方针。先僵化，就是在开放的前提下，不强调华为特色地学习别人；后优化，就是在自我批判的基础之上，根据公司的实际情况持续改进；再固化，就是把领先标杆的实践内化为华为的实践。

华为作为一个现象，是由一整套要素综合作用生成的，在任何复杂的现象背后，一定存在着简单的内在逻辑。从“三元内在驱动力模型”的分析框架中，寻求华为的内在驱动力，或许在理论和实践两个层面，是一个新的视角。

回顾三十余年来中国经济的发展，开放与改革是主旋律，而改革自身也包含了自我批判和持续对标学习两个核心内容。

当下，许多中国企业都对标华为，并在实践中也一直存在华为学得会，还是学不会的争议。其中的关键在于，企业是否具备或能否构建自己企业成长的内在驱动力，即能否持续保持组织的开放，能否持续地保持自我批判，能否持续地对标学习。

1.2　长期地保持公司的开放性，是华为不断进步的前提条件

在许多人的印象中，华为是一个封闭的公司。实际上开放一直是华为坚守的核心价值观，华为从来不封闭，除在技术、市场和供应链等业务领域坚持自主开放的政策外，华为的内部文化也并不像外界理解的那样封闭保守。华为确实是低调的，但又是开放的，如同公司的 logo（商标），华为一直在低调中开放着。其实，华为以往的封闭主要表现在对媒体上，伴随着 2011 年任正非《要改善和媒体的关系》文章的发表，相信今天不再有人坚持华为是个封闭的公司了。低调并开放着，成为华为的新常态。

早在二十余年前的《华为公司基本法》中，其第三条就提出："广泛吸收世界电子信息领域的最新研究成果，虚心向国内外优秀企业学习，在独立自主的基础上，开放合作地发展领先的核心技术体系，用我们卓越的产品自立于世界通信列强之林。"这是七大核心价值观之一。（与后来的六大核心价值观属不同体系）这里提出的开放合作，不仅仅是指技术方面，也包括组织、运营、管理等诸多方面。

长期保持开放，能够使公司避免封闭、保守，放眼看世界，时刻保持着与外部世界的沟通与能量的交换，持续地吸纳外部的正能量，使公司长期处于耗散结构（耗散结构就是一个远离平衡的开放系统，通过不断与外界进行物质和能量交换，在耗散过程中产生负熵流，从原来的无序状态转变为有序状态，这种新的有序结构就是耗散结构）。把以往的优势耗散掉，形成新的优势。持续地感受外部的压力，并通过内部制度设计将这种压力传递到公司的内部，使公司处于熵减状态。企业必须也应该是开放系统，才能与外部能量交换，才能吐故纳新，才能持续地保持组织的活力。祈求于外部力量的保护，自我封闭，组织的能量就会衰

减，导致系统的熵死。

任正非在 2011 年的公司市场大会上说："公司长期推行的管理结构就是一个耗散结构，我们有能量一定要把它耗散掉，通过耗散，使我们自己获得一个新生。什么是耗散结构？你每天去锻炼身体跑步，就是耗散结构。为什么呢？你身体的能量多了，把它耗散了，就变成肌肉了，就变成了坚强的血液循环了。能量消耗掉了，糖尿病也不会有了，肥胖病也不会有了，身体也苗条了，漂亮了，这就是最简单的耗散结构。那我们为什么要耗散结构呢？大家说，我们非常忠诚于这个公司，其实就是公司付的钱太多了，不一定能持续。因此，我们把这种对企业的热爱耗散掉，用奋斗者、用流程优化来巩固。奋斗者是先付出后得到，与先得到再忠诚，有一定的区别，这样就进步了一点。我们要通过把我们潜在的能量耗散掉，从而形成新的势能。"

2013 年 4 月，任正非给信息安全部报告的批示是："宁可不安全，也要开放。"

每一个组织都是一个能量体，但能量体需要引发，如同中子轰击原子核一样，迸发出巨大的能量，否则能量就会持续衰减，组织就会陷入衰败。开放的必要性在于不断地吸纳外部的能量，以抵御组织衰败。

2012 年 8 月在与 2012 试验室座谈时，任正非就反复强调："我们总有一天能量耗尽，就会死亡，所以我们要做开放系统。我们建立了一个封闭的系统，封闭系统必然要能量耗尽，要死亡的，我们一定要避免建立封闭系统。我们一定要建立一个开放的体系，特别是硬件体系更要开放。我们不开放就是死亡，如果我们不向美国人民学习他们的伟大，我们就永远战胜不了美国。""华为成功的奥秘，就是我们很好地应用了'热力学第二定律'和耗散结构理论，不断地加温，又不断地耗散，只有这样，华为才能保持 20 多年的战斗力。"一语道破天机！

一个公司是否开放，基于其核心价值观，基于领导者的危机意识和战略自信；一个公司对外部是否开放及其开放程度，取决于企业领导者风格、决策与实力；一个公司必须对内外部的开放及开放程度取决于保持有效的管理。

在实践层面，任正非所提倡的“一杯咖啡吸收宇宙能量”、“炸开人才金字塔”、“罗马广场”、成立“思想研究院”、坚持“拿来主义”、构建“红蓝军机制”、“心声社区”等，实际上都是基于开放思想的，同时也是使华为保持开放系统的重要举措。

1.3　长期地保持对公司的自我批判，是华为不断进步的内驱力

有人评价，综观华为的发展历程，会看到华为一直在犯错或出错。此言不谬，这是华为的 A 面。外人难以看到的 B 面是，华为也一直在真诚地发现与修正自己的错误。还有人评价，与竞争对手相比，华为犯错快，但改错更快，此言也是真知灼见。华为做到这一点的关键，就是自我批判。

长期地保持对公司的自我批判，能够避免公司的干部与员工的傲慢、狂妄、自大与自恋，能够持续地聆听客户的声音，正视公司存在的问题与不足。尤其当一个公司处于领先地位时，还能保持一种谦卑，真的不容易。谦卑造就伟大，傲慢导致伪大。当一个企业的规模远大于它的客户规模时，还能保持当年小于客户规模时的那份谦卑和敬畏，这就是以客户为中心的体现。企业的衰败都是从傲慢地对待客户开始的。

只要一个组织持续地保持开放且保持自我批判精神和能力，任何自身所不具备的精神、思想、思维和基因，都能够在较短的时间以较小的代价移植并内化到组织内部。

在“摸着石头过河”中探索，在自我批判中进步，在自我优化中成长，在“顶层设计”中卓越。

所谓的自我批判，就是对自己狠。对别人狠，是快乐的，人人可为，是符合人性的；对自己狠，是痛苦的，也不是人人皆可为的，像孔圣人的弟子曾参那样做到每日三省的人，在这个世界上，真的不多，因为它是反人性的。对于善于自我批判和自我修复的组织或个人来讲，外部的批判、指责和打压，都会变成改进、优化和走向优秀的动力。即能够把外部的负能量，内化为自身的正能量。内化外部正能量者，走向优秀；排斥外部负能量者，走向封闭；吸纳外部负能量者，走向溃败。容得下别人的尖锐批评，是一种进步；能够客观地自我批判，是走向伟大的进步。海灯法师曰：历生无谤不英雄。可怕的是，谤人成为时尚，成为时髦，成为主流，且受追捧。

当华为处于“四无”（无人区，无人领航，无既定规则，无人跟随）状态时，是否能够继续持之以恒地坚守自我批判，决定了这个组织还能走多远，走多久。华为的可怕之处在于：把自我批判作为组织的惯行，作为组织中每个人的价值观，作为常态化的制度设计，以此形成自我批判的文化、机制和制度体系。

华为的自我批判包括：1. 持续地吸纳客户对公司的批判，并转化为对组织的自我批判；2. 持续地吸纳全体员工对公司的批判，并转化为对组织的自我批判；3. 自发地组织对公司的自我批判；4. 高层自主的自我批判活动；5. 把自我批判作为选拔管理者的标准和核心价值观。

通过持续的自我批判，使华为能够始终在主航道上运作，保证“以客户为中心，以奋斗者为本，持续艰苦奋斗”的核心价值观得以坚守和传承。

任正非在 2004 年所言：“世界上只有那些善于自我批判的公司才能

存活下来。”英特尔公司前CEO安迪·格鲁夫的“只有偏执狂才能生存”的观点，还应加一句话：“要善于自我批判，懂得灰色，才能生存。”惶恐者，生存；偏执者，成功！以过冬天的心态活在春天里，是一种活法；以过春天的心态活在冬天里，也是一种活法。问题是怎么活得更精彩。忧虑着会不会倒下，会站得更久，活得更精彩。在这个世界，唯惶恐者生存，唯偏执者成功。

1.4 长期保持对学习的饥渴状态，是华为不断进步的原动力

当下很多企业在学华为，其实华为也一直谦卑地在学别人，现在如此，过去也如此。学习他人，是个人与组织进步的捷径。古人曰，见贤思齐；今人讲，榜样的力量是无穷的；西方云，标杆管理或对标。

Benchmark是标杆、基准的意思；Benchmarking（标杆管理）就是在组织中不断学习、变革与应用这种最佳标杆的过程。美国生产力与质量中心对标杆管理法的定义是：标杆管理法是一个系统的、持续性的评估过程，通过不断地将企业流程与世界上居于领先地位的企业相比较，以获得帮助企业改善经营绩效的信息。所谓的“对标学习”是指：以最强的竞争企业或那些行业中领先的和最有名望的企业在产品、服务或流程方面的绩效及最佳实践为基准，树立学习和追赶的目标，通过资料收集、比较分析、跟踪学习、重新设计并付诸实施等一系列的规范化的程序，将本企业的实际状况与这些基准企业进行定量化评价和比较，分析这些基准企业达到优秀水平的原因，并在此基础上选取改进本企业绩效的最佳策略，争取赶上或超越对手。

当年，华为是跟着老师学，沿着“先僵化，后优化，再固化”的学习三部曲执着地向他人学习，可以说，华为今天的管理体系、营运体

系甚至经营管理哲学更多地来自学习，而不是自我的创新。向 IBM 学流程管理，向 HAY（合益集团）学人力资源管理，向英国学任职资格管理，向埃森哲学客户关系管理，向丰田学精益生产方式，向韬睿慧悦（Towers Watson）学员工持股计划。除了这些，还学过美国人的创新与奋斗精神、德国人的严谨、日本人的勤奋与精益、英国人的保守；学过共产党的实事求是、自我批判、多劳多得和八项规定；学过美国的“蓝血十杰”；学顺丰快递和海底捞，等等。当然还在不同的发展阶段学过索马里海盗、野战排、李云龙、阿甘、许三多、传教士、狼、蚂蚁军团、薇甘菊、罗马广场、都江堰、教堂等等。

2017 年 1 月 17 日在消费者 BG[①] 讲话中，任正非指出：“我们要向所有优秀的人学习，学到优秀之处才能让我们变得更强。”“学习优秀之处，不要总拿我们的长处比别人的短处。”强调向苹果公司学习，向谷歌和亚马逊学习，向 BTA 学习，向小米公司学习，向 OPPO、VIVO 学习，并告诫：“你们要心胸宽广，善于接纳，不要以为封闭起来做就是王。”

由此看出，任正非确实是在让消费者 BG 保持清醒，放下身段，但其目的与宗旨没有变，即谦卑地向竞争对手学习，然后奋勇赶超他们。

华为的成长过程，从实质看就是不断对标世界领先企业，持续改进，不断追赶，最终实现超越的过程。

当年华为最好的老师们，现在越发跟不上学生华为的节奏了，但谁也没法否定他们之于华为的标杆价值。

有标杆，就有了衡量差异的标尺，就有了学习的榜样，就有了假想敌，就有了超越的目标，就有自我批判的背书，就有了自我修正的

---

① BG，business group，是华为公司 2011 年组织改革中按客户群维度建立的业务集团。

动力。

华为的持续学习实践，来自任正非及其高层团队的胸怀、危机感与使命感以及其经营管理哲学。我觉得自我批判就是自我进化的过程，华为能走到今天，和任正非的格局、胸怀有很大关系。

在公司的各个阶段，不论是在经营管理方面，还是在技术创新方面，任正非坚守的是“拿来主义”，不断地呼吁“开放，开放，再开放”，要求华为人特别是干部“一杯咖啡主义，吸收宇宙能量”。可以讲，华为公司由小到大的发展过程，就是一个谦卑地持续地向领先者学习的过程，华为自身影响力由小到大的演变过程，就是其长期坚持开放，持之以恒地吸纳与转化外部正能量的过程。

2014 年 1 月任正非曾指出：“华为公司未来的胜利保障，主要是三点要素：第一，要形成一个坚强、有力的领导集团，但这个核心集团要听得进批评。第二，要有严格、有序的制度和规则，这个制度与规则是进取的。什么叫规则？就是确定性，以确定性应对不确定性，用规则约束发展的边界。第三，要拥有一个庞大的、勤劳勇敢的奋斗群体，这个群体的特征是善于学习。”

“如此，华为除了胜利，无路可走。”

任正非眼里，永远是问题，而不是胜利，不是成绩，不是辉煌。

面对华为自身的问题，任正非也找到解决这些问题的答案：“用美国的砖，修华为的万里长城。”

要修好华为的长城，其中的要义就在于：开放、自我批判和持续对标学习。这三点是碳元素，呈三角排列，构成了金刚石般的砖，是华为修长城的基石，也是驱动华为不断进步和成长的内在驱动力。

2. 庇护华为成长的七个基本常识

2.1 何为华为？数字不会说谎

过去，我们更多的是用直观感觉来归纳概括华为，今天我用一些数字解读一下华为。

营收：B 企业 490.5 亿，T 企业 789 亿，A 企业 708 亿；华为 2 882 亿，超出 BAT 的总和 800 亿。

员工人数：B 企业 5 万人，T 企业 5 万人，A 企业 3 万人，员工总数 11 万人；华为全球员工总数为 17.9 万人。

纳税：B 企业 22 亿，T 企业 70 多亿，A 企业 109 亿，总额 200 亿；华为纳税 337 亿，累计纳税超过 3 700 亿。

再看看企业家个人财富榜。任正非财富 125 亿元，2015 年为 422 位。如果和 B、T、A、W 相比，可以看到他们之间的财富差距，B 是他的 9.3 倍，T 是他的 17.7 倍，A 是他的 19.5 倍，而 W 则等于 20.4 个任正非。把企业财富数据和企业家财富数据放在一起，做个对比，是一个非常有意义的工作，也会得出非常有意义的结果。

另外，将华为与国内的高科技企业做个比较。联想作为一家非常优秀的高科技企业，和华为相比，也有差异和差距。如果从两者的发展阶段上看，拐点是在 2001 年。1996 年，华为销售额是 26 亿，联想是 77 亿多；2001 年，华为是 225 亿，联想是 164 亿；2006 年，华为是 891 亿，联想 814 亿多。2001 年，华为销售额开始超越联想。这两家企业都发展得很好，也都为中国企业做了榜样，那么拐点背后的逻辑或者说要素是什么？

应该看到，华为与竞争对手其实还是有差距的。但是，我们看

2015 年的数据，可以讲华为已全面领先于竞争对手。利润率的对比上，五大通信厂商从低至高分别是中兴、爱立信、阿朗、华为、诺基亚；运营商业务领域收入份额四大厂商，从低至高分别是中兴、诺基亚、爱立信、华为。如果将一个企业的意义和中国产业行业对比，意义可能更重大一些。一个弱小的、才成立 20 多年的企业，和全球顶尖的百年老店在三大领域同时展开竞争，只能用两个字形容——悲壮。而华为的同行们各有各的问题，但是我认为很重要的问题，就是两个慢：一个是傲慢，对客户傲慢，对常识的傲慢，一个企业功成名就以后，公司整体上的一种傲慢，中国的这种企业太多了；第二个是反应慢，当外部环境发生变化后，强大的组织记忆，使企业还活在以往的辉煌之中。当年它们也是崇尚“以客户为中心，以奋斗者为本”的，当它们取得所谓的成功后，逐渐变成以领导为中心，以自我为中心，或者以股东为中心了。奋斗者变成食利者和偷懒者了。应该感谢以华为为代表的通信制造商和运营商们，是他们让我们中国人享受到今天廉价、便捷的通信服务。

这些华为的友商做错了什么？无论是对华为，还是对这些企业而言，竞争的过程与结果都是一种警醒。永远不要小看坐在你后排的人，永远不要小看跟在你后边的企业。在变化的时代中，没有谁能一直独领风骚，我们看到的更多是各领风骚三五年。

最后，再看华为所获的含金量很高的奖项：

华为全球品牌价值：2016 年品牌价值增至 197.43 亿美元，相对于 2015 年排名上升 57 位。

2016 年全球百大品牌出炉，华为一年内从第 88 位升至第 72 位，其品牌价值增值 18%，至 58 亿美元，华为也是继脸谱网（增值 48%）和 Adobe（增长 21%）之后 IT 企业中增值最快的品牌。

2016 年“全球 50 大创新公司”，华为再次上榜位居第 13 位，这也是华为第三次跻身该排行榜。

2015 年，品牌咨询公司 BrandZ，发布 2015 年度“全球最具价值品牌百强榜”，华为公司首度入围，这是华为继 2014 年进入 Interbrand（全球最大的品牌咨询公司）“最佳全球品牌”百强榜之后，再次进入世界级的企业品牌百强榜，并成为唯一同时进入两大品牌榜的中国企业。

2014 年全球 100 家最佳雇主，华为荣登榜单，排名第 95 位，是唯一一家上榜的中国企业。

5 月 30 日在人民大会堂，任正非提出“华为 2020 年销售收入要超过 1 500 亿美元”。这个数字显得保守，为什么缩水了？因为他在人民大会堂不会那么高调的。2017 年 1 月 13 日华为开市场部大会，任正非的讲话中曾提到，3 至 5 年销售终端要做 1 000 亿美元，终端线整个销售额提高 30% 左右。终端要做 1 000 亿，整个公司做 1 500 亿，看到这个数据，你就知道他根本不迷茫。

所以任正非的迷茫是表象，只有对未来有深刻把握和深刻洞察的人，才能提出这种迷茫，这是一种清醒中的迷茫，或者说是清醒者为迷茫者指点迷津。他也提出：决胜取决于坚如磐石的信念，信念来自专注；华为唯一的武器是团结，唯一的战术是开放。

其实任正非对未来的把握应该还是比较清晰的，是有战略自信的，这份自信包含在他讲的几句话里：

“没有正确的假设，就没有正确的方向；没有正确的方向，就没有正确的思想；没有正确的思想，就没有正确的理论；没有正确的理论，就没有正确的战略。”

2.2　基本常识在庇护着华为的成长

有哪些常识在庇护着华为成长壮大？采用罗列法，列出 15 个常识，然后再用排除法，最后剩 9 个，给它们排序如下：

1. 让规则守望企业，比让老板守望企业更靠谱。

2. 企业的使命未变：活下去。

3. 企业家的使命未变：方向与节奏。

4. 企业成功的关键要素未变：核心竞争力。

5. 企业的生存方式未变：活力与机制。

6. 企业经营的核心未变：赢利能力与现金流。

7. 企业管理的核心未变：人均效率的持续提高。

8. 企业经营管理的核心未变：组织能力的持续提升。

9. 企业管理者的任务未变：HR（人力资源）的培育与管理。

2004 年我曾写了本小册子，叫《回到原点》，其中提到大道至简，大道无术，思考企业的问题，必须回到企业的原点。"我们的企业都在不断赶路，但是忘记了初心，只能在失望中追求偶尔的满足。我们的企业只能在梦中解脱那倾心的哭，流浪在灯火阑珊处。"这些句子今天读起来还是挺美的。

对华为来讲，其成长也不需要秘密，需要的是探索、敬畏、遵从和坚守常识。解读华为就是这 4 点。但是要做到真不容易，比如说红灯时不能横穿马路，这是常识，但你保不住哪个驾校的学员把油门当成了刹车！常在河边走肯定会湿鞋的，这是在幼儿园时就知道的常识，现在有多少人坚守？别人都走了，你在旁边等着就显得你傻。坚守常识，真的很难，敬畏常识也很难。很多企业都提倡了很多理念，但是我们有多少人在坚守那些提倡的东西，我们能够坚守多久？这是核心问题，我们的核心价值观，我们的理念一个都没错。但是我们坚守了吗？我们敬畏了吗？所以保持坚守和敬畏，看似简单实则艰难。

所以还是回归老话题：让规则守望企业，比让一个老板守望企业可能更靠谱。互联网带来了巨大的变化，大师们针对互联网的变化，讲了经济环境企业的未来，令人胆战心惊。这么大的变化，使得我们害怕被时代所抛弃，但是我静心细想，变来变去，还有一些不变的。这些不变的被实践验证过，不需要再验证了，不需要再质疑了，不需要再讨论了。

毛泽东为抗日军政大学的题词是：坚定正确的政治方向；艰苦朴素的工作作风；灵活机动的战略战术。然后是：团结，紧张，严肃，活泼。这三句话八个字，简称“三八作风”。这都是组织能力的核心要素，它并没有因时间的流逝、环境的变化、组织目标的改变而改变，这就是组织的常识。

综观华为的发展历程，不难发现，这是常识的价值，是坚守常识的结果。

实事求是：管理是真正的核心竞争力

实事求是，实际上已是人人皆知的常识了。实事求是的“是”是核心，任何事情都有逻辑，都有规律。首先我们要了解这些内部联系，把握这些逻辑，掌握这些规律，这样做起事来我们可能会少走一些弯路。做企业一定要有一些内在的规律，有内在的商业逻辑。

这些内在的规律不一定在我们手里，因为中国企业起步晚，领先的企业做了几百年了，那种艰难的探索，使得它们会比我们更实事求是一些。松下幸之助讲经营之道，就是“下雨打伞”；任正非讲的则是“豆腐还是豆腐，汽车还是汽车”。

比如说华为的战略，从 2015 年制定出来到现在没修改，其中没有什么深奥或费解的内容，其核心就是聚焦客户。第一条是：为客户服务是华为存在的唯一理由；客户需求是华为发展的原动力。为客户服务就要为客户好，因此必须做好第二条：质量好，服务好，运作成本低，优先满足客户需求。然后做到第三条：持续管理变革，实现高效运作。第四条是给竞争对手说的：与友商共同发展，既是竞争对手，也是合作伙伴。

任何企业是不是都有一个客户？不管在管理大师德鲁克看来，还是从我企业管理研究的实践来看，如果你不能为客户提供价值，你就没有存在的价值和理由。所以我想不管是所谓的互联网精神、互联网思维指导下的企业，还是我们所谓的传统企业，以下这些东西好像没变，没有被颠覆过：

价格＝成本＋利润。

企业的盈利取决于成本和价格之间的差额。谁决定了价格？是客户、市场、竞争对手。客户有着不变的价值观，就是低价、优质和完善快速的服务。这其中，企业可以决定的是固定成本和人力成本，要提高盈利水平，取得更多的利润，唯有降低成本。而降低成本的路径，就是节约和效率。节约和效率如何实现？要依靠管理这一真正的核心竞争力。在企业的经营中，节约是一种美德，但是，节约的潜力是有限的，所以效率就成为关键，谁的效率？人的效率，人力资源是潜力最大和最有活力的资源。所以我们得出结论，人力资源管理是提高盈利水平的关键，没有盈利就没有扩大再生产的来源，企业就会失去继续成长的动力。

所以，不管是什么商业模式，还是要回归这些最基本的面上去思考。如果偏离了这些东西，企业成长就要付出更多的成本，走更多的弯路。

水滴石穿：力出一孔，利出一孔

"水滴石穿"是中国人由自然现象概括出的常识，要做到水滴石穿，第一是要聚焦，第二是要坚持。华为提出的"力出一孔，利出一孔"一样，也是常识。"力出一孔"是价值创造，"利出一孔"和价值评价、价值分配相关。我一直认为，价值创造、价值评价和价值分配的良性循环，是华为的一个发动机，可以输出巨大的能量，来影响这批人，改变这批人，激励这批人，当然也在约束这批人，使这批人不懈奋斗。

杀鸡用牛刀：压强原则

华为战略实施的最重要特征就是压强原则。华为的压强原则，在20年前的《华为公司基本法》中就提出来了，第二十三条提出："我们坚持'压强原则'，在成功关键因素和选定的战略生长点上，以超过主要竞争对手的强度配置资源，要么不做，要做，就极大地集中人力、物力和财力，实现重点突破。在资源的分配上，应努力消除资源合理配置与有效利用的障碍。我们认识到对人、财、物这三种关键资源的分配，首先是对优秀人才的分配。我们的方针是使最优秀的人拥有充分的职权和必要的资源去实现分派给他们的任务。"

华为的战略特征其实概括出来就是压强。从概率论的角度来看，大赌注比小赌注胜算更高，专注押注一个比四面出击地押注赚得更多，长期单一押注比短期分散押注要赚得多。这是企业与人为什么要专注、聚焦、坚持与执着的理由，也是区分伟大和平庸的标志。在现实中，人因为贪婪，往往经不起这些诱惑，耐不住寂寞，聪明摧毁了常识，着急和等不及替代了奋斗，机会主义替代了压强原则。等不及那就是赌一把。但华为的这种专注，始终如一。

任正非以火箭的"拉法尔管"为例，来表述华为的压强原则：将我们的人力资源，我们的各种物质资源装在容器里，通过一定的原理，激发它，内部加温，然后内爆，最后通过一个很小的口把火箭打上去。这就是力出一孔！华为 23 年只对准一个城墙口冲锋，最终领先了世界。靠的是什么？它的研发经费，比 A 股包括 154 家化工企业、166 家机械设备企业、14 家机床业企业、67 家医药企业近 400 家企业的总和还多几十亿。

这就是坚守的力量、聚焦的力量、沉静的力量，而不是那种打着生态的名义，四面出击、四处撒网的投机心理。

天道酬勤：战略聚焦、战略投入、战略突破

华为 2016 年的企业形象广告，通过 3 幅图片对华为走到今天和华为过去走过的路进行了背书，即战略聚焦、战略投入和战略突破。广告主题叫厚积薄发，但我认为这个广告也说明了天道酬勤。华为为什么厚此薄彼？厚的是聚焦，而薄的是结果，重要的是过程，而不是结果。如果整天盯着结果，我们有时候会等不及，有时候就乱了方寸，有时候就会不择手段，有时候就会走错路。其实厚积薄发，就是中国人老话讲的“种瓜得瓜，种豆得豆”，种下什么，收获什么，这就是“天道酬勤”。我们投入到了，我们做到了，其他的别管了，只要你坚守了，老天也不会亏待你，会给你一个结果。

傻人有傻福：阿甘精神

中国人讲傻人有傻福，而任正非最欣赏的两个人是阿甘和许三多。这种“傻”其实和管理是相关的，是管理对于员工的一个导向。一个人、一个企业不能富得太快了。阿甘精神是什么？就是目标坚定、专注执着、默默奉献、埋头苦干。任正非认为华为就是最典型的阿甘。中国

社会聪明人太多了，但是华为的聪明人加上一个“傻”的价值观，成功的可能性更大。看起来有点另类，但这种“傻”最终得到了回报，中国的老话从来没有讲聪明人有福气，都是说傻人有傻福。

近朱者赤：用最优秀的人去培养更优秀的人，把羊变成狼

近朱者赤，是人力资源管理问题。中国最丰富的资源就是人力资源，聪明、廉价、勤奋，数量众多。华为就是靠着一批这样的中国人走到今天的，但是问题在于怎样管理这些人？华为做到了一点就是，把这批青年知识分子变成了战士。

激发大家的创造力，使每一个人都成为能动的要素，而不是被动的要素。这一点对很多企业，尤其是高科技的、以创新为主要特征的企业来讲，可能更重要。如果我们再用那些管理生产线的模式来管理员工，可能就会有一些低效。所以我们管理讲究效率，就是开发人的潜力。人力资源管理首先是一个状态：我们技能不行，态度可以行；最怕的是技能不行，态度也不行，那就趁早回家吧。所以保持这种能动的、有活力的状态真的很重要。

低作堰，深淘滩：对自己的企业狠一点，让利益相关者共享企业成功

李冰父子治水要诀：深淘滩，低作堰，逢正抽心，拐弯截角。任正非在交谈的时候，传递给人一种思想，就是深淘滩，低作堰，很重要的信息实际上就是对自己狠一点，要驱赶自己的企业前进，但是又重视共享经济，让客户、供应商和利益相关者，共享公司的成功。

有一句广告词，叫“你的能量超乎你想象”。华为人力资源管理的愿景是多赢的，就是利润的增长、效益的增长不再依赖于规模、资源

的大量投入。均衡是真正的可持续的生产力，怎么实现经营和管理均衡？怎么成功转型？很多中国企业可能不太清楚自己的转型之路应该怎么走。我认为中国企业转型之路是“减增涨”，即“减人，增效，涨工资”，这就是深淘滩。

通过对内部人力资源与物力资源的挖潜，不断地提高其效率，以及持续不断地改进与优化，目的是为客户创造价值，与客户分享价值创造，这就是低作堰。

（根据 2016 年 10 月 29 日第四届华夏基石十月管理高峰论坛《庇护华为的几个基本常识及华为成长驱动力模型》主题演讲整理）

3. 华为战略有特色没秘诀

华为历史上提出的真正的公司级战略只有两个：第一个是基本法，第二个是 2005 年华为的愿景、使命和战略等 4 条。可见，华为是一个“不太重视”战略的公司。

很多公司喜欢讲战略，甚至战略数量都超过企业的岁数了，老板没事总制定战略，制定一个战略推翻前一个战略，然后再制定一个新战略，因为制定一个战略真的很“轻松”，几个人开个会，多喝杯咖啡，多抽一支烟，一个“伟大的战略”就可以横空出世。有一个统计，全世界所有的组织中，90% 的组织战略都以失败告终，没有落地。没有落地就是缺少战略承接、战略衡量、战略分解、战略实施，人们经常把重点放在制定战略，而不是实施机制上。

华为的战略不太多，为什么？华为的压强原则，是华为战略的核心，而战略真正能落地实施是华为战略的特色。

3.1 寻找方向比制定战略更重要

从公司整体战略实施的角度看，华为的战略有以下五大特征。

第一，战略是高层的责任。战略不是业务规划，战略是在高层治理过程中形成的。在华为，中下层很少谈战略。任正非曾经有一句话叫“砍掉高层的手和脚”。砍掉脚，不能走路了，他们就不会老沉在基层；砍掉手，就不会指手画脚。把高层变成孙膑，他们就会待着不动，就要思考战略、思考方向，这是高层的责任。高层，就是要把队伍带往正确的方向，因为华为已经过了领导人在一线扛着炸药包炸碉堡的阶段，个人英雄主义的时代已经结束。任正非强调的是：“重要的事情不着急。”华为花了很多时间在贯彻战略问题，高层通过各种会议，不断地吵架，逼着大家想明白。

这些年来，华为已经登上了山顶，寻找方向比制定战略更重要。任正非经常讲毛泽东的“三八作风”：坚定正确的政治方向、艰苦朴素的工作作风、灵活机动的战略战术；团结、紧张、严肃、活泼。战略战术是放在第三位的，因为方向一旦错了，战略与战术也就错了。任正非的经营管理哲学中，寻找方向是核心。

第二，战略的澄清。战略是一个总体的概括性的东西，怎么澄清它，怎么分解它？华为用的工具是战略地图。现在平衡积分卡很流行，华为在绩效管理中没有直接用平衡积分卡，但是华为把平衡积分卡用来做战略地图，来澄清、细化、分解和修正战略，这是华为非常重要的工具。

第三，华为的战略衡量就是 KPI。华为公司级关键绩效指标，就是 KPI 这套方法，“鱼骨图”这样一些工具。战略 KPI 是疏松土壤，增强土壤肥力；经营 KPI 是抢粮食，产生高绩效。一个是基于长远的战略，一个是基于现实。既要疏松土壤，还要抢粮食。只疏松了土壤没有抢到粮食，在华为是没有奖金的；如果只抢了粮食没有疏松土壤，干部是要被约束的。这就是战略实施的奖惩机制，做好了什么都有，做不好就要受惩罚。

第四，战略出来了就要向下分解。华为用的战略分解叫 PBC，即把公司级的战略变成可量化、可衡量的指标分解到组织，最后分解到个人，每个人都背着一个指标，很紧张，如芒刺在背。

第五，战略的实施具体到个人，就是华为的工具 WET，W 是高绩效；E 是执行，即战略措施；T 是团队，即周边绩效。在这个过程中，战略能够从高层的脑子里最后落到地上，落到每个人的现实中。

一个战略的实施不仅仅需要上述五个过程，在现实中还需要两个支撑：一是组织，一是流程。必须把战略放在组织中，放在流程中，才能使战略真正落地，华为 BG 这种组织形式，和流程上引用的 IBM 方法论，都是为了使战略真正落地。

3.2　战略的本质是放弃

华为战略的核心就是坚守压强原则，一旦战略实施就要使用压强原则。

其一，战略的本质是选择，选择的本质是放弃。虽然条条大路通罗马，但一个公司、一个人，想走到“罗马”只能选一条路。这里的核心是一种放弃，不做有时候比做更难。

其二，战略是信仰。公司要有战略的语言，自己要信仰战略，如果老板都不相信自己的战略，员工怎么可能相信？

其三，战略是一种持续的投入。体现在华为，就是压强原则。什么叫压强原则？战略出来后把所有的资源都压上去。压强原则就是杀鸡用牛刀；压强原则就是针尖原则；压强原则就是经得起诱惑、耐得住寂寞；压强原则就是敢于舍弃、敢于不做；压强原则就是 28 年只攻一个城墙口……

压强原则只解决了压资源的问题，那么向谁压？2013 年，任正非提出“力出一孔”，进一步把压强原则解释清楚了。“力出一孔”就是把所有的力量集中到一点，好比火箭上的一个洞，一枚火箭能够把几十吨的物体载上天空，靠的是什么？一靠资源配置，二靠资源充分燃烧，从一个很小的出口出来，产生巨大的力量。这也是水能切割钢板的原理，造船厂切钢板不是用燃烧法，而是用水切割的，只要水的压力集中到了一定程度，可以产生超乎想象的巨大力量。所以，“力出一孔”是选对一个方向，把所有的点都收敛，然后集中攻。这就是任正非讲的“28 年就攻一个城墙口”，攻成了世界老大。

另外，“力出一孔”，出在哪儿？华为有三句话：一是以客户为中心，这个“孔”就是客户。二是以奋斗者为本，搞活内部机制，产生巨大能量，推动公司前进。三是长期坚持艰苦奋斗。我认为华为战略思想的核心就在这里。

3.3　战略实施是个试错过程

华为是一个经常犯错的公司。不要以为华为“高大上”，简直完美了，事实上根本不可能。我不同意这样一种说法，它认为华为早期选了一个非常好的战略，任正非学习毛泽东思想，以农村包围城市，然后就成功了。我个人认为，这不是华为的战略，而是迫不得已！因为那时它在城里根本待不下去，必须到边远地区找饭吃。但是有一点是华为伟大的地方，就是它并不满足于有口饭吃，而是在不断地调整，不断地试错，不断地自我突破。因为它没有什么模板可以借鉴，作为后来者，要超越领先者，第一要压强，第二无路可走只能追随，在追随的过程中不断地犯错，不断地改正。

华为经常出错，但是华为最大的特点是改正错误的机制很强大，改错速度快，纠错能力强。

华为的战略决策制定出来了，执行力是什么？就是西点军校的几句话："是，长官"，"明白了，长官"，"没有问题，长官"，"保证完成任务，长官。"

如果是错的战略，怎么办？在华为，错的战略也是错到底，不撞南墙不回头，撞了南墙拱个洞。决策错了是决策者的责任，和执行者没有关系，执行者就是要执行，不允许问为什么，不允许停下来，这是执行和决策之间的关系。现在更多的是聪明人，执行战略的时候首先要问为什么，要想明白才会做；在华为没有借口，就是执行到底，所以战略能够迅速实践，能够迅速落地，能够由嘴上到手上，最后用高绩效来验证。

3.4 关键在于战略定力和战略耐力

2012 年，华为进入"无人区"以后，展开了三大 BG。目前，除了华为，全世界还没有一家企业在一个平台上，同时做云、管、端。云，就是企业 BG，面向企业的，它的直接用户是全世界的企业，主要是云和大数据；管，就是运营商 BG，比如中国联通、中国移动；端，就是消费者 BG，也就是手机终端。三大 BG 主要是 3 块业务，BG 是经营业务单元，不是事业部。千万不能把 BG 理解成事业部，它的运作机制不是事业部机制，事业部有很多弊端，最大的问题就是资源不共享。华为的矩阵结构，横向是BG和产品线，纵向是直线职能制，比如财务、人力、资源。BG下面第二个层次是产品线，一个BG里有很多产品线，都是矩阵结构运作，明白这一点对理解华为架构很关键。

目前，3个BG的销售收入比例是运营商55%、消费者33%、企业12%。下一步，华为要让自己的云，通过运营商管道，再通过终端进入到千家万户，称霸世界。我开玩笑说，任正非每天唱的歌是《云水谣》，云、管、端就是华为背后的转变，从CT到ICT，CT是通信技术，ICT是信息与通信技术，华为要通吃，这是华为的野心，三分天下之后这个战略愿景非常大。

广州试点是从2014年开始的，好比把一个省代表处变成首都机场，各个BG的飞机都可以在这里降落，所以代表处也是一个矩阵结构。你到代表处首先要问他是哪个BG的，再问他是哪条线上的，这是广州试点的价值，这样一来就不需要在广州建3个公司了。可以说，这是个"一仆二主"的关系，特点是一个下属有两个主管，这就解决了"一言堂"的弊端。代表处的代表不是营销责任承担者，而是一个资源平台。在广州区域范围内，所有的BG，所有的产品，所有的服务都在这个代表处落地，代表处只是调整资源。可以说，华为的矩阵结构从广州代表处开始，让代表处变成了资源平台，原来的销售平台也变成了资源平台，这个变化非常大。

开始的时候，BG发展不太顺利，举个例子，2013年华为搞了一次发展大会，任正非亲自发奖，奖金总数是125.3亿，人均8万，但华为董事会11人中，只有2人拿了奖，任正非和3位轮值CEO都没有拿奖，企业和消费者BG的4位总裁，也是零奖金，只发了一个飞机模型，叫"零起飞奖"，因为2012年BG没有完成绩效承诺，进而导致公司的绩效承诺没有完成，高层管理者没有拿到奖金。这也从一个侧面看出了华为的战略执行力度。

战略定力和战略耐力的典型代表就是沃尔玛，沃尔玛只会一心一意卖东西，曾经连续多年蝉联世界500强。反过来看中国企业，从国企到民企，哪个不搞资本运作、不搞多元化、不奉行机会主义？机会主义多元化可以赚钱，但不能成就事业。

我们有一个基本常识是，不要把所有鸡蛋放在一个篮子里，如果篮子摔坏了，鸡蛋就全碎了，所以，中国企业家是到处放鸡蛋，东一拨儿、西一拨儿，本来资源就不多，最后把自己的企业搞成国民经济。最典型的就是所谓的“生态”，现在一些企业所追求的生态其实就是多元化的现实版本，打着互联网思维的旗号什么都做，但是不会成就一个伟大的企业。华为是反过来，就是马克·吐温的那句话：“把所有的鸡蛋放到一个篮子里，然后看好它，篮子照样会摔坏，鸡蛋照样不碎。”这就叫有战略自信和战略定力。

在学得会、学不会的问题上，任正非讲，“华为是学得会的”。我写过一篇文章《可复制的华为，不可复制的任正非》。华为没有什么神秘的，都是一些常识，华为也一直在学别人，现在的华为也是学习别人的结果。战略地图是华为的吗？KPI是华为的吗？PBC是华为的吗？WET是华为的吗？都不是，全都是学来的，只有一个劳动态度考核是华为独创的。既然华为能够持续学习别人走到今天，中国的企业为什么不能持续系统地学习华为呢？

有些人的领导力是天生的，更多是后天学习和磨炼出来的。任正非是掌舵人，关键时刻总能拨正船头，几个观点、几句话，就能聚焦主航道，这取决于他的战略视野。他的战略视野是对方向的把握能力，使公司这条船在主航道上航行。当然，这个是他自己悟出来的，是学习、思考的结果。从这个意义上讲，学华为要看学什么，有些是可复制的，但任正非是不可复制的。

4. 华为的压强原则

4.1 什么是“压强原则”？

压强，是指物体所受的压力与受力面积之比，压强用来比较压力产生的效果，压强越大，压力的作用效果越明显。当受力面积一定时，压力越大，压强越大；当压力一定时，受力面积越小，压强越大。

压强，是个物理学概念，而将这个物理学概念运用于企业经营管理，形成的“压强原则”似乎是华为首创。华为许多经营管理原则都来自其他学科，如熵、热力学第二定律、耗散结构等。

“压强原则”是华为的战略原则，具体说是华为的战略资源配置原则。可以说，“压强原则”是理解华为成功之道的一把钥匙。

“压强原则”出自《华为公司基本法》，在其中的第二十三条“资源配置”中，明确提出：“我们坚持‘压强原则’，在成功关键因素和选定的战略生长点上，以超过主要竞争对手的强度配置资源，要么不做，要做，就极大地集中人力、物力和财力，实现重点突破。”

在第二十二条的“经营模式”中，对“压强原则”做了更为详细的阐述：“我们的经营模式是，抓住机遇，靠研究开发的高投入获得产品技术和性能价格比的领先优势，通过大规模的席卷式的市场营销，在最短的时间里形成正反馈的良性循环，充分获取‘机会窗’的超额利润。”

那么，“压强原则”的具体含义是什么？

“压强原则”，就是杀鸡用牛刀，就是针尖原则。

“压强原则”，就是敢于把所有的鸡蛋放在一个篮子里，然后看好它。

“压强原则”，就是内敛，就是聚焦，就是坚守。

“压强原则”，就是不在非战略机会点上消耗战略力量。

“压强原则”，就是保持战略定力，保持战略自信，保持厚积薄发。

“压强原则”，就是从根本上摒弃机会主义，等得及，不着急！

“压强原则”，是弱者追赶强者，并超越强者的必然选择。

“压强原则”，是一种战略选择，战略本质上是一种理性选择，也是一种持续的承诺，战略承诺的关键在于持之以恒的信仰和资源的持续投入。

“压强原则”，在军事上就是毛泽东所坚守的“大步进退、诱敌深入、集中兵力、各个击破”的运动战原则，就是毛泽东在《战略问题》中所讲的：“我们的战略是‘以一当十’，我们的战术是‘以十当一’，这是我们制胜敌人的根本法则之一。”就是当年在辽沈战役所运用的“一点两面三三制”，其中的“一点”和“两面”，就是指压强原则。

著名的蓝契斯特法则也是量化的“压强原则”，英国的技术工程师蓝契斯特认为，在竞争过程中，当你是对方1.8倍竞争优势的时候，你的成功概率、获胜概率是最大的；当你达到3~4倍竞争优势的时候，竞争压力和竞争损失是最小的。

从华为30年的成长历史来看，无论是打进农村市场，还是打入城市市场，抑或打开国际市场，乃至今天进入“无人区”，华为所依靠的就是压强原则。同样，华为在研发和技术上的突破，在管理能力上的系统提升，依靠的还是压强原则。

4.2 压强原则与力出一孔

2011 年 10 月 31 日，任正非在听取无线业务汇报会上，做了题为《力出一孔，要集中优势资源投入在主航道上，敢于去争取更大的机会与差距》的讲话，他指出：

“我们要力出一孔，力量从一个孔出去才有力度。我们‘利出一孔’做得比别人好。但是我们的‘力出一孔’做得不好，研发的力量太发散，让竞争对手赶上来了。每一个产品线、每一个工程师都渴望成功，太多、太小的项目立项，力量一分散就把整架马车拉散了。你们无线产品线要力出一孔，要加强向主航道的投入，提高主航道的能力，在主航道上拉开与竞争对手的差距。要有战略集中度。”

“一定要把战略力量集中在关键的突破口上，集中在主航道上、主战场上。”

任正非以造船厂水能切割钢板的例子，强调了聚焦的价值。

2013 年的新年献词，任正非以《力出一孔，利出一孔》为题，进一步强化这一战略思想。

“大家都知道水和空气是世界上最温柔的东西，因此人们常常赞美水性、轻风。但大家又都知道，同样是温柔的东西，火箭可是空气推动的，火箭燃烧后的高速气体，通过一个叫拉法尔管的小孔，扩散出来的气流，产生巨大的推力，可以把人类推向宇宙。像美人一样的水，一旦在高压下从一个小孔中喷出来，就可以用于切割钢板。可见力出一孔其威力。

“如果我们能坚持‘力出一孔，利出一孔’，‘下一个倒下的就不会是华为’；如果我们发散了‘力出一孔，利出一孔’的原则，‘下一个倒下的也许可能就是华为’。历史上的大企业，一旦过了拐点，进入下滑通道，很少有重获成功的。我们不甘倒下，那么我们就要克己复礼，团结一心，努力奋斗。”

2010年华为提出的“以客户为中心，以奋斗者为本，长期坚持艰苦奋斗”回答了“力出一孔，利出一孔”的“孔”的问题。

由此，“压强原则”、“力出一孔与利出一孔”和“以客户为中心，以奋斗者为本，长期坚持艰苦奋斗”，三者的完美结合，形成了严密的思想逻辑，构成了管理体系的闭环。同时，也对华为坚守的战略进行了完美的诠释。

在压强原则上，华为基于战略自信，以坚如磐石的信念，坚守管道战略，收紧核心，放开周边，寻找战略突破点，集中优势资源，持续地投入人力资源和物力资源。

压强原则是战略原则；

力出一孔是战略方向；

利出一孔是战略动能；

聚焦管道是战略约束；

厚积薄发是战略举措；

拉法尔管是战略焦点。

4.3 为什么要坚守“压强原则”？

“压强原则”其实基于的是一些基本的常识，当然这些常识也同样适用于企业的战略选择。

在现实中为什么企业不愿也不敢选择与坚守“压强原则”呢？

这就是企业与人为什么要专注、聚焦、坚持与执着的理由，也是伟大与平庸的根本区别。现实中，贪婪的人性，往往经不起诱惑，耐不住寂寞，聪明摧毁了常识。结果应了一本书的名字：世界上到处都是有才华的穷人！

市场经济为企业与个人提供了太多太多的机会，但也孕育了机会主义，以致机会主义在中国企业泛滥。

企业和老板们像鬣狗一样搜寻和追逐着机会，很忙，很累，但最后是什么都做了，什么都做得平庸。

制定一个伟大的企业战略并不难，但坚守这个战略却难得多，需要定力，需要自信，也需要控制自己的欲望，管理自己的动机。

尤其当企业发展到一定程度之后，往往同时撑大了企业家的欲望与胆量，他们把企业视为无所不能的超人，看见机会就要上，看见别人赚钱就不舒服，四处播种，到处插足，忘记了初心，忘记了自我，最后落得个十面埋伏，四面楚歌。

沃尔玛雄踞《财富》500 强多年，依然“就会卖东西”；富可敌国的微软，甚至连硬件都谨慎涉足。伟大与平庸之分，在于能否不忘初心，管住自我。30 年来，华为一直在减少自己的受力面积；30 年来，华为一直持续在为自己加压；压强原则，使华为脱离了平庸；压强原则，使华为走向伟大。

正如任正非在 2016 年市场部会议上的讲话所言：“决胜取决于坚如磐石的信念，信念来自专注。”

5. 华为是如何将一帮草莽英雄打造成正义铁军的？

5.1 以内部规则的确定性应对外部环境的不确定性

就人力资源而言，应对挑战，还是要以制度为核心，遵从制度、遵

从流程、遵从规则、遵从范式；以利益为基础，人力资源永远是一个利益的问题；坚持灰度管理，人力资源管理应该始终保持“灰度”，对人不要那么爱憎分明，应该团结一切可以团结的人，调动一切可以调动的积极性。

在人力资源管理方面，华为现在面临着挑战，最近也有很大的调整，新的人力资源管理体系分为四部分。第一部分是价值观和文化。华为明确提出要大胆地坚持华为的核心价值观，大胆给予宣传。就是强调华为艰苦奋斗的文化，过去华为是遮遮掩掩，因为外部环境对它也有一些影响，华为有一些担心，对老外怎么讲奋斗？现在公司已经不再担心，提出来要大胆地宣传。

第二部分是干部与人才，华为提出来人才金字塔管理，后面会详述。

第三部分是管理组织，管理组织强调的是一线活力，强调的是让一线呼唤炮火，强调的是要把指挥部建在听得见炮声的地方，强调的是以总部为一线的支持。华为有明确规定，任何部门都不允许以总部自居。

第四部分是激励机制，怎样形成流程的全员互动，如何激励？

未来确实是一只黑天鹅，有很多不确定性。那么在这种不确定性下，企业怎样能够走得更远、走得更强？理性的选择就是：以内部规则的确定性来应对外部环境的不确定性。

中国的人力资源管理面临着很重要的问题，就是要让规则守望企业，而不是继续让老板来守望企业，规则比老板更靠谱。

我们要坚守一些最基本的常识。尽管时代在不断变化，但是有很多没有变的。比如说，企业的使命没变、企业家的使命没变，还比如说企业的关键评估要素没变、企业的生存方式没变、经营的核心没变、管理的核心没变、企业管理的任务也没变。

毛泽东曾为抗日军政大学题字，有三句话，第一句是“坚定正确的政治方向”。在混沌的不确定的时代中，方向变得重要了。如果方向错了一切皆错。现代战争中，70% 的时间和资源用来寻找打击目标，30% 的资源用来打击敌人。企业家要探索方向，把企业带到正确的路上。人力资源管理者也是，要屏蔽一些外在干扰，做出正确的判断。

第二句，“艰苦朴素的工作作风”。艰苦朴素的工作作风就是企业文化，方向找到了，就认定目标坚定不移地走下去。回顾华为 26 年的发展，我认为华为 26 年来就像是一只大乌龟。乌龟紧贴地面然后高昂着头，认定自己的目标，经得起诱惑，耐得住寂寞，执着地走在自己选定的道路上，然后超越了兔子。华为就是用了 26 年超越了那些跑了百年的“兔子”，成功登顶。

第三句话是“灵活机动的战略战术”。这就是应变之策。

5.2 转变之要：打造金刚石而不是石墨

第一个转变就是要构建人力资源管理的金刚石，而不是构建人力资源管理的石墨。人力资源管理的价值是能够改变人、能够影响人。这是一个体系化的问题，现在人力资源管理都有模块了，但是没有连接起来。还有，怎样把那些优秀的工具嵌入到我们人力资源管理体系中？

第二个转变就是对人分层分类管理。过去我们人力资源管理是粗放的，就是以一套体系来管理不同层级、不同类别的人。华为最近提出来要按照人才金字塔的方式对人才进行精细化管理。华为的人才金字塔分五层：思想领袖和战略领袖、中层管理者、业务管理者、基层管理者和业务骨干、基层员工。所谓精细化就是分层分类，分层分类才有效率、才有针对性。

第三个转变是干部的管理。人力资源管理的核心还是干部问题，员工都是可爱的，坏就坏在干部上了。没有坏孩子，只有坏家长；没有坏员工，只有坏领导，这是常识。

现在的人力资源管理中有一个重大的缺陷，就是没有针对干部这个特殊的人力资源建立起一套系统的体系来，更没有一套系统的政策。比如，我们选拔干部更多是从业务高手中选择。所以在这里面就有一个问题，是一个基本问题，也是老生常谈的问题：到底是外行领导内行好，还是内行领导内行好？

从干部选拔来讲，华为强调干部选拔有三把尺子。第一把尺子强调责任决策导向。不是学历导向，也不是资历导向；不是看哪个学校毕业的，也不是看在公司干了多少年，在哪些部门干过；不是看是海归还是“土鳖”，就是责任决策导向。第二把尺子强调成功的实践经验。第三把尺子强调带队伍。

华为的这种转变实际上是应对挑战的一个非常重要的举措，一个是回到它基本的理念：“将军是打出来的不是培养出来的”，华为未来不会培养将军。另一个是，“机会是自己创造的不是别人给安排的”，所以华为的一个重要转变就是要把游击队改造成正规军，然后把一帮草莽英雄变成职业英雄，变成职业经理人。

第四个转变是要学会非物质激励，非物质激励和物质激励同样重要。企业的人力资源政策如果总是盯着物质激励，弄不好就掉到钱眼里去了，但钱永远不可能解决所有的问题。美国有一句话：“你不能用贿赂的办法让你的夫人做好家务，也不能用贿赂的办法让你的小孩做好家庭作业。”同样，你不能用贿赂的办法让你的员工持续为企业做贡献。花钱买不到员工真正的积极性。有个调查显示，80 后的员工把报酬放在影响工作积极性的因素的第七位，而且他也不是要求工资越高越好，

80 后很多是美国的价值观——要求公平，公平很重要。

所以在制度层面和管理层面学会怎样使用非物质激励，在物质激励和非物质激励的叠加上产生更多的能量，这个是更重要的。什么是非物质激励？“己所不欲，勿施于人”是一个最基本原则。华为提出，员工培养、双向沟通、欣赏鼓励，这些都是非物质激励。

管理者需要掌握非物质激励的一些柔性化的手段。最重要的是要转变意识，一眼看着客户，一眼看着下属。从业务导向转向市场导向、客户导向，再转向人力资源导向，华为现在就是这样做的。最大的问题是什么？

IBM 的蓝色品位课告诉管理者要干三件事，第一件，带队伍，这是人力资源问题；第二件，指导队伍，这是人力资源的问题；第三件是引领自己、修炼自己、开发自己，还是人力资源的问题。

那么，怎样把我们的管理者从业务中拉出来，让他们更多地承担人力资源管理的工作，承担人力资源管理的责任？这个问题还没解决，这也是对我们企业的挑战。因为过去我们的管理者都是从业务领域冲杀出来的，他们对业务有一种偏爱，对人力资源管理市场意识有些淡薄，需要转变这种观念。这个转变尽管很漫长，但是也必须去做。

5.3 人力资源老问题的新对策

在新形势下具体的人力资源政策转变如下。

第一，培训开发要从培养制向选拔制转变。过去我们为员工开展了大量的培训课程。员工也参加了很多课程，但有的课程效果很好，有的效果就很差。还有些干部、员工抱怨上课麻烦，占时间。

怎样由培养制向选拔制转变？一是，人力资源的开发更多的是要根据员工自身的职业规划需求。二是，干部的选拔要由办公室选拔转变到一线选拔。三是，干部的成长由烟囱式成长向自主性成长路线转变。

第二，人员激励由物质激励向全面激励转变。这些转变的核心是更多地强化非物质激励，然后在利益分配上由评价分配制向获取分享制转变。

过去我们的利益来源基本上是经过考核给出评价，再看公司今年赚多少钱，有多少可以分配的，然后做一个利益分配方案。那么未来更多地要变成获取分享。什么叫获取分享？企业给员工提供了一个银饭碗，但是碗里有多少饭取决于你对公司的价值贡献。薪酬管理由给人发工资到给事发工资，什么叫给人发工资？就是给功名、年龄、学历、职称、职务发工资，把更多人的外部要素作为薪酬的决定要素。要回归到基本面，就是回归到绩效，考核评价要由人考人变成制度考人。我们很多企业实际上是人考人，虽然也在考核，却是在认认真真地走过场。

还有一些拿着这个标准来考查员工是否“紧密地团结在公司领导的周围”，你说怎么评价紧密、比较紧密、非常紧密，或者不紧密？这多大的难题啊，怎么考核？

第三，制度设计要由“摸着石头过河”向顶层设计转变。这里面很重要的一项就是薪酬考核上的顶层设计。华为是16个字：依岗定级、依级定薪、人岗匹配、易岗易薪。基于岗位责任和贡献支付报酬，而不是基于学历、资历、职务、资格、能力；用制度保证奋斗者得到合理的回报，彻底抛弃工龄、年龄、职称、学历这些不可激励，而且也无法验证与绩效有直接关系的个人要素。

第四，要构建保护效率而不是保障公平的激励推广体系。企业是讲效率的，所以效率永远优先。人力资源要承担一个很重要的责任，不是我们平常讲的“三公”：公正、公平、公开，而是构建人力资源管理正义。什么叫人力资源管理正义？就是要让好人不吃亏，坏人不得利。给好人以激励，给坏人以约束。企业管理大事无非就是奖和罚，奖就是我们讲的激励，罚就是约束。奖罚应该实现均衡，使那些为企业拉车的人，流汗不流血，能够得到合理的回报。他们得到合理的回报就能够继续为企业拉车；相反那些坐在车上的，破坏企业价值的人就要受惩罚。

这样才能够实现我们人力资源管理的正义。正义之师是不可战胜的，正义之师有内在的活力与机制，就可以变成一支铁军，形成良好的文化和氛围。

6. 任正非：别妄谈工业 4.0，工业自动化的堡垒还没攻破

在产业互联网时代，任正非作为企业领袖，他是怎么思考的？怎么看待互联网精神和互联网思维的？这些可能就是华为对互联网时代的一些基本判断。

6.1 任正非如是说：别妄谈工业 4.0，工业自动化的堡垒还没攻破

“我们未来应该走进新的时代，这个时代叫人工智能。我们首先要强调工业自动化；工业自动化以后，才可能走进信息化；只有信息化后，才能智能化。中国想走向信息化，还需要努力。中国的工业现在还没有走完自动化，还有很多工业连半自动化都做不到。这个时候，我们提出了类似工业 4.0 的方案，超前于社会实际，最后会成为‘夹心饼干’。所

以我们国家要踏踏实实地迈过工业自动化。工业自动化以后，就不需要这么多简单的劳动者了。当前应从提高教育水平、从人的质量入手。”

任正非把工业4.0的步骤看得很清楚。

我们不可能一步迈入新时代，可能先要经历2.0、2.5，还有3.0之路。很多企业还要思考一个问题，你的企业、你的团队，能否掌握信息革命的这些工具，能否攻克工业革命的堡垒？自己手里的那张“旧船票”，还能够登上产业互联网的这条“快船”吗？我们能适应这种变化吗？所以任正非提出来要踏踏实实迈入工业自动化。工业自动化是什么？工业自动化是工业信息化的前站。

对互联网思维，任正非有一个基本观点：“一定要相信汽车必须是汽车，金融必须是金融，豆腐必须是豆腐。”

6.2 任正非如是说：要让桃树上长西瓜

华为现在干什么？任正非提出一个很重要的理念，桃树上长西瓜。他说：“你们这棵桃树上一定要结西瓜，不能就只有结桃子这一种商业模式。因为桃树的树干，就是公司共同支撑平台，根部要分不同客户去汲取不同营养。”

这句话该怎么理解？比如现在最典型的是大家都在谈华为手机，华为手机是什么？是“富二代”创业，它秉承了华为的管理体系，秉承了华为的运营体系，秉承了华为的文化，然后在一个新的领域，做出了有目共睹的成绩。但是外界有一个错误的理解，即把华为和手机画等号。华为不是手机，华为的手机也不是“荣耀”，因为“荣耀”在华为互联网这块业务中只占销售额的10%。华为真正的业务在ICT，在云、管、端。

6.3 任正非如是说：四面八方喊响“创新”“颠覆”就是葬歌

对于互联网思维，任正非提出了五个“不要”：

“不要羡慕别人风光，别那么多互联网的冲动。有互联网冲动的员工，应该踏踏实实地用互联网的方式，优化内部供应交易的电子化，提高效率，及时、准确地运行。

“不要去炒作互联网精神，应踏踏实实地夯实基础平台，让端到端的实施过程透明化，以免误导年轻员工。

“不要动不动就使用社会时髦语言‘颠覆’，不要妄谈颠覆性，谁要颠覆这个世界，那最后他自己先灭亡。

“不要盲目创新，分散了公司的投资与力量。非主航道的业务，还是要认真向成功的公司学习，坚持稳定可靠运行，保持合理有效、尽可能简单的管理体系。要防止盲目创新，四面八方都喊创新，就是我们的葬歌。

“不要纠结，不要攀附，坚信自己的价值观，坚持合理的发展，别此山羡慕那山的花。”

任正非在后面还补充了一句话，他说：“华为是不是互联网公司并不重要，华为的精神是不是互联网精神也不重要，华为精神能否保证企业活下去才是最重要的。”

6.4 任正非如是说：一旦出现战略性机会点，千军万马压上去

针对互联网时代，任正非提出了“五要”：

“要坚持自己的优势不动摇，还要继续往前进，这就是‘宝马’：积极关注‘特斯拉’，学习‘特斯拉’的优势，我们积极看待世界发生的

变化，一旦出现战略性机会点，千军万马压上去。

“要延续性创新，继续发挥自己的优势。小公司容易谈颠覆性创新，但作为大公司不要轻言颠覆性创新。

“要持续走向开放，只有开放才能获得战略机会点，占据了战略机会点，谁都会支持你，没有战略机会点，就无路可走。

“要通过自我否定、使用自我批判的工具，勇敢地去拥抱颠覆性创新，自我批判是拯救公司的最重要的行为。在充分发挥存量资产作用的基础上，也不要怕颠覆性创新砸了金饭碗。

“乌龟被寓言赋予了持续努力的精神，华为的这种乌龟精神不能变，我也借用这种精神来说明华为人奋斗的理性。我们不需要热血沸腾，因为它不能点燃为基站供电。我们需要的是热烈而镇定的情绪，紧张而有秩序的工作，一切要以创造价值为基础。”

传统产业在互联网时代，在引进别人的经验的时候，是否还要守住自己的本体？产业的本体是什么？是工匠文化、工匠精神。

6.5 坚持回归科学管理，学习“蓝血十杰”

华为坚持回归科学管理，任正非有三句话特别重要，就是：学习“蓝血十杰”对数据与事实的科学精神；学习他们从点滴建立起现代企业管理大厦的职业精神；学习他们尊重市场法则，在缜密调查研究基础上进行决策的科学精神、职业精神和理性主义。

我认为这对任何企业都适用。过去是经济高速增长的40年，但更多的是野蛮增长、野蛮成长，走到现在，要回归科学管理。

7. 2016 年任正非说了什么？

（1）人力资源政策要朝着熵减方向发展。

（2）各部门的循环赋能、干部的循环流动千万不能停，停下来就沉淀了，就不可能适应未来新的战斗。

（3）华为公司不能像部分西方公司一样，在温柔乡中葬送了我们28 年的奋斗。

（4）要相信真实的自己，别老听社会评价找心灵安慰。想听好话的干部，迟早会听到华为的丧钟的。

（5）一个没有方向感的公司，是不会成功的。一个没有实力的公司，也不会成功的。

（6）训战目的是提高作战队伍的意志和能力，改善机关服务支持的水平，提升争夺大市场机会的能力。

（7）主管要学会分钱，分钱的前提是要多产粮食，给员工的感觉就是“减人、增效、涨工资”。

（8）流程是为作战服务，是为多产粮食服务。

（9）不可持续的就不能永恒，烦琐的管理哲学要简化。

（10）只要组织充满活力，奋斗者充满激情，没有不胜利的可能。

（11）华为公司想不死，就要新生，要增强组织的血液循环，给优秀干部专家赋予新能量，然后走上战场、承前启后，英勇奋斗。

（12）我们的队伍永远要有新生的血液往前冲，而不能干部流动板结化，干部结构老化。

（13）我们尊重历史上做出贡献的人，但不要忽略了“我们要的是胜利，不是平衡”。胜利的基础，就是谁能打下“上甘岭”，就优先选择谁。

（14）公司这个集体是没有生命的，但是，是由有生命的人组成的，华为的血液在不断更新，这就延缓了我们公司垮台的进程。

（15）我们也需要一支有铁的纪律、铁的意志的队伍。

（16）华为公司要能容忍一些“歪瓜裂枣”，容忍一些不太合群的人，允许他们的思想在公司发酵。

（17）用美国砖建中国长城，让“蜂子”在长城上跳舞。

（18）我们允许创新，既允许外部科学家创新，也允许内部创新，这样即使出现黑天鹅，也是从我们的咖啡杯里面飞出来的，我们有条件把这个黑天鹅变成白天鹅。

（19）我们为什么一再强调要聚焦主航道呢？就是因为自信我们对未来的大机会、机会窗的假设是正确的，我们不会因贪图眼前利益而迷失了方向，丢掉了大机会。

（20）28 年“力出一孔、利出一孔”的厚积薄发，资本与劳动的分享机制，集体奋斗的精神是有独特竞争力的。

（21）华为公司必须遵纪守法，以法律遵从的确定性，应对国际政治的不确定性。

（22）我们面临这种以客户为中心的组织改革，一定要让前方有责、有权，事后监控、问责与事前的流程管理结合起来。

（23）要有对美好未来的使命感、亲力亲为的工匠精神（科学、艺术、工程……）、集体至上的个人主义、自下而上的组织能力，激活我们整个组织，注入新鲜的血液，增强活力。

（24）高级干部一定要仰望星空，才能引领公司走向未来。

（25）华为快到 30 年了，该死了，要想不死，就得重生，再不变革，就是死路一条，在这个过程中，不要照顾任何人的面子，一切只为变革成功。

（26）我们坚持对内开源、对外开放的政策，坚持优胜劣汰、物竞天择，会越来越有竞争力的。

（27）我们要把战略的能力中心，放到战略资源的聚集地去。大公司要敢于用密集投资，缩短追赶时间和延长机会窗开启的时间。

（28）技术工作上的客气是毒品，直面的批评、争论才是良药。

（29）这个时期充满了巨大的机会，没有方向、没有实力的奋斗是不能产生价值的。没有正确的假设，就没有正确的方向；没有正确的方向，就没有正确的思想；没有正确的思想，就没有正确的理论；没有正确的理论，就没有正确的战略。

（30）"咖啡杯里"不仅要有有学问的科学家，还要有一些"歪瓜裂枣"瞎捣乱，也许"小孔雀"就从里面蹦出来了。

（31）每个要素都要获得合理的利益和回报。"自由、平等、博爱"很好，但没有定义谁来做蛋糕，没有蛋糕，怎么能做到"自由、平等、博爱"？

（32）浑水摸鱼，只有强者才能摸到鱼。如果你本身没有能力，那是捡不到鱼的，即使是在浅滩。

（33）相信有一天，我们一定会成功的，"桃树上会结出西瓜"，虽然现在结的还只是"李子"。

（34）以后我们不能随便使用"失败"这个名词，要使用"探索"这个名词，因为"成也英雄，败也英雄"。我们要重新看待成功与失败，失败的经验对我们是宝贵财富。失败也是一种学习，而且是最宝贵的学习。

（35）华为未来的发展，就是我们一定能活着，而且一定能成功！你问华为未来二三十年的发展，我也希望华为能再存在二三十年，即使有三五年，我也满意了。

（36）不要总想到做领袖的光荣，不要去背上这个沉重的口号和包袱，荣誉对于我们来说是没有用的。

（37）比世界还大的世界，就是你的心胸。

（38）领袖的作用是方向感，引领方向是艰难的。方向感就是要在多种不确定性中给出确定性的判断，尤其是资源有限的情况下。

（39）一杯咖啡吸收宇宙能量，就是炸开封闭的人才金字塔模型的顶尖，开放仰望星空，企业不再依靠塔尖上那个人的视野。

（40）公司在向无人区前进中，只要多路径，就不会出现僵化；只要多梯次，就不会出现懈怠。

（41）“黑天鹅”是可能出现的，但是希望出现在我们的“咖啡杯”中。

（42）拉法尔管上面是不成熟的土豆，下面喷出来的是灿烂辉煌的思想。

（43）在确定性的领域我们可以以成败论英雄，在不确定性的领域，失败的项目中也有英雄，只要善于总结。

（44）大机会时代，千万不要机会主义。一定要有战略耐性。

（45）内部对不确定性的研究、验证，实行多路径、多梯次的进攻，密集弹药，饱和攻击。

（46）华为的口号也是“先学会管理世界，再学会管理公司”。

（47）什么叫战略？“略”是指舍弃一部分东西。你不舍弃一部分东西，不叫略；没有方向，不叫战。

（48）每个人都有主战场，把你自己的业务做到最优秀，就是英雄。

（49）简单化、及时、准确、安全。管理就是这个目的。

（50）决胜取决于坚如磐石的信念，信念来自专注。

（51）华为唯一的武器是团结，唯一的战术是开放。

（52）我们要敢于在这个战略机会窗开启的时期，聚集力量，密集投资，饱和攻击。扑上去，撕开它，纵深发展，横向扩张。

（53）“一切为了前线、一切为了业务服务、一切为了胜利”，也许会成为变革时代的一个标志性口号。

（54）要对各级优秀干部循环赋能，要在责任结果的基础上，大力选拔干部，内生成长永远是我们主要的干部路线。

（55）我们年轻人不仅仅要有血性，也要容许一部分人温情脉脉，工作慢条斯理，执着认真，做好“狈”的工作，“一切为了胜利”是我们共同的心愿。这就是“狼狈”合作的最佳进攻组织。

三・砥砺前行

悲壮与激昂

自创业始，30 年的华为成长史，充满悲壮，作为一家中国本土的民营企业，从近乎一无所有的“有限”公司，成长为全球化营运的世界级企业，从跟在竞争对手身后吃土，到进入前后都没人的“无人区”，唯有煎熬、痛楚、挫折、失败相伴，而所谓的成功与辉煌只是短暂的过眼烟云。华为的成长史是悲壮的，但也正是这种不可选择的悲壮成就了华为，华为在悲壮的现实环境中，壮怀激烈，砥砺前行。

华为的今天确实很难学，但华为的过去值得一学。学华为的术，莫如学华为的道，学华为的当下，不如学华为的过去。历史决定未来，过去成就今天。

1. 1996 年市场部大辞职

这次集体大辞职起始于 1995 年，实施于 1996 年。但华为及外部均称之为“1996 年市场部大辞职”。

与十余年后的 2007 年集体大辞职相比，这次大辞职的特点是：

第一，完全是内部有组织策划的，不存在外部因素引发；

第二，这次大辞职辞的是职务，不是工作职位；

第三，这次辞职者的范围不是以工作年限而是以部门划定的，仅限于市场部；

第四，这次大辞职并没有引起巨大的社会反应，事后的反响也基本是积极的正面评价。

1.1　背景

1994 年华为的销售额为 8 亿人民币，员工总数 1 000 人，1995 年销售额达到 15 亿人民币，员工总数达到 1 200 人。1996 年销售额达到 26 亿人民币，员工人数为 2 400 人。

华为市场部大辞职发生在 1995 年岁末 1996 年年初，那也是我初次与华为相遇的时候。

从 1995 年 12 月开始，到 1996 年 1 月 28 日，市场部开展了历时一个月左右的市场部整训活动。

12 月 26 日，任正非发表《目前形势与我们的任务——在市场部整训工作会议上的发言》。

在讲话中，任正非提出："市场部从现在开始要转变销售思想，树立战略营销思想，贯彻全面顾客服务意识，要实现从观念到组织的五个转变：公关到策划的转变，推销到营销的转变，小团队作战到营销兵团作战的转变，局部市场到大市场的转变，产品营销到战略营销的转变。

"为了适应公司大市场、大科研、大结构、大系统的发展需要，这次市场部全体正职在递交述职报告的同时，将全部递交辞职报告，接受组织的评审，表现了大无畏的英雄气概。在中国通信市场如此错综复杂、艰难困苦的发展时期，此举措，真是惊天地泣鬼神，将会震动整个中国。"

这一天是个特殊的日子，任正非讲话中也说道："我们意外地发现，今天是毛泽东诞辰。”

12 月 28 日，市场部整训结束日大会，任正非做了讲话：“市场部作为公司的先锋队，六年来建立了不可磨灭的功勋，受到了全公司员工及用户的信任与尊重。我与他们朝夕相处，是充满了感情的。我热爱他们，特别是那些牺牲自己、为公司明天铺路的员工；但我也热爱明天，为了明天，我们必须修正今天。他们的集体辞职、接受组织的评审，表现了他们大无畏的、毫无自私自利之心的精神，他们将光照华为的历史，是全公司员工学习的楷模。”

公司副总裁孙亚芳及市场部代理总裁毛生江发言。

许多市场人员自发地走上主席台，抒发自己的感想。

“只要有益于华为的发展，个人的利益损失点又算什么呢！”

“为了公司整体利益，牺牲个人，我毫无怨言。”

“华为的企业文化是团结、发展，作为一个华为人，我愿意做一块铺路石。”

“华为公司的目标是与国际接轨，如果我跟不上公司发展的步伐，我愿意让新人、让更有水平的人接替我的工作。”

“虽然我热爱我的工作，舍不得并肩作战的战友，但我诚心诚意接受公司对我的选择。”

“我的青春和能力有限，华为的事业长青。不能因为我而拖公司的后腿。”

“如果公司批准我的述职报告，我会加倍努力，在 1996 年的市场大决战中做出我的贡献。如果公司批准我的辞职报告，我绝不气馁。我会调整心态，加强学习，以积极的态度迎接新的工作、新的挑战。”

“身为华为人，我很自豪、自信，我无愧华为，我等待着新的挑战。”

1.2 惊天地 泣鬼神

在这次大会上，所有市场部正职干部，从市场部总裁到各办事处主任无一例外，都向公司提交两份报告，一份是述职报告，主要检讨1995年的工作，提出下一年的工作计划，另一份是辞去正职的报告。两份报告中，公司根据个人的实际表现、发展潜力及公司市场发展需要，批准其中一份。

市场部干部的辞职书中写道：

"长江后浪推前浪，公司的发展需要补充大量的新人。如果公司通过考评选拔出更适合承担市场工作的人员，我将诚心诚意辞去我现在的职务。

"说自己不难过，说自己很坦然，这是不真实的。但是，作为华为的一名市场人员，为了公司能发展壮大，我可以离开心爱的岗位、熟悉的市场、亲密的战友，接受公司对我的选择。

"最后我想说的是：我绝不气馁，将更加努力学习，适应新的工作岗位，为公司的发展做出我的贡献。"

没有华丽的辞藻，简单纯朴的言语反映了他们的共同心声。

在竞聘考核中，包括市场部代理总裁毛生江在内的大约30%的干部被替换下来。

这次集体大辞职实际上由整训学习、工作总结、辞职和竞聘上岗四个环节组成。

在市场部集体大辞职中"受伤害最大的"（任正非语）代理总裁毛生江的话道出了大家的心声："说不在乎是不真实的。我想，不会有人心甘情愿去为自己制造磨难，如果是这样说，只能是在给自己脸上贴金，也是不真实的。我更在乎的是华为的兴旺和发展；更在乎的是一代华为人付出的青春、热血和汗水；更在乎的是我能够继续为华为做些什么，更在乎的是战友们的期望和嘱托。面子、位置，这些虚的东西，我真的不在乎。”

1996 年 2 月 8 日第 25 期《华为人》报对市场部集体大辞职活动的报道的题目是：《一个惊天地、泣鬼神的壮举》。

1.3　意义

1996 年 8 月 9 日，任正非在市场部内部竞聘现场答辩会上发表了题为《胜负无定数，敢搏成七分》的讲话，其中专门谈了市场部集体大辞职的意义：

第一，以灵活机制应对强大的对手。

第二，抓好干部队伍，启动与国际接轨，它是个里程碑。市场部的集体辞职，行动是次要的，精神是主要的，它是启动与国际接轨的里程碑；它推动了公司干部大调整的行动，使人们不会感到精神上的失落；它把本来可能产生的阻碍因素转化为动力。

1997 年 1 月 30 日，孙亚芳著文《在挑战与磨炼中成长》，纪念一年前的市场部集体大辞职。“我们已做好准备：再次选择烈火，再次承受炼狱，再次升华，再次腾飞，那时我们将做得更好。”

2000 年 12 月 8 日，在市场部集体大辞职 4 周年之际，华为召开纪念大会，向当年参与集体大辞职的所有人员，颁发了金质纪念牌。在这次大会上，任正非做了《凤凰展翅再创辉煌》的讲话，这次市场部大辞职纪念大会的主题是：烧不死的鸟是凤凰。他指出：“我认为你们的精神是至高无上的，没有人可以来评论你们，你们过去行为的检验是不需要任何人来评价的，你们的精神是永存的。市场部集体大辞职对构建公司今天和未来的影响是极其深刻和深远的。我认为任何一个民族，任何一个公司或任何一个组织只要没有新陈代谢，生命就会停止。只要有生命的活动就一定会有矛盾，一定会有斗争，也就一定会有痛苦。如果顾全每位功臣的历史，我们就会葬送公司的前途。公司要有前途，我们每个人就必须能够舍弃小我。4 年前的行为隔了 4 年后我们来做一次评价，事实已向我们证明那一次行为是惊天动地的，否则也就不可能有公司的今天。”

1.4 评价

第一，市场部集体大辞职开创了制度化干部能上能下的先河。

干部能上能下，说起来易，真正做起来难。通过集体大辞职，以制度的方式，一揽子解决干部能上能下的问题，可以说，是一种管理上的创新。许多企业都面临着如何解决功臣和干部沉淀的问题，而这些问题解决不好，会引起企业内部的震荡，这样的案例并不罕见。选择什么样的变革模式能尽量减少对人们心理所造成的冲击，是解决问题的关键。集体辞职，让大家先全部“归零”，体现了起跑位置的平等；而竞聘上岗，则体现了竞争机会的平等。集体大辞职，可以有效地化解冲突、矛盾与风险，同时给予在职干部以警示和压力，使干部的淘汰机制常态化。

第二，市场部集体大辞职明确了干部的任职资格标准。

经过市场部的整训和后续的竞聘上岗，使得公司对干部的选拔和任职资格标准达成了共识，这些在公司以后的干部培养、选拔、任职资格标准及干部能力素质模型中都得到了明确的体现。

第三，市场部集体大辞职是对干部队伍的磨炼。

集体大辞职磨炼了干部的意志，提升了干部的抗压能力。好的干部是折腾出来的，“用兵狠，爱兵切”一直是任正非干部政策的基本主张。让不称职的干部下来，实际上也是对干部的爱护，也是重新考验干部的方式。华为打造营销铁军，由土八路演变到正规军，可以说是以集体大辞职为开端的。

第四，市场部集体大辞职是转变营销方式的重要举措。

集体大辞职使具有营销理念和营销能力的干部脱颖而出，改变了过去只销不营，依赖孤胆英雄和关系营销的传统打法，使公司的营销体系能够尽快地适应公司在新的发展阶段的要求，为公司新的战略目标的实现提供强有力的保证。正如任正非所说“华为初期的发展，是靠企业家行为，抓住机会，奋力牵引，而进入发展阶段，就必须依靠规范的管理和懂得管理的人才”。

第五，市场部集体大辞职是对华为企业文化的检验。

企业文化的优劣是在关键时刻，由关键事件来检验的。市场部集体大辞职实际上是对华为文化的一次检验，是“胜则举杯相庆，败则拼死相救”“烧不死的鸟是凤凰”“是金子总会闪光的，是太阳总会升起的”等理念得到传播和认同的证据。同时，作为华为成长发展过程中的里程碑事件，它对以后的企业文化建设，产生了极其深远的影响。

2. 2007 年华为的集体大辞职

2007 年的集体大辞职被外界称为“万人大辞职”，甚至被外界冠以“门事件”，称之为“华为辞职门”。所谓“门”，源自“水门事件”，代指任何新发生的爆炸性的新闻（不一定是丑闻），这些新闻只要是具有新闻效应，能引起公众广泛关注和兴趣，都被叫作“××门”。由此可见，2007年华为集体大辞职的影响巨大。

2.1　背景

华为集体大辞职起源于一部法规，2007年6月29日，第十届全国人民代表大会常务委员会第二十八次会议通过了《中华人民共和国劳动合同法》（以下简称劳动合同法），并定于2008年1月1日起正式实施。这是一部引起广泛争议的法律。据报道，自2007年3月起，在短短一个月时间里，全国人大常委会有关方面共收到各地群众对劳动合同法草案的意见达191 849条。这一数字创下了全国人大立法史上的新纪录。

当年我还年轻，还稚嫩，还热血，曾写十余篇文章对劳动合同法的有关条款提出建议与批评。如在《对〈劳动合同法〉的第191850条建议》一文中，我提出关于劳动者应该与用人单位签订世袭劳动合同的建议（当然这个建议是另类的不认同）。在《强烈呼吁劳动合同法豁免创业型企业》一文中（见《21世纪经济报道》2008年4月25日文章），提出劳动合同法的有关条款应赦免创业型企业和中小企业。在《又一"无固定期限劳动合同"的破产》一文中，还对尼日尔总统马马杜·坦贾和委内瑞拉总统查韦斯的"无固定期限的总统合同"进行过调侃式的批评。可惜的是，人微言轻。

劳动合同法争议最大的就是第十四条关于"无固定期限劳动合同"的规定，劳动合同法中规定，劳动者在同一用人单位连续工作满十年以上，当事人双方同意延续劳动合同的，如果劳动者提出订立无固定期限的劳动合同，应当订立无固定期限劳动合同。是否签订无固定期限劳动合同，是基于"当事人双方同意"。而劳动合同法则规定满足连续工作满十年，连续订立两次固定期限劳动合同时，必须签订无固定期限劳动合同，并规定了惩罚条款。

企业与员工签订多长的劳动合同，本来是双方自由的裁量和博弈的结果，以往一直如此，改革开放过程中国企业改革的重要内容就是打破了员工能进不能出的铁饭碗，才有了新国企的活力。而现在，国家以法律的方式强制规定了企业与员工的劳动合同期限，不知道是一种进步，还是一种倒退？

国家立法的角度，应该基于企业与劳动者双方的利益，不能偏袒。从任何保护单独一方的权益出发，必然会伤害到另一方的权益，受保护方的权益也终将得不到保护，因为企业的权益与劳动者的权益是紧密相连的，否则，即使手握无固定期限合同，劳动者也会沦落街头。企业与劳动者唇齿相依，唇亡则齿寒。

从劳动合同法的立法基调的演变可以看出，它由最初的“维护当事人合法权益，促进经济社会协调发展”和“维护劳动者和用人单位的合法权益，促进经济社会的协调发展”，到第一条已经改为“保护劳动者的合法权益，促进劳动关系和谐稳定”。立法主旨已经从对劳资双方的双保护变为对劳动者的单方面保护。从国际经验来看，凡是有过多的立法来干预劳动力市场的国家，比如德国、印度，尽管立法者的初衷都是保护劳动者利益，最后都事与愿违，出现了长期持续失业和劳动者福利下降的情况，国民经济长期不景气。这也是有人将这部法称为“出于善意的恶法”的原因所在。

或许因此，任正非敏锐地感受到华为所面临的巨大挑战。

正是基于这一背景，任正非指示公司人力资源部门研究劳动合同法与华为现行人力资源政策的冲突及应对举措。

这就是华为波澜壮阔的集体大辞职的背景。

2.2 目的

华为原有的内部人力资源管理制度，与劳动合同法的某些条款的冲突是显而易见的，如《华为公司基本法》第六十条规定："我们不搞终身雇用制，但这不等于不能终身在华为工作。我们主张自由雇用制，但不脱离中国的实际。"这与劳动合同法中关于无固定期限劳动合同的规定岂止是冲突，可以说是针锋相对。

企业经营管理有个重要的前提，就是合规，这是企业生存的底线。企业的规章制度必须符合国家之法，不能博弈，必须遵守。

基于合法性，华为必须清理自己原有的规定，以期在未来的经营管理中避免违规之风险。

同时也须看到，国家的有关法规是基于企业一般及政府治理政策提出的，具体企业的价值观和制度与之存在冲突与矛盾也是正常现象。企业家需要在评估风险的基础上，依靠理性与智慧，既能解决矛盾、减少冲突、避免风险，又能保持企业的所坚守的核心价值观。

对于企业家来讲，这是一个痛苦的抉择，这是一个两难的选择，可供回旋的空间极其逼仄。

如杜甫诗言：逼仄何逼仄，我居巷南子巷北。

任正非当时曾在内部会议上讲：华为人年轻，可怕；年轻又有钱，更可怕；年轻有钱，再加上个无固定期限劳动合同，华为完了！

不合法，华为要冒极大的风险，而这风险有多大，是很难预测的。

如果仅仅为了合法，伤害了公司的机制与活力，所带来的危险也是巨大的，甚至会使20年来的成长与发展毁于一旦。

一切为了活下来，一切为了机制，一切为了核心竞争力，一切为了合法。

既要合法，又不能损害公司文化、机制与制度，这就是任正非及华为高层在痛苦煎熬中做出选择的标准。

领导者最重要的职责是决策，每一项重大决策，都是对领导者的巨大考验。翻看 2007 年及以后任正非的讲话，他几乎没有提过这次事件，或许是已经遗忘，或许是不愿提及这段痛苦的经历。只是在 2008 年初的文章中，他透露2007年他犯病了，公司两位轮值CEO先后陪护看望，让他“要找一些无聊的事情来干”。

正如当时公司人力资源部所发通报中所讲：“近期，劳动合同法颁布后，我们也组织一定层级的干部和骨干员工，进行了认真学习和理解，并采取积极措施，贯彻执行劳动合同法，规范企业用工制度，建立富有竞争力的用人制度。企业必须在遵从国家法律的前提下，思考如何使自己的内部机制具有竞争力和活力，否则它就会在激烈的全球化竞争中落后，甚至死掉。只有企业活下去，员工的长远利益才能保障。企业活下去，才能为国家缴纳更多的税，创造更多的就业机会，履行好企业的社会责任。华为要努力活着，成为国家的财富，而不是包袱。华为走到今天，靠的是这种奋斗精神和内部永远处于激活状态的机制。”

外界把华为的集体大辞职归结为对劳动合同法的规避，并以此对华为进行道德绑架。其实，在任何法规从公布到正式实施之间，就是法规制定者为实施对象留下的规避时间，企业在此时间做出趋利避害的对应措施，是无可指责的。何况劳动合同法和立法者都没有规定在法律实施前任何企业都不允许采取任何规避措施。

例如，政府法令规定明天八点全市所有场合全面禁烟，某人今天晚上一直抽到天亮，这是不是规避？

又如，规定今夜零点汽油涨价，那我连夜去加油，哪怕加半升，是否算规避？

再如，明天单号限行，在限行前，我通宵开车闲逛，是否也是规避？

专家学者们当年有一点预测对了，“华为的做法被普遍质疑是在规避新劳动合同法实施的风险，假如有员工因对补偿金的标准不满等原因告上法庭，这件事情将持续成为社会关注的焦点；假如有其他企业继续效法这种做法，华为作为始作俑者，也难以走出舆论的旋涡。这些无疑将对华为苦苦构筑起来的良好的企业形象构成严重伤害”。华为所做出的合理合法的集体大辞职，引起如此轩然大波，其实是很值得深思的——值得华为深思，更值得这个社会深思！

当年在一篇文章里，本人写下如下文字：

企业唯一的可选择唯有规避；

规避绝对没有善恶是非之分；

规避的原因是有应对的时间；

规避的前提是法律还有漏洞；

规避是基于自由裁量的选择；

规避是趋利避害的理智决策；

规避的条件是有应对的力量；

规避是对将施行法律的敬畏。

我们企业在面对这样挑战和风险的情况下，有几种选择：

第一，未雨绸缪，积极地预测和应对变化，从而使企业走向卓越。

第二，随波逐流，被动变化，从而使企业变得平庸。

第三，消极抵抗，无视风险和挑战，使得企业被淘汰。

华为做出了痛苦艰难的选择。

2.3 宗旨

华为内部把这个举措定位为“人力资源变革”。那么，华为为什么敢冒天下之大不韪，做出如此的变革？

2007 年 12 月 29 日公司发布的《关于近期公司人力资源变革的情况通报中》做出了详细的说明，归纳如下：

第一，在全球化经营环境下，公司内部管理必须持续保持激活状态，任何时候我们都不能放弃艰苦奋斗。不断清除影响公司内部保持活力和创新机制的东西，才能在激烈的国际化竞争中存活下去。

第二，自 2002 年以来，公司为了避免濒临崩溃，系统性地进行了一系列内部管理机制和人力资源的变革，其目的就是提升竞争活力，适应外部这种压力和挑战，构筑面向未来可持续发展的基础。

第三，劳动双方基于共同认同和真实自愿的协商，是一种重要的法律内涵和形式。公司与员工是双向自愿选择的，员工也可以不选择公司，公司也可以不保留贡献低于成本的员工。公司不承诺终身雇用，并不等于员工不可以长期在公司工作。

第四，应支付给员工的经济补偿，实际上是企业的长期负债，企业在没有支付能力的时候，员工是没法得到补偿的，只会把包袱卸给社会。在企业效益好的时候及时支付，减轻了对员工的负担，企业也可以轻装前进。

第五，公司将不断根据法律法规的要求，审视公司内的各类聘用关系，继续梳理、规范和完善员工的聘用关系。

第六，公司始终认为，努力工作、认真负责的员工是公司的财富。公司也一直努力为员工创造更好的工作环境和保障条件。只要我们遵守国家法律，内部机制是健康的、有活力的、和谐的，只要我们认真服务好客户，努力工作，企业把自己的事办好，活下去，多向国家和政府纳税，就是对社会最大的贡献。

第七，这次人力资源变革将和“1996年市场部集体大辞职”“2003年IT冬天时部分干部自愿降薪”一样，永载华为发展史册。

2.4 实施

2007年9月初开始，华为集体大辞职方案开始筹划，9月28日董事会正式发出《董事会关于解除或终止劳动关系的补偿规定》，10月前华为公司先后分批次与老员工进行沟通，10月开始至11月底实施，在2008年1月1日劳动合同法实施之前完成。

从方案的实质内容看，称之为“集体大辞职”并不正确，确切地讲应该是“先辞职再竞岗”，即先“集体大辞职”，然后再“集体大求职”，再后是“集体大竞岗”。

自愿离职

集体大辞职涉及的对象是在公司工作超过8年的老员工，即1999年底前入职的员工，共计6 686名，以各级管理者居多，他们向公司提交了辞职报告，之后办理了离职手续。除了需要移交办公物品、文档，签署保密合同之外，还要附一份自愿离职申请，还有一份员工股票由公司保留6个月的协议。

然后各回各家，各找各妈，当然他们不是两手空空回家的。有高额补偿，又有一个月到半年的离职休息时间，他们乐在其中，那些没有资格申请自愿离职的员工，只有羡慕嫉妒和恨了。

补偿

所有自愿离职的员工将获得华为公司相应的补偿，补偿方案为

“N+1”（工作年限 +1）模式，再乘以自愿离职员工当年的平均收入，注意是年平均收入，而不是年平均工资。

如果某个华为员工的月工资是 5 000 元，一年的奖金是 60 000 元，平摊到每个月就是 5 000 元的奖金，假如他在华为工作了 8 年，那么他得到的最终赔偿数额就是 10 000 元（工资 + 年奖金平摊）乘以“8+1”，计 90 000 元。

本质上，公司出资购买的是他们在公司的工作年限。

据公司员工透露，一般员工拿到的补偿都在数万元之上，公司累计支出的补偿总额在 20 亿元人民币（一说 10 亿元）左右。

2008 年初开始，华为基地的私家车和高档车明显增加，与此相关。

再竞岗

接下来，华为迎来了一次特殊的求职高峰，6 687 名员工再次求职华为，竞聘，上岗。最后的结果是，6 581 名员工重新签约上岗，共有 38 名员工自愿选择了退休或病休，52 名员工因个人原因自愿离开公司寻求其他发展空间，16 名员工因绩效及岗位胜任等原因离开公司。这次有 93 名各级主管，尤其是部分中高级主管，其承担的职位向下做了调整，自愿降职降薪聘用。

辞职员工随后即可竞聘上岗，职位和待遇基本不变，但他们以往的华为工龄被清零了，唯一的变化就是再次签订新的劳动合同，合同期限在 1~3 年之间，这次劳动合同是严格按照劳动合同法签订的。

换工号

这次具备集体大辞职资格的是原工号编号 20000 以内的员工。因为他们是重新入职的“新员工”，原工号作废，每人重新分配了一个新工号，原有的工号也随之消失（董事长和公司长年顾问的工号没变），任正非的工号也由 001 变为 6 位数。

工号在华为不仅是人力资源管理系统中的身份识别代码，还其有特殊的意义，以至形成华为特有的“工号文化”。在华为有“新四军”“新五军”“八路军”之分，就是指那些4开头5位数工号、5开头5位数工号和8开头5位数工号的新员工，至于历年的《华为时代》中的“99527”，指的也是工号。看工号，基本能够判断进入公司的时间，也基本能够判断其职位等级的大小和职务的高低——工号与职位和职务成反比。那时，员工如果看到一个小工号，尤其是3位以内的工号，都会惊呼：牛人！

在20世纪90年代末，任正非曾讲过：公司搬到新基地后，应在总部立一块大石头，按大小顺序，把每个人的工号与姓名列出来，以纪念创业者的付出（如同那块价值观大石头一样，后来并没有实施）。

任正非曾多次提出华为“要越过工卡文化”，但这种亚文化在华为是根深蒂固的，这次重新调整工卡编号，也算意外之收获，至此，华为成功地越过了工卡文化。

至于外界认为华为的集体大辞职是为了瓦解“工号文化”，似乎有些牵强，工号的变化更多的是伴随这次劳动用工政策调整所做的技术性处理，而不是后者的目的或初衷，工号变化瓦解“工号文化”似乎说不通，不过，这次工号变化，有利于模糊或淡化“工号文化”。

这一过程策划之详密，方案之完整，调度之有效，执行之彻底，效果之明显，连那些攻击华为的专业人士也不得不交口称赞！窃认为，这是中国企业经营管理的经典案例。

2.5　任正非也辞职竞聘上岗了

至2007年，任正非在华为工作20年了，他也具备了参加集体大辞职的资格。制度面前人人平等，他也别无选择地遵循他自己制定的制度与规则，制度制定者被制度约束了！

于是，2007 年 10 月 9 日，任正非向“尊敬的董事长，尊敬的董事会全体董事”提交了《我的辞职及退休申请》。

在《我的辞职及退休申请》中，任正非写道：

“未来几年，华为将顺应经济全球化的潮流，把握自身的命运，继续有一定规模健康快速发展。也许不太长的时间，公司销售额可能突破 400 亿美元，不可能一个领导几万元、几百万元产值的人，可以胜任 400 亿的领导职位，我个人也深感能力、水平与体力的不足。长江后浪推前浪，江山代有人才出。值此公司良性发展之际，请允许我辞去现在的领导职位，离开公司，去做一些自己想做的事情。不管编内，还是编外，我都会与全体华为人一道，不断拼搏、不停奋斗，去实现共同的愿望。

“我本人也因工作销蚀了健康，超负荷的透支付出，承受常人难以忍受的心理压力和孤独，多种疾病长期折磨着我。更有，牺牲了亲情，愧对父母的抚育，在他们有生之年我没有孝敬他们，现在更深切体会到子欲养而亲不在的愧疚；也愧对儿女，也没有时间教育他们；我没有去关心亲友，以补偿他们的关怀、支持与信任，留下了无法挽回的人生遗憾。

“当然，我深知我的退休申请会对公司产生影响，但一个企业经营的最高境界，是塑造以客户为中心之魂，建立不依赖于个人的组织与流程。长江奔腾入海，生生不息。

“值此公司良性发展之际，我正式向董事会提出辞去总裁职务，申请退休。华为的可持续发展最终靠的是科学合理的制度，和一代又一代认同公司核心价值观并不断奋斗的接班人。我想，这个制度建设应当从我开始。我也想留一些时间，去做自己一直想做，但没有时间做的事情。”

公司董事会于 11 月初批准了任正非的申请。

任正非的小女儿曾对他说：你不会下岗的。任正非问为什么，女儿回答：像你这么认真拼命工作，你的老板不会开除你的。

女儿不知道自己的父亲是老板，这次失算了，她的父亲确实下岗了，而且是自己把自己开除的。

任正非办理了相关离职手续，回家了。

不过他在家待不住，不到一周时间就到公司上班了。那些天看到的任正非是佩戴着外部访客用的临时工卡，在公司奔忙。要知道，这时他的身份仅仅是一位自愿离职员工，却在干着公司总裁的事。

有点滑稽，有点黑色幽默，实在让人忍俊不禁。

12 月 14 日，任正非“经董事会的挽留协商，公司继续聘请任正非担任 CEO 职务”。

2.6　反响

华为的集体大辞职过程，在公司内部，是波澜不惊的，如静水潜流。没有静坐、示威、上访、起诉、罢工，一切都是有序进行，一切均在掌握之中。

这归功于华为高层领导强大的领导力，归功于华为强大的企业文化和执行力，归功于员工对公司强大的认同力和凝聚力。

相比于内部，对华为集体大辞职的外部反响，只能够用“非凡”两字来形容。这恐怕是任正非及华为高层所没有想到的。今天重读当年保存的几百篇文章，依然感觉到惊心动魄！

媒体的反响

归纳起来讲，有以下几种代表性观点。

（1）自摆乌龙说：华为集体大辞职是错误解读法律后做出的应激性错误决定。

（2）第一枪说：华为集体大辞职打响了冒天下之大不韪的反对劳动合同法的第一枪。

（3）伤害损失说：华为集体大辞职为自己带来经济、人才和社会影响三个方面的损失与伤害。

（4）负担说：华为集体大辞职为企业未来的发展增加了成本支出。

（5）变法说：华为集体大辞职是华为内部的一次制度变法。

（6）自我救赎说：华为集体大辞职是为了解决内部存在的大量问题。

（7）普法说：华为集体大辞职是以莽撞的行为进行了一次全民的普法教育。

政府的反响

据全国总工会介绍，全国总工会、广东省总工会和深圳市总工会高度关注“华为事件”。

11 月 1 日，劳动保障部和广东省劳动厅询问此事。

11 月 2 日，深圳市劳动和社会保障局对此事展开调查。

11 月 6 日，广东省劳动厅原准备召开的“华为事件”说明会突然取消。

11 月 9 日，广东省总工会主要负责人在省总工会约见华为有关负责人，就维护职工合法权益、妥善处理事件达成共识。

11 月 10 日，深圳市律师协会将召开华为集体辞退员工专题研讨会。

12 月 24 日，深圳市总工会相关负责人就“华为集体大辞职事件”

做出回答，认为华为的辞工行为并非针对即将实施的劳动合同法，调查并未发现其存在违法行为，但其辞工行为存在瑕疵。

瑕疵？仅仅是瑕疵？

不要完美主义！宽容，妥协，灰度！

其实，有一点各级政府部门都没有说：在这次事件中，华为是遵守劳动合同法的！

2.7　余波

今天看来，华为的集体大辞职事件在其成长发展过程中，是块里程碑——它是华为内部人力资源变革的标志性事件；同时也是个小插曲，而且是一个不该出现的小插曲。

套用鲁迅先生的诗："渡尽劫波华为在，回眸一笑泯恩仇。"

经历此次劫难，华为犹如历尽贫寒的牡丹，经历严冬的蜡梅，根更固，干更壮，叶更茂，花更艳，果更硕。

2017 年，华为集体大辞职已过去 10 年，又一个轮回，10 年前那些参与集体大辞职的被清零的连续工龄又到期了，10 年前那些没有参与集体大辞职的员工的连续工龄早也超过期限，怎么办？

华为还是一如既往地照过去方针办，继续集体大辞职，继续买断工龄，继续补偿，继续竞聘上岗。

只是没有被外界关注罢了。

时过境迁，又一轮回！

3.《天道酬勤》一文写作始末

3.1 《天道酬勤》横空出世

2006年7月7日，华为内网公布了一封“党委电子邮件”，签发人为陈珠芳和费敏，前者是公司党委书记，后者是公司副总裁（目前两位分别因退休和身体原因离开公司）。

该邮件发布的是一篇文章，即《天道酬勤》，文章的署名为：中共华为公司党委和华为公司人力资源委员会。

不论是在外界，还是在公司内部，此文后来都引起很大的轰动与争议，直至今天还常常被人提及，不过很多文章和书籍将该文的作者误作任正非。

《天道酬勤》是华为成长史上具有里程碑和教科书意义的一篇文章。从另外一个角度讲，《天道酬勤》也是诠释华为的核心价值观和华为成长发展逻辑的教科书。

还真有网友建议：《天道酬勤》应该列入中学生语文教科书（窃认为无可行性，但应该列入商学院的参考资料，也是华为案例研究的必读文献，起码是之一）。

3.2 胡新宇事件

《天道酬勤》的直接写作背景，是“胡新宇事件”，当时华为内部称为“H事件”。

胡新宇，四川宜宾市人，1981年出生，1997年考入四川大学无线电系，2005年毕业于成都电子科技大学，获硕士学位。于2005年5月入职华为固网产品线。2006年4月28日发病入院，5月28日因病毒性脑炎在广州市中山医院逝世，年仅25岁。

“胡新宇事件”一发生，马上成为社会的热点事件，从质疑胡新宇先生的死因，如过劳死、血汗工厂，到质疑华为的企业文化与管理制度，如加班文化、床垫文化、绩效考核等，种种言论甚嚣尘上。

10年之后，在网络上还能搜索到有关胡新宇的文章。翻看当年网络上的文章，仍感到黑云压城城欲摧的恐惧。

对于“胡新宇事件”，我非专业人士，不敢置喙，也没有内幕可爆。愿胡新宇先生安息！愿胡新宇先生的家人保重！

“胡新宇事件”也成为华为内部的关注的热点。员工认为华为对胡新宇的死负有责任，并质疑华为不合理的加班制度，甚至质疑绩效考评和企业文化。一些华为的员工通过邮件等各种形式向外部反映了华为内部的负面情况，甚至爆料各种内幕。

可以说，当年的“胡新宇事件”的社会影响及关注度，丝毫不逊于4年后发生的“富士康员工跳楼事件”，巧合的是两家公司比邻，中间相隔一条观澜高速路。4年后，笔者曾写过一小文《站在富士康门口》，该文在华为内网上被口诛笔伐，至今不敢复视。由此也可见“胡新宇事件”的深远影响。10年后的今天，每当有类似事件的出现，定会涉及华为。可以说，“胡新宇事件”与2007年因劳动合同法引发的“买断工龄”事件，对每一个老华为人来说都是刻骨铭心的沉重记忆。

3.3　身份的证明

为了应对由“胡新宇事件”引发的来自公司内外部的对华为文化、机制及管理的质疑，公司与内外部进行广泛沟通，进行危机管理。除此之外，公司高层还决定系统地发出自己的声音，目的在于对华为进行一次艰难的自我“身份的证明”。

公司公关危机管理，主要采取两方面的对策，一是基于事实，向内外部传达事件的真实情况；二是组织撰写文章，发出公司的声音。

因此，我进入了文章撰写团队，该团队由费敏总负责，团队包括公司高管、基层员工和公司顾问，计有十余人。

当时确定写两篇，一是“不奋斗，华为就没有出路”——阐述华为不进则退，不努力则消亡；二是“戒骄戒躁，继续艰苦奋斗”——华为奋斗文化纲领性的论述文，旗帜鲜明地论述我们还需继续艰苦奋斗。

任正非提出要求：“真正搞出一篇纲领性、史诗般的文章，把坏事变成好事，促进华为长期稳定发展。”文章第六稿出来后，任正非在刚果（金）予以充分的肯定，“很不错，让人开始喜欢此文了，有史诗的感觉了，但还要修改”，并提出了多条修改意见。

撰写团队的工作方式是，白天上班，下班后集中于 A1 湖滨的房间讨论，写作。每天高强度的脑力激荡，每晚都披星戴月而归，以至于某位公司高管家的保姆称：你们这帮人其实通过自己的加班，来证明加班不会导致过劳死。当时正值德国世界杯，我虽酷爱足球却一场球未看，每天早晨只能看一下射门集锦。

此文从策划到定稿历经两周时间，正式版本出过八稿，其间的修改稿已无法计数，每一稿都发给在刚果（金）出差的任正非，他再提出修改意见。其中的很多段落出自任正非之手。其间，我还应邀单独写过一篇，题目为《华为为什么？》，文中的一些段落被吸纳。

后期将确定要写的两篇文章合二为一，文章名字一直是沿用《戒骄戒躁，继续艰苦奋斗》。正式定稿前，吸纳了写作组某位成员的建议，正式将文章定名为《天道酬勤》。

文章正式定稿时，费敏给每位成员发了邮件："文章已达到了公司的期望，非常感谢各位老师和大家的艰苦奋斗与贡献。我们也在劳动中品味到一种愉悦甚至幸福。当看着我们贫瘠的文章变成了绿洲，当看着代表着文化的成果在我们勤劳的双手中创造出来时，这种心情是无论用什么语言都难以表达的！真可谓天道酬勤……"看到这封邮件，我热泪盈眶。（也正是在写作《天道酬勤》期间，敬爱的奶奶离世。为了不影响我在华为的工作，家人没有告知我这一噩耗。愿奶奶在天国过得好。）

3.4　天道酬勤就是持续地艰苦奋斗

《天道酬勤》是继《华为公司基本法》之后，对华为核心价值观的又一次系统阐述，它系统地回答了"华为是什么？"和"华为为什么？"，是深陷舆论旋涡中的华为的一次艰难的自我救赎，是危急时刻华为艰难的身份的证明，是特殊事件引发的对华为核心价值观的再升华。

文章开宗明义，提出了这个问题："华为正处在一个关键的发展时期，我们已经连续数年大量招聘新员工，壮大队伍。新员工进入华为，第一眼看到的、处处感受到的就是华为的艰苦奋斗。一些人对此感到不理解。他们会提出这样的问题：华为为什么要艰苦奋斗？回答这个问题涉及另一个根本的问题，那就是：华为为什么能活到今天？华为将来靠什么活下去？我们今天就来讨论一下这个问题。"

《天道酬勤》近 7 000 字，共分 5 部分，分别是：1. 不奋斗，华为就没有出路。2. 公司高层管理团队和全体员工的共同付出和艰苦奋斗铸就了华为。3. 虔诚地服务客户是华为存在的唯一理由。4. 天道酬勤，幸福的生活要靠劳动来创造。5. 戒骄戒躁，继续艰苦奋斗。

这5部分的内容归结为一段话：以往的艰苦奋斗成就了华为的今天,华为的未来取决于今天的艰苦奋斗，华为未来还必须坚持艰苦奋斗；艰苦奋斗的目的是为了客户，艰苦奋斗也是为了成就每一位员工，艰苦奋斗同时也是成就持续为客户创造价值的公司。华为的过去、现在和未来别无选择的核心价值观就是：持续地艰苦奋斗。

天道酬勤是天道，是天意，是规律，是常识，是信仰。自助者天必助之，“天道酬勤、地道酬善、人道酬诚、商道酬信、业道酬精、学道酬苦、艺道酬心，厚德载物”。

奋斗是追梦者的必由之路；奋斗是中华民族自古以来坚守的信念，奋斗是世界各民族的普世价值观。

正如《天道酬勤》一文所言：“艰苦奋斗是华为文化的魂，是华为文化的主旋律，我们任何时候都不能因为外界的误解或质疑动摇我们的奋斗文化，我们任何时候都不能因为华为的发展壮大而丢掉了我们的根本——艰苦奋斗。

“我们没有国际大公司积累了几十年的市场地位、人脉和品牌，没有什么可以依赖，除了比别人更多一点奋斗，除了在别人喝咖啡和休闲的时间努力工作，除了更虔诚地对待客户，否则我们怎么能拿到订单？

“我们要更多地寻找那些志同道合、愿意与我们一起艰苦奋斗的员工加入我们的队伍。我们要唤醒更多的干部员工认识到艰苦奋斗的重要意义，以艰苦奋斗为荣。”

“从南到北，从东到西。遍布在全世界各个角落的华为人，不论肤色，不论民族，不论语言，都共同有一个声音，成功基于奋斗。”（任正非语）

不难看出，华为现在所确定的“以客户为中心，以奋斗者为本，长期坚持艰苦奋斗”的核心价值观即发源于这篇文章。可以说，一个突发的危机事件，把华为推上了风口浪尖，也让华为重新思考，从某种意义上讲，实现了“把坏事变成好事，促进华为长期稳定发展”的目的。

《天道酬勤》出台之后，华为也开始反思与调整相关制度，如：限定加班时间，加班后强制休假，设立首席健康官，定期发布员工健康报告，设立员工意外伤害保障，成立员工沟通部等。

更为重要的一点，是其后华为修正了奋斗的内涵，即奋斗是一种精神，人人可以奋斗，奋斗重要的是结果，而不是过程的艰难——奋斗的标志是高绩效：“一切为了服务，一切为了前线，一切为了胜利。”

后来，任正非就员工意外伤害事件的处理，再次提出：“在处理员工意外状况的时候，不管因公还是因私，我们都要动用一切力量先抢救，再算账。我们要管好员工，做好事前预防，事件善后要关怀员工。但是善后补偿要遵循法规，如果不按法规，而按同情心来，我们就不是依法管理了。同情不能代替法规，否则成为通例，华为全公司都这样做，就搞乱了规则体系。

“处理人身突发事件，意外伤害保障，部门的关键作用是要站在家属的利益角度上和公司博弈。因为家属并不知道公司有什么政策，站在家属的角度争取合法权益，而不是站在公司的角度去说服家属。只要是合法的，我们都能给，但是不能越过法律规定。处理人身突发事件的专员，是家属代表，不是公司代表。家属很可怜，已经受难了，不能再去欺负他们。

“主管要善于发现员工出现问题的前兆，提前预防。你们要向研发学习，识别出可能有心理障碍的员工，就有人盯着，去疏导员工。以前认为的乖孩子，也有可能患上抑郁症。我曾是抑郁症患者，很理解患病的人，治疗抑郁症的唯一方法就是靠自己。第一，药物治疗，吃药，晚上一定要睡好觉，正常人睡不好觉就很烦躁，更不用说病人。第二，找些喧闹的环境释放，去公园看看老头老太太跳广场舞，闹一闹，把胸口的忧闷冲散。员工关系部、道德遵从委员会可以带员工去喧闹的环境发泄发泄，学会排遣自己。做人不要斤斤计较，不要把什么东西都看得那么重，自己快乐就行；也不要去和别人比，想想自己每天都有饭吃，就应满足了。”

3.5 天道酬勤是企业之道

以下是对“天道酬勤”的一点思考。

企业是一个营利性的组织，像任何组织一样，其生存方式和延续方式并不以个人的意志为转移，是有内在规律可循的；各个企业的经营管理方式千变万化，并不存在一个统一的模式，但在变化的背后，还存在着一些由企业经营管理实践反复验证过的、不变的原则，这就是企业的规律，这就是企业的天道。

现代企业生存于市场经济的环境中，其生存方式也必须取决于市场经济的内在本质性要求，市场经济之道决定了企业的天道。探讨企业之天道，必须把握市场经济之道。

市场经济有许多内在的运作机制、运作规范和理念，但支撑市场经济的不外乎三大价值体系：一是新教伦理，二是丛林法则，三是农场法则。

新教伦理是市场经济的核心价值体系。

丛林法则是自然法则在市场经济丛林中的延续，其基本的内容就是：物竞天择，优胜劣汰，适者生存。竞争是市场经济的普遍准则，市场经济的活力源自竞争，企业的生存与发展也必须遵循竞争之道。市场的容量在一定时期是有限的，为争夺有限的生存空间，竞争是不可避免的，有竞争就必然有被淘汰的企业，企业是否被淘汰，取决于其自身的机制与力量，取决于自身的适应能力。

农场法则是农业经济法则在市场经济体系中的传承与延续，其含义是：第一，要像农民耕耘土地那样，春种一粒粟，秋收万颗子。企业的创立、成长与发展，也是有阶段性的，企业不可能跨越正常的生命周期，一夜成为巨人，必须循序渐进。当一个企业没有形成有效的管理体系的时候，长大是危险的；当一个企业不能自主地掌握自己的命运的时候，扩张是致命的。如果你的服务或产品没有为客户所承认，就表明你没有成功为企业探索出一条可持续发展的赢利模式，企业也就没有存在的价值；如果你不能给予股东回报或赢利的希望，那些逐利的投资者就会用脚投票，企业家也就别无选择。第二，对于企业来讲，其所得到的回报取决于自身的付出，天上不会掉馅饼，一分耕耘，一分收获。

企业的天道规范就是在一定的规则下，企业获取利益的方式和方法。在市场经济条件下，企业的天道就是以竞争的方式，通过不断地投入，获取企业最大化的可持续收入。

企业的天道，并不是教科书或交通地图，企业无法按图索骥，顺着事先设计好的道路走下去。所以，企业必须不断地悟道，因为现实中没有现成的道，必须坚持“唯悟主义”，只有如此，企业才能在历史的长河中走得更远。有了道，企业才能有愿景、有目标、有战略，有生存的价值与意义。得道才能多助，一人得道，众人助之，大家受益，长期受益。

领悟企业之道的过程，是一个非常痛苦的过程。实事求是是悟道的基本原则，也是让人痛苦的原则。因为它说起来容易，做到难。没有理性的思考，没有长期的探索，没有深刻的领悟，没有企业实践做背景，悟道实际上是很困难的。许多企业迫于竞争的压力，迫于资源的紧缺，或对短期利益的过分追求，放弃了对企业之道的探索，在寻路过程中，迷失了自我，在竞争中落败。我们通过对企业生存之路的哲学思考，确立基本的生存价值和生存意义。将其付诸实践，就能够保证企业持续地生存下去。

天道决定人道。

当企业选择自己的发展之道后，企业中的员工也勠力同心地接受这种选择。也就是说，企业生存之天道，决定了企业员工也必须以此为生存之道。这其中包含两个层面的内容：一是企业与客户的关系；二是企业与员工的关系。

在第一层面：企业的本质归结为“功利”两字，但功利指的不仅仅是利益。功，指的是企业的功力、基本功、核心竞争力等企业内在的资源与能力；利，指的是企业由外部获取的正当短期利益和长期利益；功利，指的是企业依靠自身的能力，通过持续地为客户提供低价、优质和完善的服务，来获取企业的利益。

在第二层面：企业与员工的关系的核心还是“功”与“利”的关系。现代经济学的一个基本假设就是“理性经济人”，即每个组织中的人，以追求最大经济利益为目标，但其前提是基于理性。

当然企业家的职能不仅仅是思考和学习，还必须实践，通过现实的经营管理活动，创造价值。同时不断地适应社会经济的发展，适应市场和客户的变化，适应企业经营管理规律与趋势，适应竞争对手的变化。这里的适应，就是变化，就是变革。企业如果不能做出这种适应，只是固守以往的成功模式，结果必然走向失败，从而使企业走向没落。企业在变革面前，有不同的表现：一是未雨绸缪，积极地预测和应对变化，从而使企业走向卓越；二是随大溜，跟随变化，从而使企业落得个平庸；三是逃避或无视变化，从而使企业走向消亡。变革的主要力量源泉在于企业家对变革的狂热与偏执，这是永恒的第一推动力。

一方面，竞争的核心是对消费者的争夺，满足客户的需求是企业存在的唯一价值和理由，而消费者的支付能力一定的情况下，其消费需求是倾向于传统经济，还是倾向于新经济，这取决于消费者而不是企业。当新经济企业不能满足消费者持续增长的需求的时候，我们将质疑其存在的价值和理由。另一方面，在新经济企业之间，其竞争的焦点不是人才或者是赢利模式，而是企业能否以更经济的代价，为客户提供价低、质优和高效的服务。这一切归结于企业的核心竞争力，企业的核心竞争力是企业不可替代的理由。

依靠一时的操作或包装，依靠所谓的资本运作，企业或许会得意一时，但不会永远得意，顾客可能会投以"眼球"，但不会投以人民币，注意力变不成经济。

新经济并不意味着高报酬，个人劳动效率的不断提高且被客户所认同是涨工资的唯一理由。否则，得到的终将会被夺去。

有人讲，"企业是一盘永远下不完的棋"，没错，除非企业被清盘了。理论上讲，企业的寿命远远高于人的预期寿命，这一点已被那些百年老店的生存实践所证明。人只能活一辈子，企业却能活好几辈子。所以，基业长青成为一个热点话题。因此企业的长寿，不能依靠某一个或几个生命短暂的企业家，尽管我们并不否认企业家及其精神是企业的第一推动力，但企业家毕竟寿命有限，企业家毕竟是稀缺资源，是可遇而不可求的少数精英。将一个企业的命运寄托在一个企业家的身上是极其危险的。

每一个企业都希望成为百年老店，但不是任何企业都能够生存下来，原因很简单，灭六国者，六国也。那些所谓的成功企业，确实因企业家而辉煌，但也确实因企业家的衰落而没落。企业家最重要的使命是寻找企业生存之道，也就是德鲁克所讲的企业家的最低使命：保全公司。

哲人言：历史即未来。企业未来的进一步成长，依赖于复制和放大过去的成功要素，企业成长的基因决定了企业能长多大。同样，企业还要对过去的失败及导致失败的关键因素进行反思。失败是成功之母的逻辑意义是：对过去失败的反思，能够最大限度地避免在未来犯同样的错误。忘记过去就意味着背叛，即对未来进一步成长的背叛。

企业在回顾过去的同时，还要展望未来，即为未来的成长设计战略，设计的依据是成长企业的内在共性，以及与成长环境的互动。对单个企业讲，成长是一个个案，带有很大的偶然性，所以每个成长企业都有精彩但不同的成长故事。但作为一个整体来看，成长企业几乎都有相同的成功要素，几乎都遵循着相同的成长轨迹。

理解华为，理解华为的文化，探索华为成长与发展的内在机理与逻辑，从研读《天道酬勤》开始。

4. 华为的床垫文化

4.1 床垫与床垫文化

公司的企业文化是一个复杂的系统，大的如使命、愿景、核心价值观，小的如仪式、范式、惯行等。

企业文化太复杂，难以用简单的语言进行概括，人们只好用拟人化的手法对企业文化做出归纳，故有狼、虎、狮、象、龟、牛、马、鹤、鹰、松、柏等一系列文化出台，企业文化被搞得恰似一个小朋友向往的动物园或植物园。

其实，不仅企业，其他组织亦如此，如美国的两大政党，19 世纪

70 年代政治漫画家托马斯·纳斯特的画，分别以长耳朵的驴和长鼻子的象比拟美国民主党和共和党。不料漫画问世后，两党出人意料地欣然接受了这两种动物：民主党人认为驴子其实是既聪明又有勇气的动物；而在共和党人的心目中，大象代表了尊严、力量和智慧。自此，驴和象就逐渐成为美国两大党的象征，两党也分别以驴、象作为党徽的标记。

以往我们的组织与企业也有文化，军队里有云南陆军讲武堂的《中国男儿》、黄埔军校军歌、抗日军政大学的军歌、雷锋精神等，张扬的都是满满的正能量；企业中，新中国成立前有民族企业的“产业救国”，新中国成立后有“大庆精神”、“铁人精神”和“雷锋精神”；改革开放后联想、海尔、华为、长虹等公司提出“产业报国，科教兴国”；到今天，我们的企业文化越来越通俗了，只剩下动植物和“以人为本”了，总觉得缺点什么，少点什么。

华为的床垫文化不在此列。

如果说企业文化是一棵大树的话，企业的经营管理哲学就是树根，核心价值观就是树干，企业的经营业绩就是枝头的果实，而员工的工作惯行就是枝干与绿叶。

在华为企业文化这棵大树上，也有人们熟知的枝干，这就是所谓的“床垫文化”，它是华为企业文化系统的组成部分，使华为的企业文化绚烂多彩，企业文化之树因根深才会叶茂枝壮，叶茂枝壮才能结硕果。

床垫文化是华为文化的重要组成部分，也是华为企业文化的一种象征，一种表象。

华为内生的“床垫文化”，如同一个标签的正反面，予以华为的企业文化特殊的含义。

床垫，别称“垫子”，1881 年由美国得克萨斯州休斯敦郊外一个小镇，一位名叫丹尼尔·海恩斯（Daniel Haynes）的轧棉机工匠发明。床垫是为了保证消费者获得健康而舒适的睡眠而使用的一种位于人体和床之间的以某种材质制作的物品，一般为布面，内填充海绵，价格不等，华为周边小店及公司内部店铺大量供应。与床垫共同使用的一般是毛巾被。

所谓床垫文化，又称“垫子文化”，网上的解释为：1988 年华为创业以来留下的传统，“床垫文化”意味着华为人艰苦创业、坚韧不拔，努力把智力发挥到最大值，它是华为精神的一个象征。

看来，床垫文化是华为独有的。那么，床垫是如何成为华为文化的呢？

4.2　创业期的床垫文化

华为的床垫文化是何时出现的已无从考证。可以推测的大致过程是，在创业期，华为人干脆将公司到宿舍的两点一线式的生活，压缩叠合成一点，工作地点与宿舍在同一楼层，吃住与工作都不需下楼，根本不需要通勤时间，同时避免往返交通的麻烦。曾看到华为创业期的宿舍照片，其实就是一个大通铺。后来员工搬出去租住后，宿舍的床垫也就留在了办公室。

于是，华为的办公室就有了床垫，及后来的床垫文化。

1996 年 10 月 29 日第 35 期《华为人》报上题为《床垫文化》（作者石文金）的文章这样写道：

“几乎每个华为人都备有一张床垫，卷放在各自的储存铁柜的底层或办公桌、电脑台的底下，外人从整齐的办公环境中很难发现这个细节。午休的时候，席地而卧，方便而实用。晚上加班，夜深人静，灯火阑珊，很多人整月不回宿舍，就这一张床垫，累了睡，醒了再爬起来干，黑白相继，没日没夜。可以说，一张床垫半个家，华为人是携着这样一张张床垫走过 8 年创业的艰辛与卓越。颜色各异、新旧不同的一张张床垫，载着我们共同的梦想，床垫文化意味着从早期华为人身体上的艰苦奋斗发展到现在的思想上的艰苦奋斗，构成华为文化又一道独特的风景。”

那时，在华为，上到任正非高层领导，下到基层员工，办公桌下都有一个床垫，这是办公必备家具。

当年曾流传着一个故事，一家外协厂去华为送货，正值中午休息，送货业务员就地找了张板子睡了一觉，醒来后发现身边躺着一个人，定睛一看，是任正非。

一位员工是这样回忆 1991 年的工作情况的：“在工段上班，包括开发人员，累了就趴在桌上，或在地上找张泡沫板、纸板，席地而卧，睡一下，醒来接着干，包括公司领导也是这样。整层楼没有空调，只有吊扇，高温下作业，经常是汗流浃背。每天加班到很晚，熄灯就睡。四周老化测试的机架，设备上一闪一闪的信号灯，高频电流的振荡声，伴随着枕戈待旦的华为人进入梦乡。”

新员工到公司报到后，都要在公司小卖部或外面的小超市里买床垫。

伴随华为全球化的进程，床垫也漂洋过海，在世界各地安家落户了。

我在华为也有床垫，第一张床垫在由科技园搬到坂田时丢失了，后又新买一床垫，至今还静静放在办公桌下，但是很少用到它，这么多年我仍然不习惯于男女杂处，抵足而眠。我一般在茶水间看书读报，恐怕这与个人的定力不足有关吧。

记得某年，某阿拉伯国家的总统访问华为，总统特意要求参观员工的办公室，与随行人员一起参观员工的床垫，总统向随行人员表示，要学习华为的床垫文化。

在华为，床垫的作用有两个：

其一，加班后用来休息。加班后，拉开床垫，便进入睡眠模式。深圳气候温暖，一个床垫、一床毛巾被足矣。特别是研发人员，吃住睡在办公室几乎是常态。这也是外界把华为的床垫文化与所谓的“加班文化”画等号的重要原因。

其二，用于午休。吃完午餐，展开床垫，美美地睡上一觉。中午不睡，下午崩溃，华为人深谙此道。所以，每临午后，华为如同大学的校园，静悄悄，老板在睡，员工也在睡。何以解困，唯有床垫。睡眠是为了工作，是工作的协奏曲，是工作的补充，如同大决战前的休整一样!

在外界的思维定式中，床垫是用来加班的，床垫文化就是加班文化。不可否认，在华为的创业期，床垫的重要功能之一就是用来加班，这是历史的真实，但是华为的床垫文化包含的内核要丰富得多。

4.3 永远的床垫文化

外界长期诟病华为的床垫文化，如同将华为的文化贴上“狼性文化”标签一样。尤其是 2006 年后，对华为床垫文化的批判到了人神共愤、口诛笔伐的顶峰。

也就是那一年，公司拨乱反正，为床垫文化正名，并传递出明确的信号：不论外界如何议论，华为还必须坚守床垫文化。

2006 年 7 月 7 日公司发表的《天道酬勤》中，明确提出：

“创业初期，我们的研发部从五六个开发人员开始，在没有资源、没有条件的情况下，秉承20世纪60年代‘两弹一星’艰苦奋斗的精神，以忘我工作、拼搏奉献的老一辈科技工作者为榜样，大家以勤补拙、刻苦攻关，夜以继日地钻研技术方案，开发、验证、测试产品设备……，没有假日和周末，也不分白天和夜晚，累了就在地板上睡一觉，醒来接着干，这就是华为‘床垫文化’的起源。虽然今天床垫主要已是用来午休，但创业初期形成的‘床垫文化’记录的是老一代华为人的奋斗和拼搏，是我们宝贵的精神财富。

“华为走到今天，在很多人看来已经很大了、成功了。有人认为创业时期形成的‘床垫文化’、奋斗文化已经不合适了，可以放松一些，可以按部就班，这是危险的。繁荣的背后，都充满危机，这个危机不是繁荣本身必然的特性，而是处在繁荣包围中的人的意识。艰苦奋斗必然带来繁荣，繁荣后不再艰苦奋斗，必然丢失繁荣。千古兴亡多少事，不尽长江滚滚来。历史是一面镜子，它给了我们多么深刻的启示。我们还必须长期坚持艰苦奋斗，否则就会走向消亡。当然，奋斗更重要的是思想上的艰苦奋斗，时刻保持危机感，面对成绩保持清醒头脑，不骄不躁。”

其实，不仅在华为，国外优秀的公司尽管没有床垫文化，但坚守的东西是相同的。在《不眠的硅谷》一文中，可以看到与华为床垫文化共同的坚守：

“在阳光灿烂的日子里，你很难看到有人在外面闲逛，也很难看到有人在午夜之前就上床睡觉。当然，我们不是在谈论夜间活动的‘吸血鬼’，而是在说硅谷自己的‘夜游神’。这些编程人员、软件开发人员、企业家及项目经理坚守‘睡着了，你就会失败’的信条。凭着远大的理想，借助大杯大杯的咖啡，他们会坐在发出融融光线的显示屏前一直工作到凌晨四五点钟，有时甚至到六点，而不是舒舒服服地躺在床上。

“睡觉是一种奢侈。

“睡眠必然成为一种灾难。

“抵抗睡意是一种必要的生活方式，尽管这不是他们所希望的。

“‘睡得太久，就会有人抢先得到专利、升职、项目资金或市场份额。’正是这条座右铭驱使着睡眼蒙眬的硅谷人彻夜工作。

“我常常想找一种方法来避免睡觉。我认为人在生理上并不需要睡眠，睡觉只是精神上的事。

“员工们总是要求重新开设铺有褥垫的房间。”

这就是硅谷精神，这就是美国人民的奋斗精神。无数硅谷人与时间赛跑，度过了许多不眠之夜，成就了硅谷的繁荣，也引领了整个电子产业的节奏，为人类生活的进步做出了贡献。

大洋两岸，床垫文化与硅谷精神，交相辉映，彰显的是人类的普世价值观和奋斗精神。

实际上，华为多次出台限制员工加班的相关规定，2010年，公司人力资源部出台了《华为公司加班管理规定》，对指令性加班和非指令性加班的申请及补偿做出了明确的规定。2016年11月14日EMT[①]再次发出《关于员工加班时间管理的决议》。从此，床垫已失去作为加班休息的功能，但“床垫文化”的载体即床垫并没有在华为消失。虽然几乎每个员工都有床垫，但那是用来午休的，不是用来在公司加班过夜的。

摘录新近网上流传的一位员工的离职信的内容，作为佐证：“午睡，不是趴在桌上小憩。每个人方寸大小的办公桌底下卷着铺盖，午饭过后，铺盖一拉，关灯，男男女女相邻而眠，壮观且有仪式感，想起初中

① EMT，Executive Management Team，经营管理团队。是华为公司经营、客户满意度的最高责任机构，EMT主任即为CEO。

在学校的桌子椅子上午睡的盛况。从医学角度来讲，午睡对身体有好处。对公司而言，午睡可以保证员工下午精力充沛地工作，这种精力还可以延续到晚上加班。”

看来，床垫会伴随华为人的职场生涯，它伴随着40后到90后，从20世纪80年代，跨越新世纪，走到了今天，相信以后还会继续伴随华为人走下去。

从某个角度讲，能够传递的被坚守的就属于文化的范畴，床垫文化也是如此。华为创业已30年，床垫文化也从40后，历经5个代际，传递到90后。

不过，任正非并不认同床垫文化，在2008年的一次讲话中，他提出："最近网上曲解了华为的'狼性文化''床垫文化'。床垫不是文化，文化是可以传承的，床垫只是一个睡午觉的工具，它不能传承。其他公司睡午觉也许不用床垫，因此'床垫文化'没有推广的价值，也不一定需要批判。"

同时，任正非也为所谓的"狼性文化"正名："我们没有提出过'狼性文化'，我们最早提出的是一个'狼狈组织计划'，是针对办事处的组织建设的，是从狼与狈的生理行为归纳出来的。狼有敏锐的嗅觉、团队合作的精神，以及不屈不挠的坚持。而狈非常聪明，因为个子小，前腿短，在进攻时是不能独立作战的，因此它趴在狼的背上，一起行动，就像舵一样操控狼的进攻方向。狈很聪明，很有策划能力，很细心，它就是市场的后方平台，帮助做标书、网规、行政服务……我们做市场一定要有方向感，这就是嗅觉；以及大家一起干，这就是狼群的团队合作；要不屈不挠，不要一遇到困难就打退堂鼓，世界上的事情没有这么容易，否则就会有千亿个思科。狼与狈是对立统一的案例，单提'狼性文化'，也许会曲解了狼狈的合作精神。而且不要一提这种合作精神，就理解为加班加点，出大力，拼苦命。那样太笨，不聪明，怎么可以与狼狈相比。”

有了床垫，华为人就有共同的价值依托；有了床垫文化，华为人就有了共同的精神家园。

现实中床垫实物的代际传递，实质上是虚拟的文化与精神的传承。

床垫是华为人在公司的精神家园，床垫文化是华为人的共同坚守。

床垫实际是华为精神的象征，是持续奋斗文化的写照。

床垫实际上就是华为人心中的“上甘岭”，床垫也是华为文化的平台。

5. 华为是如何自我批判的（上）

在拙作《华为组织驱动力模型：开放、自我批判和持续对标》一文中，我提出自我批判是华为由小到大以至超越对手的内在驱动力之一，这也是探求华为的内在成长逻辑的三个关键出发点之一。长期保持对公司的自我批判，能够避免公司的干部与员工的傲慢、狂妄、自大与自恋，能够持续地聆听客户的声音，正视公司存在的问题与不足。只要一个组织持续地保持开放且保持自我批判的精神和能力，任何自身所不具备的精神、思想、思维和基因，都能够在较短的时间以较小的代价移植并内化到组织内部。

在“摸着石头过河”中探索，在自我批判中进步，在自我优化中成长，在“顶层设计”中走向卓越，可以说是华为成长壮大的四部曲。

我曾向某企业家提出过忠告：可以不学华为，学，也不一定能学得会，学华为真的很难。如果想学华为，什么都可以不学，有两点必须学，那就是：学华为如何学习别人的，学华为如何批判自己的。但是，千万别机会主义地学！

对于华为的自我批判，很多人都很好奇：华为是如何自我批判的？其自我批判体系是如何构成的？华为又是如何把自我批判制度化而不是仪式化的？华为的自我批判的意识及行为是如何形成的？华为又是如何管理自我批判的？华为的自我批判体系是如何构成的？

或许有人认为，所谓的自我批判不就是针对自己说两句吗？不就是提几个诸如“追求完美”“对领导意图理解不够深入”“对下属关心爱护不够”等凡人皆可犯且美丽的错误或缺点吗？不就是日三省吾身吗？不就是在显眼位置挂几个意见箱吗？

如果有上述认识，那看看华为的自我批判吧！

5.1 华为自我批判体系的整体分析

其一，自我批判的价值：自我批判是华为这家公司的内在基因和特质；自我批判是华为由小到大以至超越对手的内在驱动力之一。

自我批判是华为不断提升组织活力，保持组织熵减，耗散组织惰性的利器。

其二，自我批判有三个对象。思想的自我批判，其目的是统一思想，协同目标，构建假设；组织的自我批判，其目的是消除惰性，强化能力，提升效率；行为的自我批判，其目的是协调行动，激发潜力，持续赋能。

其三，自我批判的三个目标：增强组织的活力：保持熵减，保持耗散，优化组织机体，持续管理进步；构建铁军：高素质、高境界、高度团结、长期奋斗、精神文明的群体；干部与员工的成长：自我修炼、自我激励、自我约束。

正如任正非所说："我们胜利的两个基础，一是方向要大致正确；二是组织要充满活力。我们一定要有正确的方向，（绝对）正确的方向我们不一定能找得到，只能不断探索，方向大致正确就行。但组织的活力我们是有信心建立起来的，这就是精神文明，组织活力就是精神文明！"

其四，自我批判有三个成果体现。文本式的成果体现：如华为的十八项腐败行为，华为公司改进作风的八条要求，华为十六条军规，华为十大内耗，华为变革的七大反对；制度性的成果显现：主要是在管理上的持续改进举措，如"五个一工程"；活动性的成果显现：如集体宣誓，民主生活会，合理化建议。

5.2　任正非的价值主张

看看任正非的文章和讲话，就不难看出，自我批判是任正非长期坚守的价值主张。以下只是相关的文章标题，从历年的讲话和文章看出，自我批判一直是个高频词。

1996 年，《反骄破满，在思想上艰苦奋斗》《再论反骄破满，在思想上艰苦奋斗》；1998 年，《在自我批判中进步》《一个人要有自我批判能力》；1999 年，《自我批判和反幼稚是公司持之以恒的方针》《自我批判触及灵魂才能顺应潮流》；2000 年，《为什么要自我批判》；2006 年，《在自我批判指导委员会座谈会上的讲话》；2007 年，《将军如果不知道自己错在哪里，就永远不会成为将军》；2008 年，《从泥坑里爬起来的人就是圣人》；2010 年，《开放、合作、自我批判，做容千万家的天下英雄》；2014 年，《自我批判，不断超越》《一杯咖啡吸收宇宙的能量》。

尤其是在《从泥坑里爬起来的人就是圣人》一文中，任正非开宗明义："20 多年的奋斗实践，使我们领悟了自我批判对一个公司的发展有多么重要。如果我们没有坚持这条原则，华为绝不会有今天。" 然后，接下来是 6 个"没有自我批判"的排比句。然后任正非总结道：

"没有自我批判，我们就不会认真听取客户的需求，就不会密切关注并学习同行的优点，就会陷入以自我为中心，必将被快速多变、竞争激烈的市场环境所淘汰。

"没有自我批判，我们面对一次次的生存危机时，就不能深刻自我反省，自我激励，用生命的微光点燃团队的士气，照亮团队前进的方向。

"没有自我批判，就会故步自封，不能虚心吸收外来的先进东西，就不能打破'游击队''土八路'的局限和习性，不能把自己提升到全球化大公司的管理境界。

"没有自我批判，我们就不能保持内敛务实的文化作风，就会因为取得的一些成绩而忘乎所以，掉入前进道路上遍布的泥坑陷阱中。

"没有自我批判，就不能剔除组织、流程中的无效成分，不能建立起一个优质的管理体系以降低运作成本。

"没有自我批判，各级干部就会不讲真话，听不进批评意见，不学习不进步，就无法保证做出正确决策和切实执行。

"只有长期坚持自我批判的人，才有广阔的胸怀；只有长期坚持自我批判的公司，才有光明的未来。自我批判让我们走到了今天；我们还能向前走多远，取决于我们还能坚持自我批判多久。"

任正非所坚持的是"使用批判的武器，对自己、对今天、对明天批判，以及对批判的批判"。因为他坚信"自我批判是拯救公司最重要的行为"，"一定要把华为公司的优势去掉，去掉优势就是更优势"。（2013 年 12 月 6 日）

2001 年 2 月 17 日在其名篇《华为的冬天》中，任正非对华为自我批判的目的做出了界定："自我批判，是思想品德、素质、技能创新的优良工具。我们一定要推行以自我批判为中心的组织改造和优化活动。自我批判不是为批判而批判，也不是为全面否定而批判，而是为优化和建设而批判。总的目标是要提升公司整体核心竞争力。"

2017 年 1 月 11 日在市场工作大会上的讲话中，任正非再次强调："高级干部内心强大的表现是经得起批评，真金不怕火炼。世界上肯定会有不同意见，我们一定要有战略自信，这个自信首先是不怕别人批评。"

古人言：圣人多过，君子寡过，小人无过。意思是圣人的自我感知能力强，其所看、所听、所嗅、所说、所做、所想，只要有不合良心的地方，他就会知道自己错了，良心受到谴责，所以圣人始终觉得自己过错很多，因而善于自我批判。君子的自我感知能力弱。公司没有小人，只有旁人，旁人感知能力强，更多的是看到他人的不足，他们更善于批判。圣人擅长自我批判，君子擅长批判与自我批判，旁人善于批判。

自我批判，对于任正非，对于华为，其重要性与价值已无须赘言。

任正非最担心的是没有人批判公司，最欣慰的是员工对公司的批判。他曾讲过："我看社会上评价《下一个倒下的会不会是华为》这本书的时候，外部都是赞扬的，华为都是批判的，我觉得这就是有希望的！华为的员工真可爱，敢于批判自己的公司。这就是我们公司永远生存下去的基础。我们如果没有自我批判，迟早会死亡。"

闻过则喜，有违人性，做到此，需要境界，需要胸怀，需要修炼，需要磨难。

华为为什么强调自我批判，而不是批判？任正非认为："为什么要强调自我批判？我们倡导自我批判，但不提倡相互批评，因为批评不好把握度，如果批评过火，火药味很浓，就容易造成队伍之间的矛盾。而自己批判自己呢，人们不会对自己下猛力，对自己都会手下留情。即使用鸡毛掸子轻轻打一下，也比不打好，多打几年，你就会百炼成钢了。”

当一个组织以自我批判为核心价值观时，自我批判就会成为一种组织氛围，从而成为组织群体的自主的惯行。

当然，坚守灰度管理哲学的任正非，同时也保持着自我批判的另一个极端的高度警惕：“我们也要告诫员工，过度地自我批判，以至破坏成熟、稳定的运作秩序，是不可取的。自我批判的不间断性与阶段性要与周边的运作环境相适应。我们坚决反对形而上学、机械教条的唯心主义，在管理进步中，一定要实事求是，不要形左实右。”

5.3　作为自我批判者和批判者的任正非

在华为，任正非不仅仅是自我批判的倡导者，也是自我批判的践行者，他对自己比对别人更狠，也更彻底，因为他肩负三重的自我批判的责任——对作为个体的任正非的自我批判；对作为公司领导的任正非的自我批判；对作为他所领导的华为的自我批判。在每年一度的高层自律宣誓大会上，任正非的誓词是：“只有无私才会公平、公正，才能团结好一个团队；只有无私才会无畏，才能坚持原则，敢于批评与自我批评，敢于去除自己的不是；只有无私才会心胸宽广，才会容纳一切需要容纳的东西，才有能力肩负起应该承担的责任。”

开放、灰度、宽容、妥协与自我批判，构成了任正非经营管理哲学的核心内容，任正非就是基于这5点来审视华为和管理华为的。

在华为，任正非不仅是位自我批判者，他还是位批判者，他承担着对他所领导的公司的批判的责任，而他发起的对公司的批判，总能有效引发公司上下的自我批判。

不论是作为华为的批判者，还是作为自我批判者，任正非都是以三个维度来构建自己的批判系统的。这三个维度是历史的维度、现实的维度和未来的维度。

从历史的维度，任正非基于对各类组织的盛衰兴亡的观察与思考，为了华为长治久安，不断地消除企业成功后强大的组织记忆，消除企业领先后的傲慢与懈怠，不断地提升组织效率，不断地增强组织活力，走出“秦人周期”：“秦人不暇自哀，而后人哀之，后人哀之而不鉴之，亦使后人而复哀后人也！”

从现实的维度，任正非基于对华为成长发展现状的观察与解析，不断发现和揭示组织与人存在的问题，并以自我批判和批判为逻辑起点，持续地解决和优化这些问题。

从未来的维度，任正非基于对未来产业与行业的探索与洞察，在为公司未来发展构筑战略方向和战略布局的同时，以未来审视现实，以未来牵引现实，以未来批判现实，不把现实问题带入未来，通过现实内部规则的确定性，来应对未来的不确定性，在“无人区”中，首先要探索与建立的是规则。

任正非的自我批判和批判是华为自我批判的发动机和驱动力。当任正非批判自我时，他为公司干部与员工的自我批判建立了楷模与标杆；当任正非批判华为时，他为公司的自我批判提供了方向与目标。

听任正非是如何吐露心声的：“曾子说‘吾日三省吾身’，我是深感其伟大。我一生有那么多经历，我批评别人很多，自我批判更多，每天都想哪些事做对了、哪些事做错了。自我批判不会批垮公司，自我批判不会使大家自卑，却能够使干部能力更强，沉着冷静，更加成熟。我认为一个善于自我批判的人、有素质的人、有成功经验的人，越批判他，事会做得越好。”

讲到自我批判，任正非的一句名言流传甚广，就是“不要脸的人，才能进步”。他也多次声明，在华为，他最不要脸，所以他进步最快，他也要求他的干部“不要脸”。

“我唯一的优点是自己有错能改，没有面子观。

“我们是为面子而走向失败，走向死亡，还是丢掉面子，丢掉错误，迎头赶上呢?

“自我批判，是思想、品德、素质、技能创新的优良工具。

“所有干部都应该‘不要脸’，‘要脸’的干部没多大出息。为什么?好‘面子’的干部，怎么能做到‘三人行，必有我师’呢?没有‘三人行，必有我师’，你又怎么能提高呢?谁最要‘脸面’?是那些没有学问、没有本事的人!我最不要‘面子’，因为我知道自己有本事，我不怕任何人批评我，批评对了，我就承认错误，我公开承认自己有缺点、存在问题。”（1996年）

2008年在《从泥坑里爬起来的人就是圣人》一文中，任正非讲道：“别人说我很了不起，其实只有我自己知道自己，我并不懂技术，也不懂管理及财务，我的优点是善于反省、反思，像一块海绵，善于将别人的优点、长处吸收进来，转化成为自己的思想、逻辑、语言与行为。”

2012年8月9日，任正非指出：“我认为我自己不行，我允许别人比我行，才有华为的今天。如果我认为我比别人行，我就是一个小山头，下来就没有了。所以批判这个问题很重要，大家不要担忧批判给自己带来精神压力，要越批越高兴，我就认为批判我的人我都喜欢。我们不要怕，要虚怀若谷，我们要有一种自信心，要有一种奋发图强的精神，我们一定有明天。”

宋代诗人徐庭筠的《咏竹》诗言：“未出土时先有节，便凌云去也无心。”在任正非心中，自我批判就是未出土时的“竹”，即使“便凌云”时，也能虚心地接受外界的批判，也能真诚地自我批判，这里展现的是一种发自内心的自信和谦卑。

脸者，面子也。人要脸，树要皮。脸与皮是何等重要！脸，体现了个人的尊严、价值、地位和几乎一切。要脸是顺应人性的，不要脸是违背人性的。所谓伟大者，干的基本上是有违其自身人性但顺应组织群体人性的事。

在现实中，我们看到最多的是“要脸”的组织与人，为了维护个人或组织的“脸面”，掩盖事实，粉饰太平，被媒体曝光后，“辟谣”，狡辩，抵赖，最后被无情打脸，从而长期陷入“要脸”与“打脸”的死循环之中。

我曾多次旁听过任正非的自我批判，正如他批判别人一样，总的感觉是：真诚，简洁，深刻，尖锐，一针见血。

当然这是看得到的任正非的自我批判，看不到是内心的自我批判，或许更深刻，更频繁，更直接。

2016年1月13日，任正非在市场工作大会上的讲话《决胜取决于坚如磐石的信念，信念来自专注》，并没有像往年那样是在会议现场宣讲的，而是会前就公布的，在全公司范围内征求意见，结果收到上万条批评意见，甚至还有猛烈的抨击，数万员工做了任正非的“蓝军”。

2016年1月27日，任正非为《华为的宿敌思科，诞生爱情土壤中的技术之花》一文，写了按语：“我不如钱伯斯。我不仅倾听客户声音不够，而且连听高级干部的声音也不够，更不要说员工的声音了！虽然我不断号召以客户为中心，但常常有主观臆断。尽管我和钱伯斯是好朋友，但又真正理解他的优点有多少呢？”

这就是任正非的谦卑的心态，这就是任正非的真诚的自我批判。

他坦言："我一生有那么多经历，我批评别人很多，自我批判更多，每天都想哪些事情做对了、哪些做错了。"

我一直想搞清一个问题，这就是个体的自我批判意识及行为的形成机理。自我批判是天赋神授，还是后天习得的？个体之间自我批判意识及行为是否存在明显的差异？这种差异是如何形成的？如何才能强化个体或组织的自我批判意识与行为？搞清这些问题，有助于对任正非为何具有强烈的自我批判意识与行为的解读。

5.4　自我批判是华为的核心价值观

华为的核心价值主张"以客户为中心，以奋斗者为本，长期坚持艰苦奋斗"，其中包含着两个关键词："客户"和"奋斗"。

以客户为中心，就必须把公司所有关注点聚焦于客户，并以客户标准衡量自身的工作过程和工作结果。当客户成为衡量的主体和标准，必然的结果就是自我批判，选择了以客户为中心，也就抛弃了以自我为中心，而以自我为中心时，是不需要自我批判的。

不论是奋斗还是长期艰苦奋斗，在华为首先是指思想上的，人的懈怠首先始于思想。而持续地学习修炼，持续地自我批判，是思想上奋斗的两条重要途径和表现方式。

2008年EMT提出了新的核心价值观建议稿，供员工讨论，计六条：成就客户、至诚守信、开放进取、团队合作、艰苦奋斗和自我批判。

其中，对自我批判的界定是：自我批判的目的是不断进步、不断改进，而不是自我否定。只有坚持自我批判，才能倾听、扬弃和持续超越，才能更容易尊重他人和与他人合作，实现客户、公司、团队和个人的共同发展。

纵观国内外企业，把自我批判作为核心价值观的真的不多。

另外，华为的员工行为准则、十六条军规、EMT 自律宣言、改进工作作风的八项规定等都有与自我批判相关的内容。

5.5 自我批判是培养选拔干部的标准

华为还在科技园时，任正非曾讲过：公司搬到坂田基地后，要在总部门口立一块大石头，上书任正非为《走出混沌》一书所作的序《由必然王国到自由王国》中的一段话："一个企业长治久安的关键，是它的核心价值观被接班人确认，接班人又具有自我批判的能力。"

当时我曾提议，这块大石头一定要外圆内方，包含着企业文化的"外求适应，内求结合"（企业文化学者埃德加·沙因语）的寓意。不知什么原因，这块大石头至今也没立起来，或许是因为自我批判已经内化于任正非及华为人的心中了，不再需要媚俗地立块大石头了吧？

"我认为太平盛世最典型的标志，是人人都敢讲真话，领导听得进去真话。为了实现我们的目标，我们管理者必须首先进行自我批判，带动后继者前进。"任正非把自我批判看作华为基业长青的基石。

在 1999 年的《十大管理要点》中，任正非提出："自我批判是掘松管理土壤，使优良管理扎根生长的好办法。没有自我批判能力的员工，不得再被提拔。三年后，凡是没有自我批判能力的干部，上至总裁，下至科长、工程师一律会被免职。"

能否长期地坚持自我批判的核心价值观，是华为培养选拔干部的重要标准之一。而且这个标准已经内化到华为的干部管理制度中，如华为干部任职资格标准、劳动态度考核、三到五级干部任职资格、后备干部选拔任用标准、华为领导力素质模型、华为干部四象限、干部信息档案系统等，都包含与自我批判相关的内容。

5.6　各级干部集体宣誓

从2007年开始，华为就实行了集体自律宣誓制度，不论是早期的“EMT自律宣言宣誓”，还是后期的“董事会监事会自律宣言宣誓”，还是各部门与体系的“干部自律宣言宣誓”，在其誓言中，都有自我批判的内容。如“高级干部要有自我约束能力，通过自查、自纠、自我批判，每日三省吾身，以建立干部队伍的自洁机制”。

5.7　自我评判的组织保障

在华为，与自我批判相关的机构有自我批判委员会和道德遵从委员会（Committee of Ethics and Compliance，简称CEC）及下设机构，各级人力资源部及干部部也承担组织实施自我批判的相关职能。

员工自我批判委员会分为公司级员工自我批判委员会、各体系员工自我批判指导分委员会，是自我批判的非常设机构。公司级自我批判委员会成立于2006年10月份，11月相继成立了各级分委员会。公司级自我批判委员会由18位成员组成，任正非与董事长孙亚芳任顾问。

自我批判委员会的职责是，对全公司及相关部门的自我批判的制度建设及自我批判活动的有效实施与监督提供政策、方向等方面的政策指导和组织实施。

公司道德遵从委员会作为实体组织运作，下设员工关系部、组织干部部和运作支持部。在下层各实体组织中，设道德遵从办公室及按属地设置的各区域道德遵从委员会（其组成人员通过民主竞选产生）。过去

3 年多时间，华为在全球各地建立了 1 007 个道德遵从办公室、7 758 个 OEC 小组，选举了 5 193 名各级委员。

道德遵从委员会的主要职责为：实施员工的道德教育和监管，进行文化宣传，持续建立良好的道德遵从环境，维护公司稳定。

2014 年 2 月，公司道德遵从委员会正式成立。道德遵从委员会虽然是民主选举产生的群众组织，但它和董事会、监事会一样，是公司治理架构中的三驾马车之一，并且以独特的方式促进公司发展。道德遵从委员会的职能还包括员工沟通与核心价值观传播、干部员工作风监督与诚信教育、荣誉激励与营造积极向上氛围等方面的工作。

正如任正非所说："道德遵从委员会虽然是一个自下而上产生的组织，但也是一个目标明确的组织，我们的目标是'多产粮食，增加土地肥力'。道德遵从委员会不是一个政治组织，无论在国内、国外，都不要去过问政治。"

5.8　蓝军参谋部

华为还有一个特殊的部门，叫"蓝军参谋部"（后更名为"蓝军部"），该部门成立于 2006 年，隶属于公司战略市场营销体系。部门人不多，但皆是精英。成立该部门的目的，"就是要构筑组织的自我批判能力"。"蓝军"原指在军事模拟对抗演习中专门扮演假想敌的部队，通过模仿对手的作战特征与红军（代表我方部队）进行针对性的训练。华为的"蓝军"与之类似。按照任正非的解释，"蓝军想尽办法来否定红军"。任正非曾要求："要想升官，先到'蓝军'去，不把'红军'打败就不要升司令。'红军'的司令如果没有'蓝军'经历，也不要再提拔了。你都不知道如何打败华为，说明你已到天花板了。"

其实，早在2008年任正非就有了建立蓝军机制的构思，在《研委会第三季度例会上的讲话》中他就提出："在研发系统的总体办中可以组成一个'红军'和一个'蓝军'，'红军'和'蓝军'两个队伍同时干，'蓝军'要想尽办法打倒'红军'，千方百计地钻它的空子，挑它的毛病。'红军'的司令官以后也可以从'蓝军'的队伍中产生。'蓝军'拼命攻击'红军'，拼命找'红军'的毛病，过一段时间把原来'蓝军'中的战士调到'红军'中做团长。有些人特别有逆向思维，挑毛病特别厉害，就把他培养成为'蓝军'司令，'蓝军'的司令可以是长期固定的，'蓝军'的战士是流动的。每个产品线都应该增加一个标准队伍、一个总体队伍、一个'蓝军'队伍。不要怕有人反对，有人反对是好事。"

蓝军参谋部的定位是，负责构筑组织的自我批判能力，推动在公司各层面建立红蓝军对抗机制，通过不断的自我批判，使公司走向正确的方向。在公司高层领导团队的组织下，采用辩论、模拟实战、战术推演等方式，对当前的战略思想进行反向分析和批判性辩论，在技术层面寻求差异化的颠覆性技术和产品；从不同的视角观察公司的战略与技术发展，进行逆向思维，审视、论证红军战略、产品、解决方案的漏洞或问题；模拟竞争对手的战略、产品、解决方案策略，指出红军战略、产品、解决方案的漏洞和问题。

现在，蓝军参谋部在华为发出的声音越来越多，成为启动华为自我批判的重要引擎和平台。

5.9　自我批判的培训引导

新员工培训中，有一个培训单元就是关于自我批判的，培训教材为《自我批判，不断进步》，3 万字，共分 4 章：1. 在自我批判中进步；2. 如何正确处理工作中的挫折；3. 勇于自我批判，做学习型的人；4. 自我批判就是自我超越。另外还附有自我批判参考学习材料。

这些培训不仅仅是对华为文化的宣传，更重要的是让新员工掌握自我批判这个工具。

在华为大学的后备干部的毕业证上，任正非写了两句话："只有有牺牲精神的人才有可能最终成长为将军；只有长期坚持自我批判的人，才会有广阔的胸怀。"

5.10 自我批判大会

华为有几次全公司范围的自我批判大会，如 1996 年的市场部集体大辞职大会，2000 年的"中研部将呆死料作为奖金、奖品发给研发骨干大会"；2007 年至 2008 年值公司创立 20 年体系举行的五次"奋斗表彰大会"，其主要内容是自我批判大会。2017 年 1 月份的市场部大会，其主基调不是煮酒论英雄，而是自我批判。

5.11 民主生活会

从公司高层到基层各部门，一年一度的"民主生活会"主题不同。由公司道德遵从委员会布置，人力资源部与道德遵从办公室组织实施与监督。民主生活会是组织、原则、主题、实施、输出、评价、验收和后续改进的闭合循环体系。

2013 年初，EMT 发出了《关于各级管理团队例行开展民主生活会的决议》。民主生活会在华为成为惯例。

民主生活会的组织责任体系为：各部门一把手是第一责任人，人力资源主管是组织责任人，道德遵从办公室主任是监督责任人。

民主生活会每年有不同的主题，例如“以客户为中心”，分为对组织的批判和个人的自我批判两部分内容。

每年度的民主生活会大致从本年度的12月份开始，到下年度的2月份完成。

任正非是如此评价民主生活会的：“自我批判从高级干部开始，高级干部每年都有民主生活会，民主生活会上提的问题是非常尖锐的。有人听了以后认为公司内部斗争真激烈。他们虽然提起问题来很尖锐，但是说完后不又握着手打仗去了吗？”

6. 华为是如何自我批判的（下）

6.1　基于制度的自我批判

在华为的人力资源管理体系中，价值评价体系是一个核心媒介体系，它联结了价值创造体系与价值分配体系，三者共同构成了华为人力资源管理的核心框架。华为的评价体系由职位评价、任职资格认证、绩效评价、劳动态度评价及干部年中述职等5个各有分工又有联系的模块构成，除职位评价外，其他4个模块都有“自评”环节。

自评，就是自我批判，是员工个人的自我评价。相对于主管或评议者的“他评”及周边的“互评”来讲，自评是依据评价标准或评价要求，对自己某一方面的系统反省和寻找差距，从而在下一个评价周期做出持续的改进。

这种基于人力资源管理制度的自评，第一，能够使员工的自我批判更具有针对性；第二，能够使员工的自我批判更具有系统性；第三，能够使员工的自我批判常态化。

6.2 基于事件的自我批判

人贵有自知之明。但是，有自知之明的人是少数，能够自知是很困难的，故才“贵”，日三省吾身的是圣人，普通人三日省一次“吾身”也不多见，日三省人身（攻击）的倒不少。在现代战争中，找到敌人比消灭敌人更困难。因此，即使具备自我批判之心，有时候也不清楚批判自己什么。个人如此，组织也如此。

所以，构建自我批判的价值观与氛围，具备自我批判的能力和能量，并不是问题的全部，接下来还需要解决如下问题：如何解决自我批判的供给侧问题呢？如何找到自我批判的坐标、靶心？如何使自我批判成为可持续的行为？

华为找到一个有效的途径，这就是把来自他人的批判，转化为个人或组织的自我批判。

自我批判基本上是由三类事件引发的：一是由外部客户投诉的；二是由内部员工提出的；三是由某种事件或观点引发的。

例如：2011 年 1 月 28 日《华为人》报发表《我们还是以客户为中心吗？》，针对马电 CEO 投诉事件，做了全面的调查。该文分 6 章，27 节，22 000 余字。从董事长、轮值 CEO、副总裁到客户经理，计 30 余位相关人实名列出。之后，在全公司层面展开了“我们还是以客户为中心吗？”的自我批判。

例如：2013 年 10 月的“炮轰华为”事件，任正非处理了客户的投诉，并作按语：“我们请了客户来公司向董事会报告，他们眼中的华为是怎么样的。他们已经十分客气，炮火已打了折扣，但仍然是炮声隆隆，火光冲天。华为不警觉，有可能在炮火中灭亡。”总裁办专门发出《关于深入开展“炮轰华为”学习与改进的通知》等13封邮件，展开了为时三个多月的自我批判活动。

例如：2016年初的运营商BG关于巴展“华为之夜”事件的集体反思。

6.3　基于文章的自我批判

华为有因内部或外部文章触动的公司内部的自我批判或反思。

2009年公司党委与人力资源部发出通知：《关于各级干部结合〈再谈“一唬二凶三骂人”现象〉文章的学习，开展例行自我批判工作的通知》，这次自我批判与反思就是基于员工的一篇文章，在公司三级部门管理者展开了为期4个月的自我批判与反思活动。

2010年3月4日公司EMT发出《关于组织学习欧洲大罢工案例的决议》，要求各级管理者反思：“作为现代管理制度和工业革命发源地的欧洲，为什么会在当今的全球化产业竞争中优势不再？资本主义为什么会在其最推崇的全球化中失败了？我们要深刻理解华为公司以奋斗者为本的文化。华为公司不能躺在高福利上过好日子，懒惰和懈怠不能在华为公司生根。”

2010年5月，人力资源部发出通知，要求各部门组织学习《樱桃好吃树难栽，大旱来了怎么办？》一文。

2016年3月22日，公司总裁办电子邮件发出《关于组织学习〈不完美的英雄也是英雄〉文件的通知》。

2016年11月中旬，一篇外部文章《OPPO和VIVO的人民战争》

引发公司消费者 BG 的自我批判，截至 11 月 7 日，已有 620 名管理者提交个人学习心得，完成率 99.2%；各二级部门及地区部共 26 个 ST[①]已全部落实集体学习。下一步计划各部门将继续整理输出学习纪要，并在心声社区进一步晾晒心得，展开讨论，开放听取意见。任正非在学习简报亲撰按语："终端太伟大了。向一切优秀的人学习，真正敢批评自己，已经是伟大的人了。不管你真谦虚假谦虚，我真心地说你们伟大，你们是我们的希望，希望寄托在你们身上。世界一定是你们的。"

面向云的未来，华为于 8 月 31 日至 9 月 2 日在上海举办 HCC 大会（HUAWEI CONNECT），阿里巴巴于 10 月 13 日至 10 月 16 日在杭州举办云栖大会，前后只差一个月。华为的蓝军的一篇《华为可以向云栖大会学什么？》，又引发了对华为的内部批判。

2017 年 1 月，任正非发出的第一份总裁办电子邮件，是转发王盛青的一篇文章《少些浮躁，深入纵深——对业务现状的思考及改进建议》。此文引发了员工对当前公司各级组织中"吹得多、干得少，不解决客户问题"和"唯上、唯 KPI 而不以客户为中心"的工作作风提出的尖锐的批评。此前，在 2016 年 11 月公司 EMT 会议上，对上述问题进行了讨论。当时会议要求各部门结合员工们反馈的问题开展自我批判，自查自纠，踏踏实实地做事，切实扭转工作作风。

6.4 员工对公司的自我批判

在公司内部网络和媒体上，员工针对实际的问题提出各种自我批

① ST，staff team，办公会议。公司实体组织进行日常业务协调与决策的平台，为保证执行的高效，采用行政主管权威管理制，同时通过集体议事，集思广益，避免或弥补主管个人管理的风险性和片面性。

判，其中包括增长与效率、诚信、绩效管理、激励分配等。华为将这些意见分类整理，编辑成册，供公司干部及相关部门自我批判。任正非亲自参与编辑审核，为《我们眼中的管理问题（二）》写了按语："曾经有领导说过，三峡大坝的成功，得益于一代又一代的反对者，他们的反对提醒了决策者，才使工程优良。我们多听听各方面的声音，是有益于工作改进的。愿大家读读。特别是高级干部不读文件、不读书的情况要改变，不然会落后的。不断地会有明白人，像雨后春笋一样冒出来。"在2013年的新年献词中他说道："今年，董事会成员都是架着大炮《炮轰华为》；中高层干部都在发表《我们眼中的管理问题》，厚厚一大摞心得，每一篇文章都是我亲自修改的；大家也可以在心声社区上发表批评，总会有部门会把存在的问题解决，公司会不断优化自己的。"

前些年有一篇文章在媒体上转发，这篇文章的题目叫《华为"反思"十大内耗，别说你公司没有》，该文原题目为《华为，你被谁抛弃？——华为十大内耗问题浅析》。这是2010年12月15日，华为基层员工"五斗米"在华为内网心声社区上发布的对公司自我批判的文章，该文同时全文登载在当年最后一期《管理优化》报上。其文对无比厚重的部门墙、膏药式管控体系、不尊重员工的以自我为中心、"视上为爹"的官僚主义、令人作呕的马屁文化、权力和责任割裂的业务设计、集权而低效的组织设计、挂在墙上的核心价值观、言必称马列的教条主义、夜郎自大的阿Q精神等十大问题进行了尖刻犀利的批判。文章引起公司内外的巨大反响：在公司内部，该文的点击量巨大，影响范围巨大，此文被《华为人》报评为2010年华为之最。外部对华为的管理问题或痛心疾首，或欢呼雀跃，但需要其他企业反思的是：这些问题，别说你的企业没有！

在华为，类似对公司自我批判的文章并不鲜见。当然，员工揭露公司或部门存在的问题，并非没有阻力，但他们没有后顾之忧，任正非亲自发话："有员工在心声社区暴露部门的问题，干部去问员工的工号。我告诉心声社区的人，再有人问，一律把我的工号告诉他。"他还讲："不要怕批评，要感谢骂我们的人，他们不拿华为的工资和奖金，还骂我们，是帮助我们进步。说你好的，只有你的爸爸妈妈，他们是爱得太深，所以一直夸你。极端地骂我们，我们都能接受，何况中间的批评。"

在华为，员工对于任正非的批判也并不鲜见，2017 年 1 月份，在公司内网上，一篇题为《任老板，您要么就别来了，要么微服私访，不然挺扰民的！》的文章成为热帖，其批判的矛头直指任正非。

在此之前，2015 年 7 月 2 日任正非签发了总裁办 048 号电子邮件：有人给公司提意见是公司的幸事。

6.5　自我批判的支撑平台

华为有三个自我批判平台：一个是《华为人》报，创刊于 1993 年；一个是《管理优化》报，创刊于 1997 年 5 月，原名为《华为大简报》。一个是心声社区网站，原名为"员工关系论坛"，2008 年 6 月 25 日正式上线。

《华为人》报是对外的，传递的是公司的价值主张、政策及经营管理的动向等。

《管理优化》报是面向全体员工的内刊，也是华为自我批判的主要平台。该报除公司领导的讲话外，约有 3/4 的篇幅用在自我批判和管理改进上。其特点是尺度大、批判深刻、绝不留情面、盯住不放。甚至竞争对手在招投标时，会拿着该报上有关自我批判的文章，打压华为竞标。

心声社区是华为的"罗马广场"。罗马广场是指"公元 1 世纪至 5

世纪是人类文明繁荣的历史时期，那时没有互联网、没有电话，但是不要认为很落后，民主制度、雅典法典、罗马法典、议会制度……都来源于那个时候，因为每个人都可以站在罗马广场上阐述自己的观点，天才成批来”。（任正非语）这里奉行的是百花齐放，百家争鸣的原则。

任正非对心声社区寄予厚望：“心声社区就是一个‘罗马广场’，STW（战略与技术大会）也要成为一个‘罗马广场’。心声社区总体是很健康的，让大家免费免责提意见，使华为文化得到普及理解。虽然大家在上面‘胡说八道’，针对我们说的，有很多人来评头论足。这些跟帖就是未来将星在闪耀。我不需要知道马甲背后是谁，但是我知道华为有人才。”

“那些敢于公开提出批评的人，是有出息的人。他们批评错误，由此而引发的辩论，会把认识推向纵深。”（任正非语）

2010 年 1 月 30 日，一篇名为《如果任正非退休了，华为的好日子还能继续下去吗》的百余字的帖子，目前的浏览量已达 44.9 万人次。

公司人力资源部的一份文件，在心声社区上曾被 70 万人次阅读和跟帖评论，其批判与自我批判力度可见一斑。在互联网时代，心声社区的影响力开始超越“两报”。

心声社区上有一个板块，叫“自我批判区”，并分为“组织自我批判”与“干部与员工自我批判”两个部分。粗略估算一下，截至 2017 年 2 月下旬，关于干部与员工自我批判的文章有 400 多篇，组织自我批判的有 140 多篇。

任正非 2006 年与“两报”座谈时指出：“公司是批评不倒的，如果它真好的话，批评反而有益于健康。”

以上三大平台，其功能在于传播自我批判的价值观，展示个人或公司的自我批判行为，共享自我批判的经验与教训，积累自我批判的成果。

6.6 员工投诉

员工利用公司网络平台、媒体或邮件对各类亲历的问题进行投诉，可以说，在华为内部有着浓重的“投诉文化”。在华为，没有几个人没被投诉过，也没几个人没投诉过别人。投诉是员工针对特定的事或人的自我批判形式。

6.7 案例库与合理化建议活动

员工将现实出现的问题，写成反思案例，存入公司案例库，成为后续自我批判的参考。庞大的案例库实际上是公司自我批判的积累，使得后人能够避免前人所犯错误。

合理化建议制度是指员工针对身边工作存在的问题或改善点提出的能提高质量、降低成本或优化管理等可操作实施、可固化的改进意见。公司有合理化建议提交、转发、评价和奖励平台。合理化建议是闭合循环的制度，与只挂几个意见箱完全不同。

合理化建议制度激发的是员工的正能量，抑制的是指手画脚的不合理牢骚。2000 年度，丰田公司的人均合理化建议达到了 11.9 条，当年收到的合理化建议达 65.9 万条之多，其中 99% 被采纳。

中国企业，在这方面任重而道远，当然也包括华为。

6.8 题外一：华为是如何看待外界批判的

华为还是一个默默无闻的小公司时，没有人关注它，媒体舆论就这么现实，只为成功者唱赞歌，不会为弱小者鼓与呼。随着华为这棵大树茁壮成长，自然引起世人的关注，树大自然招风，木秀于林，风必摧之。尤其是华为进入消费者业务后，关注华为的群体倍数增长。这其中有善意的批评，也有恶意的攻击、抹黑、诽谤及造谣。当下舆论生态如此，没有人能改变生态，这是优秀的成本和代价。

2016 年在为《以客户为中心》一书所写的导语中，任正非提出："如果一个公司真正强大，就要敢于批评自己，如果是摇摇欲坠的公司，根本不敢揭丑。……正所谓'惶恐者生存'，不断有危机感的公司才能生存下来。"

在中国公司中，华为给人留下了低调与封闭的印象，这与其内部的开放与高调形成鲜明的对比。一家公司对外部是否开放及其开放程度，取决于企业领导者的风格、决策与实力；一家公司对外部的开放程度和开放时间，要依据公司的战略来确定和调整；一家公司对外部的开放程度并不能作为道德判断的标准，不能受制于外部的压力；一家公司对外部是否开放及其开放程度并不重要，重要的在于其内部是一个开放的系统。一家公司必须对内外部的开放及开放程度保持有效的管理。

华为的低调与封闭，主要表现在对媒体方面。直到 2013 年，任正非才首次接受新西兰记者的采访，直到 2014 年 6 月，任正非才接受了国内记者的集体采访。2010 年 12 月，随着任正非关于《要改善和媒体的关系》的讲话，华为对媒体的态度发生很大的改观，任正非指出："改善和媒体的关系，要善待媒体。在与媒体关系上，也要低作堰，而不是高筑坝。""我不反对天涯网，我觉得还是好的，为什么？我认为一个公司能不能生存下来，批判和自我批判是非常重要的工作。我们开展自我批判，天涯网为我们展开批判，又不收我们费，这有什么不好。”

任正非认为：“不要总是抗拒来自对手的批评，即使说得过头了点，我们也要认真听取，他要打赢我们，总要找我们的软肋，我们自己总是有盲点的。乌鸦叫，没见把谁叫死了，猫头鹰半夜聒噪，不一定是闻到了死亡的气息。所以乌鸦和猫头鹰都是吉祥鸟。”“华为不能做鸵鸟。”乌鸦、猫头鹰，再加鸵鸟，一石三鸟，任正非的灰度可见一斑。

对待媒体的批评，任正非的态度很明确：“我希望通过你们向媒体转述我们的观点：无论媒体是否理解我们所写的文章，可以评论和批评，但别改动我们的原文。有些对我们批评很厉害的文章，我们在公司内部会转发，让大家听听正面和负面的声音。”同时也希望媒体：“我们不怕批判，不怕反对，但是不要曲解我的意思，万一改错了，责任是你的还是我的？你又不承担管理责任，怎么能改我的文章呢？所以媒体可以批判、评价，我们都可以接受。”

2007 年 7 月 3 日，任正非在与委内瑞拉员工座谈时说道：“多听听批评意见，多自我批评，你一定是进步最快的一个人。所以我认为你们要深刻理解批判与自我批判，要成为一个将军，你一定要知道你错在哪，一定要知道你这个组织错在哪。没有改进，你就不会有前进。”

对于恶意的批评，华为恪守的原则就是：不辩解，不在意，不着急，不反击，然后用事实和业绩来回应。最典型的案例是 2014 年 1 月某教授发表长文《华为身处“创新者的窘境”，而浑然不觉》（网络标题改为《华为正在走向死亡的道路上》），作者以“互联网思维”对华为进行了系统的批判，并预言：“从华为的增速、市场成熟度来看，我认为华为正在走向死亡，我甚至可以危言耸听地说：华为已死。”“前提是任正非把遮住他眼睛的树叶掀开，真正去理解颠覆性创新，真正去理解这个时代，真正去理解在面临颠覆性创新时所应遵循的那些法则。只有这样，华为才有可能渡过眼前这场危局。但可悲的是，这个可能性几乎为零。”

华为对此没做出任何回应，而是用默默地奋斗，用高速增长的业绩证明作者预言的破产。华为没死，而且活得好好的。

相比于其他中国企业来讲，华为活得皮实，活得粗糙，活得坦然，不太爱惜自身的羽毛。原因一是任正非与华为没有精力过多地关注外界的恶意批判；二是任正非与华为并没有把自己看得那么好，这会降低对外界恶意批评的敏感度；三是任正非与华为深刻了解当下媒体与公关的规律，不回应恶意的批评就是最好的回应，否则，如火上浇油；四是任正非与华为已经习惯了恶意的批评与抹黑，习惯成自然。

公司的开放，将吸纳更多来自外部的批评的声音，这些声音不管是善意的，还是恶意的，只要有宽广的胸怀，就能在批判与自我批判中改进、优化与进步。

正如 2017 年任正非所说：“高级干部内心强大的表现是经得起批评，真金不怕火炼。世界上肯定会有不同意见，我们一定要有战略自信，这个自信首先是不怕别人批评。本来这个世界上就不可能人人说你好，更何况一枝独秀呢？公司更要如此，别背上荣誉的包袱。多听听别人的批评比打表扬的麻药好。高级干部要有强大的心理、开放的胸怀，才能迎接做世界领袖的准备。我们接纳所有意见，吸取有益的部分。能量不一定都是好的，要去粗取精，去伪存真，由此及彼，由表及里。”

6.9　题外二：华为是如何看待外界的赞美的

华为不仅能够做到平静理性地看待外界的批判、指责和打压，而且能够平静理性地对待外界的表扬、赞美和吹捧。

在过去十余年里，华为一直被贬、被黑、被批、被骂、被揭秘，甚至被诅咒。要在江湖混，哪个不被黑？对此华为一直默默承受，用自己的业绩来证明自己。最近几年，华为总算熬出了头，不知什么原因，风向突变，赞美与吹捧又成为主旋律——华为不问江湖事，但江湖上到处都是关于华为的传说。

2016 年初，任正非一篇讲话中关于深圳房价升高不利于科技创新的观点，被媒体解读为华为要逃离深圳，搬迁到东莞，从而引发了一场很大的风波。华为不辟谣，不解释，还是在一心一意地奋斗，媒体炒作累了，自然转换新的话题。直到 2017 年 5 月 1 日，任正非才发话：华为的总部永远不会离开深圳。

尤其是进入 2016 年，网络上对华为的吹捧已经泛滥，甚至达到登峰造极的地步。华为的手机、锂电池、5G 标准、销售收入、奖金包及各种网红，无所不吹。

2016 年 12 月 8 日，任正非为蓝军参谋部的《华为，可以炮轰，但勿捧杀》文章写了按语：“要相信真实的自己，别老听社会评价找心灵安慰。想听好话的干部，迟早会听到华为的丧钟的。”

2015 年任正非看到美国著名摄影师亨利·路特威勒的获奖照片《芭蕾舞》时，脱口而出的是：华为就是只大臭脚！

外界看到更多的是华为的华丽与辉煌，其实与之相伴的永远是丑陋的、血淋淋的付出，所谓的成功，如绚丽的烟花瞬间的绽放，奋斗则是持续的能量，可谓“苦难辉煌”。

任正非坚守的是灰度的经营管理哲学，华为不是白天鹅，也不是黑天鹅，是只灰天鹅。对于一个灰度的公司，不管是泼墨、漂白，还是喷红，都不改变其本质，改变的仅仅是其灰度的色度。华为一直在做真实的自己，外界的赞美与吹捧，改变不了华为。

这是一家沉静如水，静水流深的公司。

6.10　题外三：华为很少批判别人

华为很少批判指责别人，包括这个世界、社会、产业与竞争对手。原因很简单，一个聚焦于自我批判的公司，没有时间也没有精力批判别人。它对外输出的更多的是正能量。

任正非告诫新员工："不要下车伊始，动不动就哇啦哇啦。""我们不赞成您去指点江山，激扬文字。""自我批判、脱胎换骨、重新做人，做个踏踏实实的人。"（任正非《致新员工书》）

任正非所希望的华为是一支充满理性的、沉静如水的、坚守自我批判的虎狼之师，而不是一群感性的、张牙舞爪的野狼。

华为人包括任正非都很宅，他们只是想做安安静静地居家过好日子的自我批判的宅男宅女！

批判他人，很容易，也符合人性；自我批判，很难，也不符合人性；长期坚持自我批判，更难。

一个人长期坚持自我批判，都很难；让一群人长期坚持自我批判，真的很难很难。

多少年来，企业与组织都在致力于建立"学习型组织"，似乎成效不大。既然如此，可否就此打住，从现在起，致力于构建"自我批判型组织"？

6.11 华为自我批判的启示

其一，自我批判是个人和组织进步的驱动力；其二，自我批判应成为公司的核心价值观；其三，自我批判是一个系统工程，应该闭合循环；其四，自我批判贵在高层领导率先垂范，身先士卒；其五，自我批判难在认真、较真和坚持；其六，自我批判的核心是制度建设，即形成“自我批判管理体系”；其七，自我批判的目的是促进个人的持续成长和组织的持续进步；其八，自我批判，不是自卑，而是自信与自省，只有强者才会自我批判，也只有自我批判才会成为强者，唯有长期坚持自我批判，才能立于不败之地。

用任正非的一段话，作为总结：“只有长期坚持自我批判的人，才有广阔的胸怀；只有长期坚持自我批判的公司，才有光明的未来。自我批判让我们走到了今天；我们还能向前走多远，取决于我们还能继续坚持自我批判多久。”

6.12 罚了任正非 100 万

2018 年华为年度工作会议于 1 月 19 日召开，会议之前，公司于 1 月 7 日召开了题为“烧不死的鸟是凤凰，在自我批判中成长”的专题仪式。

任正非做了专题发言，发言的题目依然使用了 2000 年“中研部将呆死料作为奖金、奖品发给研发骨干大会”的讲话题目：《从泥坑里爬起来的人就是圣人》。

在讲话中，任正非指出：

“跌倒算什么，爬起来再战斗，我们的青春热血，万丈豪情，谱就着英雄万古流。伟大的时代是我们创造，伟大的事业是我们建立，伟大的错误是我们所犯，渺小的缺点人人都有……改正它，丢掉它，朝着大致正确的方向，英勇前进，我们一定能到达珠穆朗玛峰。

“永远不要忘记自我批判，摩尔定律的核心就是自我批判，我们就是要通过自我批判、自我迭代，在思想文化上升华，步步走高，去践行人生的摩尔定律。

“英雄万岁，青春万岁，敢于改正错误缺点的人，青春永存。”

在讲话中，任正非也进行了自我批判，承担了公司在经营管理上的责任。

1月15日，任正非还签发了“对经营管理不善领导责任人的问责通报”，对任正非罚款100万人民币，三位轮值CEO及人力资源委员会负责人各罚50万人民币。

某媒体报道此事所用标题是《华为罚了任正非100万》，窃认为将其改为《任正非罚了任正非100万》，更合适。

7. 华为是如何开大会的

2016年10月28日晚，华为在深圳总部举办了研发将士出征大会，2 000名华为高级研发人员和专家将奔赴欧洲、东南亚、中东、美洲、非洲等全球角落，配合市场团队寻找更多的“粮食”。

会议的主题是“出征，磨砺，赢未来”。

三位轮值CEO与CFO（首席财务官）发了言。

任正非做了《春江水暖鸭先知，不破楼兰誓不还》的报告。

这次会议是欢送高级研发人员出征的誓师大会，如任正非所说，“我们错过了语音时代、数据时代，世界的战略高地我们没有占据，我们再不能错过图像时代。我们不能像过去一样，招聘新员工培训后扑入战场，等 3~5 年他们成熟的时候，这个机会窗已经半开半掩了，我们又失去了一次占领图像高地、云化时代的机会。因此，我们短时间直接选拔了有 15~20 年研发经验的高级专家及高级干部投入战场，他们对技术深刻的理解能力，与前线将士的战场掌控能力结合在一起”，在机会窗开启的时间，扑上去，撕开它，纵向发展，横向扩张去抢夺图像时代的高地。

这次任正非的讲话以两句诗为题，前半句出自苏轼的《惠崇春江晚景》，后半句王昌龄的《从军行七首（其四）》，乍看起来，很不协调，有点不伦不类，一句是描写春景，一句则是军旅咏志。但联系任正非讲话的内容，又十分贴切，他的文章总能给人以化腐朽为神奇的感觉。

“春江水暖鸭先知”，是导向，是目标，是牵引，让出征将士们去感知客户的需求，去为公司、产业乃人类做出“天气预报”。

“不破楼兰誓不还”，是结果，是期望，是誓言，予出征将士以压力，以任务，必须拿下高地，打下粮食。

有一段话让人记忆深刻，是 2013 年任正非入选首届“中国梦想人物榜 · 风云榜”时，主办方给予任正非的上榜词：“他用军人的铁血精神，引领着华为攻城略地；他用商业的理想主义，修改着国际巨头们的游戏规则。中国的华为，世界的梦想。他为沉闷的商场，注入了狼性的光芒，思想的体温，堂吉诃德式的激情。他为中国的企业界，塑就了‘战神’的形象——梦想不灭，英雄不老。”

会议上，出征将士宣誓：我们向公司申请上前线，建功立业，争做将军，并郑重承诺，参加训战，从零开始！接受洗礼，投身项目！赢得客户，多打粮食！从胜利走向胜利！

我因为冗事缠身，没有亲临会场感受盛况，深为遗憾，但通过公司的图文报道，可以感受到现场的气氛。

华为这次还邀请了国内媒体参加，从发出的报道来看，他们也被感染，文章也是激情澎湃，热情洋溢，某记者报道的导语是："好久没有热血沸腾了，最近又沸腾了一次！"在那么巨大的能量场里，不会有人不激动。

任正非在讲话中提到了16年前的那次出征将士的送行大会。

2000年12月27日下午，五洲宾馆，公司高管及出征海外的400余人参加了出征大会，会议主题是"雄赳赳，气昂昂，跨过太平洋——欢送海外将士出征大会"。

与2016年送的是研发人员不同，那次送的是奔赴海外的营销将士。

会议结束时，全体出征战士同唱华为《海外进行曲》：

"雄赳赳，气昂昂，跨过太平洋，去欧洲，进美洲，奋战在非洲，华为好儿女，艰苦勤奋斗，平等真诚，华为精神震全球。"

公司党委书记陈珠芳做了动员发言，接着孙亚芳董事长及出征员工发言，任正非做了《雄赳赳，气昂昂，跨过太平洋》的报告。

任正非的讲话充满了悲壮与豪迈："没有我们先辈的这种牺牲，就没有中华民族的今天。为了祖国的明天，为了摆脱一百多年来鸦片战争、八国联军入侵的屈辱，以及长期压在我们心里的阴云，我们要泪洒五洲，汗流欧美亚非拉。你们这一去，也许就是千万里，也许十年八年，也许你们胸戴红花回家转。但我们不管你是否胸戴红花，我们会永远地想念你们，关心你们，信任你们，即使你们战败归来，我们仍美酒相迎，为你们梳理羽毛，为你们擦干汗和泪……你们为挽救公司，已付出了无悔的青春年华……"

这次会议其实充满了悲壮，让人感受到的是"风萧萧兮易水寒，壮士一去兮不复还"，是"青山处处埋忠骨，何须马革裹尸还"，是"二战”中苏联红军的“俄罗斯幅员辽阔，但我们没有退路，后面就是莫斯科”的壮怀激烈。

至今还记得，与会者纷纷上台抢麦克风，报名去海外，表决心，以至等待发言的人排起很长很长的队。

在华为如此的大会还有很多，如战略预备队誓师大会、从泥坑里爬起来的人就是圣人大会、集体大辞职纪念大会等等。

旌旗猎猎，号角铮铮，群情澎湃，震撼人心，这哪是和平时期的公司会议，分明是古代将士出征的誓师大会。

如果能够参加华为这样的大会，你就会真正地了解华为，了解华为人，了解华为的文化与氛围，了解华为及华为人的特质与个性，了解华为人的“狼性”，了解任正非，也就了解华为为什么是华为了。这比读几本关于华为的书籍或几篇文章，会更深刻，会更全面，更刻骨铭心。金一南将军参加完华为 2015 年的市场部大会后，向华为要视频，连声说“太震撼了”。

为什么任正非有这么大的能量？指点江山，挥洒自如，沙场点兵，张弛有道，真应了那句话“任正非用兵真如神”。

为什么华为的员工们能有如此高的执行力？群情激昂，令行禁止，争先恐后，力出一孔，如骁勇善战的铁军，如李云龙的野狼团，如成吉思汗的虎狼之师，如斯巴达方阵。

这种能量场是如何打造的？

这种状态氛围是如何形成的？

为什么我们众多企业面对华为，总是“心向往之，而不能为之”？

为什么我们众多企业立志学华为，但学得很痛苦，很伤心，也很无奈？

原因何在？问题何在？关键何在？方向何在？路径何在？出路

何在？

抱歉！真的没有答案！

华为经常开大会。有一年一度的市场部大会，有市场部集体大辞职以及10年纪念大会，有“从泥坑里爬起来的人就是圣人”的自我批判大会，有“零起飞”奖金发放大会，有变革开工大会，有“蓝血十杰”表彰大会，还有将士的出征誓师大会……这些会不管是开在公司食堂、培训中心，还是开在风华剧院、宝安体育场、深大体育馆、深圳体育馆、五洲宾馆、香格里拉大酒店，不论地点怎么变化，格调都不变，气势益增。

华为开大会的会场一般情况下，有几样必备要素：

（1）凝练庄严贴切的会议主题。

以每年的市场部大会为例：

2007年“璀璨华彩，步步为赢”；2008年“光荣·奋斗·超越”；2009年“激流·勇者进”；2010年“赢在超越，再创辉煌”；2011年“聚势·汇争流”；2012年“责任·贡献·荣誉”；2013年“Be Young BEYOND”（趁年轻，去超越）；2014年“共征程，创新高”；2015年“铁血荣光，决胜疆场”；2016年市场大会的主题提前一个月在公司内网征集，最后确认的是“铁胆雄狮，砥砺前行”。

（2）慷慨激昂的大合唱。

华为没有司歌（曾经委托过著名词曲作者写过，第一句为“高高的山上”，任正非追问：华为哪有山？被否，后任正非亲自动笔写过歌词，弃用），但每次大会总有大合唱，大多是拿来主义，唱别人的歌，或者改一下歌词，如《志愿军进行曲》，如《团结就是力量》，如《真心英雄》，再如《当兵的人》。

“咱华为的人，有啥不一样，只因为我们肩负着民族工业的希望。

咱华为的人，有啥不一样，自从进了华为，就进了更大的学堂。说不一样，其实也一样，都是青春年华，都是热血儿郎。说不一样，其实也一样，智慧和知识放射生命的光芒。咱华为的人，就是不一样，全都是优秀的儿女，才情放在事业上。咱华为的人，就是不一样，为了国家兴旺，贡献青春和力量。说不一样，其实也一样，都在渴望辉煌，都在赢得荣光。说不一样，其实也一样，不同的岗位构建共同的辉煌。”

近些年，华为唱得最多的是《中国男儿》，这是任正非在电视连续剧《五星红旗迎风飘扬》中发现的，原为 1895 年昆明陆军讲武堂军歌。本次大会邀请著名男高音歌唱家戴玉强现场指挥演唱了抗日军政大学校歌《黄河之滨》和《中国男儿》。

“中国男儿，中国男儿，要将只手撑天空。

睡狮千年，睡狮千年，一夫振臂万夫雄。

长江大河，亚洲之东，

巍峨昆仑，翼翼长城，

天府之国，取多用宏，

黄帝之胄神明种。

……”

唱起此歌，定会热血澎湃；当上千人共唱此歌，身在其中，你会坐不住的，你若真能坐得住，肯定是冷血动物。

有人会把大合唱与“红歌”或军队联系起来。“红歌”和军歌能够激发斗志、张扬血性，唱唱又如何？企业文化建设本来就与仪式惯行相关。在这种场合，唱《小苹果》《最炫民族风》则不合时宜。

（3）横幅标语口号。

华为开大会，必有对联横幅标语口号，这是惯例。其特点是紧扣主题，朗朗上口，不论平仄，不管对仗。

如2016年的出征誓师大会会场悬挂的是：

遍地英雄下夕烟，舍我其谁；千军万马上战场，说走就走。

研发好儿女，驰骋闯天下；世界这么大，我想去看看。

黄沙百战穿金甲，不破楼兰誓不还。

我们的未来是星辰大海，与世界握手，世界就在你手中。

激活组织，促进血液循环；奔赴前线，人人争当将军。

16年前的出征誓师大会悬挂的是：

为公司生死存亡；好儿女志在四方。

是英雄儿女，哪儿艰苦哪安家；担民族希望，汗洒欧美亚非拉。

又如：

从有线到无“限”，继承发展，坚持反对幼稚倡拿来主义。

甘平凡尽本职，点滴创新，勇于自我批判做工程商人。

融小我于大我，均衡建设，放眼全局增质增效求改进。

铸生命于产品，团结创业，组织优化提高核心竞争力。

市场将士，高瞻远瞩扭转乾坤；技术专家，运筹帷幄决胜千里。

五湖四海，遍地英雄下夕烟；亚美欧非，壮志未酬誓不休。

每年的市场部大会还有一项特殊的日程，就是董事会与监事会集体宣誓，2016年宣誓的内容是“干部八条”。集体宣誓在华为已经坚持了十余年。

需要强调一下，以上讲的是华为公司性的大会，一般的会议除外。其实，在华为有些会议开得也很浪漫和小资。记得某年以“把酒话桑麻”为主题的市场部酒会，在华为大学漂亮的草坪上，轻歌曼舞，灯火辉煌，海外将士一身正装，手端美酒，宛若上流社会的社交圈。看后给人以恍如仙境的感觉，当年灰头土脸的土八路，华丽转身成了贵族般的谦谦君子。

我也经常参加其他企业的大会，总的印象没什么大的差别，台上正襟危坐，照本宣科，台下万马齐喑，暮气沉沉，充满了僵化的程序感和仪式感，会后企业一切如旧。

学华为，先从学学如何开大会如何？

8. 华为是如何发奖的

据说，任正非不懂技术，不懂财务，不懂营销，也几乎不懂管理。那他懂什么？他之于华为的价值何在？

任正非懂人性，有人称其为“人性大师”，窃认为并不过誉。

人性最难把握，不管是 X 理论、Y 理论，还是 Z 理论；不管是人本善、人本恶，还是无善恶；无论是新教伦理，还是理性感性，大多只是一种假设。古今中外，人类穷尽智慧，上下求索，研究人性，找不到确切的答案。

但有一点，几乎是共识：人性一半是天使，一半是魔鬼，这一切皆归因于人的欲望。管理组织中的人，就是管理人性，也就是管理欲望。组织管理的机理在于：基于人性，基于人的动机，基于人的欲望，通过管理行为，激发人天使的一面，抑制人魔鬼的一面，以实现组织的目标。

用专业术语讲，其实质就是激励与约束的问题。任正非曾与我聊天，希望我离开华为后，用 3~5 年的时间，写一本“长销书”，书名就叫《激励与约束》。

任正非军人出身，深谙激励与约束之道。在非功利的军队中，可用于激励的资源是极其匮乏的，但军队的激励与约束又是有效的，为其他组织的激励与约束提供了值得学习的样板。

激励必须多元化，也必须及时化。

奖励是激励的手段之一。

下面从奖励的角度，看看任正非治下的华为是如何发奖的。

8.1 “小改进，大奖励，大建议，只鼓励”

“小改进，大奖励，大建议，只鼓励”是华为的奖励基本原则。这个原则确定的是奖励的基本对象，实际上也就是奖励的价值导向。

奖励的对象其实很重要，在政策层面激励什么样的行为，在现实中就会产生相对应的行为。奖励的对象如果是孤胆英雄、见义勇为、身残志坚，实际上政策背后的假设是这类行为有利于组织目标的实现，因而希望类似的行为不断涌现。但在现实中，这样的行为往往不能以个人的意愿为转移，也不是人人可为之。我们激励的行为，一定是被激励对象依靠自身努力可以实现的，但遇上碉堡、遇上坏人、遇上病患不仅是小概率事件，而且往往不取决于员工的努力。如果予以奖励，员工只能祈求自己命好，也能遇上碉堡、小偷、火灾之类的，此其一。其二，企业的奖励应回归到企业的功利性质，奖励也应该是功利性的，不能等同于社会中的基于道德的奖励，而改进则是人人可为、时时可为、地地可为。

把改进作为奖励对象，就是希望员工淡定下来，聚焦起来，坚持下来，以匠人匠心的心态，持续地改进、改良和改善。伟大当然是“熬”出来的，伟大也都是“改”出来的。

任正非在 2014 年 8 月的一次讲话中指出：“所有细胞都被激活，这个人就不会衰落。”而激活细胞的办法很简单，“跑到最前面的人，就要给他奖励”。

8.2 华为有个荣誉部

华为人力资源部之下有个荣誉部，设立于 1997 年。其职责之一是贯彻公司“小改进，大奖励”的精神，建立和不断完善荣誉奖管理制度。遵照“在合适的时间，利用合适的方式，奖励该奖励的事，奖励该奖励的人”的原则，组织推动各部门荣誉奖工作的开展，鼓舞员工的工作热情和创新精神，提高工作效率。除此之外，还包含荣誉体系队伍建设及人员培养、员工关系与员工沟通、组织氛围管理、干部监察、员工个人诚信档案管理等职能。

奖励是一种重要的日常管理行为，因此需要设立专职的奖励管理部门。

华为首任荣誉部部长由公司党委书记兼任，由此可以了解华为对奖励的重视程度。

在心声社区有“荣誉殿堂”板块，分别展示蓝血十杰、金牌团队、金牌个人和明日之星获奖者的风采。

8.3 华为的“明日之星”奖

获奖历来是件不易的事，就像当英雄一样，没有点特殊的事迹，没有点过人的本事，不在特殊的时点，不在特定的组织中，获奖均是小概率事件。

我们在发奖中也有个思维定式，即奖励只是对少数人的激励，奖励面不能太大，否则，就会失去奖励的意义。所以，在奖励时，我们一直高度苛刻和吝啬。

为什么不能给平凡的人以感动？

为什么要让获奖者孤独和孤立？

任正非一直呼吁：华为要“遍地英雄下夕烟，六亿神州尽舜尧”，而不是“几个英雄下夕烟，十三亿神州几舜尧”；华为要“英雄倍出”，而不是“辈出”。

2015年10月23日的一次讲话中，任正非讲道：“同时我们不要过分讲资历，优秀员工干得好，为什么不能提拔快些？华为正处在大浪淘沙、英雄倍出的时代，‘六亿神州尽尧舜’，毛泽东说六亿人都能当圣贤，咱们十几万人怎么都不能当英雄呢？当然我们没有毛泽东那种气概，那么打个折，让25%的人当英雄难道不行吗？所以，公司每年有25%以上的人员能获得明日之星、金牌奖。”

华为2015年3月25日正式发布了《明日之星评选管理规定（暂行）》，这一规定的理论依据就来自任正非的上述思想。

明日之星奖的目的：公司要鼓舞正气上升，让英雄倍出，让大家看到前方的星照耀着我们前进的道路，千军万马就跟着上战场。通过组织各部门民主评选“明日之星”并予以表彰，以鼓舞士气，激励员工践行公司核心价值观，持续艰苦奋斗。有人的地方就有模范，有人的地方就有英雄。人人均有机会获得“明日之星”的荣誉称号。

明日之星奖的人数：按照部门总人数50%的比例进行评选，各个区域的评选比例可以有差别。

明日之星奖的评选方式：民主投票，各道德遵从办公室组织选区全员进行民主投票，一人一票，当场计票，当场公布结果，选票当场销毁。

明日之星奖品：发“明日之星”奖牌一枚，获奖信息记入员工荣誉档案。据说，明白之星的奖章委托巴黎造币厂制造。巴黎造币厂诞生于864年6月24日，是欧元的唯一指定制造商。

截至 2015 年 7 月底，华为在全球 7 639 个选区，已评选出第一届 36 058 位明日之星，其中，中方员工 29 257 人，本地员工 6 801 人。

华为的明日之星奖是评奖领域一大创新。世人近来都喜欢讲“颠覆”，窃以为，华为的明日之星奖“颠覆”了传统的评奖和发奖模式。

其实，华为的明日之星奖也并非创新，已有先例。早在 1955 年，我国正式施行军衔制时，就向革命战争时代的有功人员颁发勋章和奖章，这次授勋带有普惠制的特点，计授予有功人员十多万枚勋章，52 万余枚奖章，由于被授予的人数众多，授勋工作持续了两年左右。1988 年恢复军衔制时，政府又一次大规模授勋，有十万多人被授予功勋荣誉章。

有人讲，华为学不会，学得会与学不会不是华为的问题，是自己的问题。

华为的明日之星奖总学得会吧？

8.4 华为的“大锅饭”奖

大锅饭奖，又称“火锅奖”，顾名思义，就是排排坐，吃果果。理论表述如下：就是无差异、普惠式、利益均沾、人人有份、平均主义、共享经济的奖励，是华为基于社会主义共同富裕理念的不定期的奖励方式。

2014 年 10 月，公司董事会做出决定：将反腐败所得的 3.74 亿人民币平均发放给在职员工，以奖励那些遵纪守法的员工。这笔追缴资金以奖金形式随 11 月份工资一起发放。每位员工的工资账户多了 2 500 元。

2015 年 10 月，公司通过各项管理改进活动共节约了管理成本 3.28

亿美元；风险应收回款避免了约 3 亿美元的损失；服务成本降低 1.95 亿美元；公司车辆、场地、物业和后勤支持等行政费用优化节约 5 300 万美元；存货优化管理节约 4 970 万美元；物流成本节约 2 980 万美元；资产盘活节约成本 1 986 万美元……为使持续管理改进成为全体员工共同关心的工作并使员工从中受益，以促使持续管理改善从我做起、从点滴做起的氛围形成，EMT 于 2015 年 9 月 24 日做出决议：拿出 1.77 亿美元奖励员工，华为员工的银行账户上这次多了 1 000 美元。

让廉洁的员工分享反腐败的成果，才能构筑强大的反腐倡廉的坚实基础；让改进的员工分享持续改进的成果，才能激发员工持续改进管理的动力。

华为不是上市公司，如果在上市公司如此做，恐怕董事会或股东大会早已行使高管任免权了。

由于华为长期坚持福利货币化和社会化的政策，每年都不会发月饼之类的福利，但这次由于发放时间正值中秋节，发的又是美元，所以，被网友戏称为“隔壁老王家的月饼”，而且是美国馅的。

8.5 华为还有各种各样的奖

华为到底有多少奖，或许没有人能给出具体的数字。华为一年一度的市场部晚会，历时四五个小时，一多半的时间是用来发奖的。战略项目奖、最佳销售项目奖、竞争优胜奖、战略竞争奖、区域能力提升奖、最佳专业职称奖、优秀行政服务奖、最佳机关支撑奖、区域优秀 BG 奖、优秀大 T[①] 子网系统部奖、优秀大 T 系统部奖、优秀效果经营

① 大 T，大型运营商，它一般在多个国家运营电信网络。

奖、优秀代表处奖等。粗略统计，在这次大会上发出的各种奖项有 360 多个，获奖的部门及个人达到 887 个。

简直是发奖发到头晕，拿奖拿到手酸，鼓掌鼓到手痛。晚会结束，经常看到手抱奖杯奖牌步态不稳处于亢奋状态的喝高的人在找什么——在找北。

发奖成为华为管理的重要手段，评奖获奖成为华为人工作的一部分。

除上下文所列举的奖项外，华为还有有特色的公司级大奖。

“市场部集体大辞职”奖：2000 年 12 月 8 日，市场部集体大辞职 4 周年之际，华为召开纪念大会，向当年参与集体大辞职的所有人员，颁发了金质纪念牌。任正非在讲话中提出：“我首先认为不应该是发奖章，而是发纪念章，因为发奖章就一定得有评委，而评委的水平至少要比获奖人高。我认为你们的精神是至高无上的，没有人可以来评论你们，你们过去行为的检验是不需要任何人来评价的，你们的精神是永存的。”

“金牌个人（金牌团队）”奖：此奖旨在奖励为公司持续获得商业成功做出重大和突出贡献的个人和团队，是公司授予员工的最高荣誉奖励。金牌个人获奖比例是 100 ∶ 1；金牌团队获奖比例按照 400 个人 ∶ 1 个团队。2016 年公司共评选出 1 777 名金牌个人，505 个金牌团队。获得金牌个人的员工有资格在天鹅湖畔与任正非单独合影的集体合影。

“蓝血十杰”奖：这是华为管理体系建设的最高荣誉奖。2013 年 11 月 29 日董事会常务委员会做出就评选管理体系中“蓝血十杰”的事宜决议，以表彰“对管理体系建设和完善做出突出贡献的、创造出重大价值的优秀管理人才”。2014 年 6 月 18 日公司召开了首届“蓝血十杰”表彰大会，获奖者有在职员工，也有离职员工，还有咨询公司的顾问。这次颁奖典礼还邀请国内媒体观摩，会后任正非首次接受了国内媒体的集体采访。很多记者接到邀请通知时，问的第一句话是："'蓝血十杰'是干什么的？"——科学管理真是任重道远！

"天道酬勤"奖：2008 年推出了"天道酬勤"奖。奖励的对象是：在海外累计工作 10 年以上或在艰苦地区连续工作 6 年以上的国际长期派遣人员，承担全球岗位的外籍员工全球流动累计 10 年或艰苦地区连续工作 6 年。奖牌为水晶材质，印有那双著名的芭蕾脚，上书罗曼·罗兰的名言：伟大的背后是苦难。当年获奖人数仅有 17 人，次年有 15 人获奖，2017 年共有 656 人获得该奖项，截至 2018 年初，公司共有 2 847 人获得"天道酬勤"奖。

"2008 汶川地震救灾抢通英雄纪念章"：2008 年，汶川大地震。华为第一时间组织人员赶赴灾区，抢修通信。救灾抢通之后，127 位在灾区最前线奋战的员工获得刻有任正非寄语的"让青春的生命放射光芒"和他签名的水晶砖作为永远的纪念。受当时条件限制，部分员工收到的是一块木质的荣誉证书。2015 年，任正非兑现诺言，用奖章换回木牌，让大家看到前方的星，鼓励千军万马上战场。2015 年，公司重铸"2008 汶川地震救灾抢通英雄纪念章"。

家属奖：2009 年华为市场部大会，特意为华为人的家属发奖，任正非亲自颁奖，他指出："我们奋斗的目的，主观上是为了自己和家人幸福，客观上是为了国家和社会。最应该获奖的，应该是我们员工背后几十万的家人。其实他们才真正非常伟大。他们忍受了多少痛苦，才成就了华为，没有他们就不可能有华为的今天。"

8.6　华为的奖品很"奇葩"

发奖总离不开奖金、奖牌、奖杯、奖状。这些年来，不论是政府组织，还是企业，其奖品的模样几乎不变，一直保持高冷、严肃和简朴，尤其是奖杯，犹如旅游胜地的工艺品，千城一面。我曾获一小奖，获奖证书与 30 年前的几乎没有任何差别，奖品也很“奇葩”——一条毛巾，奖励从教 30 年！

华为的奖品亦很“奇葩”。

金牌：华为有很多奖品含金量很高，发的就是金牌：纯金的，含金量数值中几个九的。如“市场部集体大辞职”纪念金牌，公司级“金牌个人”奖的奖牌（获奖概率 1%），公司级“金牌团队”奖的奖牌（获奖概率 0.025%）。奖牌上是中英文的任正非名言：“让青春的火花，点燃无愧无悔的人生。”下面是任正非的签名，再下面是黄澄澄金灿灿的纯金。

获奖者还会获得一项殊荣，与任正非在总部天鹅湖边合影，可以带家属。

有些奖牌是由法国造币公司设计制作的。

不要由此得出结论：华为有钱，太土豪。

华为也有些奖品没那么奢华，甚至上不了台面。余承东先生在其微博曾爆料，2015 年无线系统 20 周年发的奖品是 20 年前退网的基站铸造的戒指，且有图有真相。网上有人发帖：“不惜代价，求购。”

马掌铁：2015 年 10 月 30 日任正非在听取消费者 BG 服务策略汇报会上发表题为《CBG[①] 服务体系要做“成吉思汗的马掌”，支撑我们服务世界的雄心》的讲话，他指出：“要称霸世界就要钉马掌，没有钉马掌，马蹄是软的，很快就磨损了，成吉思汗就无法称霸世界。所以服务就要做‘成吉思汗的马掌’，支撑我们称霸世界的雄心。”会上给与会

① CBG，consumer business group，消费者业务集团。

者颁发的就是马掌铁。

至于“成吉思汗的马掌”的材质，经多方打听，不得而知，估计就是铁，或者是钢吧。

呆死料：2000 年 9 月，公司在深圳体育馆召开 6 000 人的“研发体系发放呆死料、机票活动暨反思交流大会”，会议的主题是“从泥坑里爬起来的人就是圣人”，任正非做了《为什么要自我批判？》的讲话：“今天研发系统召开几千人大会，将这些年由于工作不认真、BOM[①] 填写不清、测试不严格、盲目创新造成的大量废料作为奖品发给研发系统的几百名骨干，让他们牢记教训。之所以搞得这么隆重，是为了使大家刻骨铭记，一代一代传下去。为造就下一代的领导人，进行一次很好的洗礼。我今天心里很高兴，对未来的交接班充满了信心。”

这次发的奖品是呆死料，没错，就是呆死料。具体讲，研发人员的奖品：用镜框装裱的报废的板子；用服人员的奖品：用镜框装裱的使用过的机票（当年还是纸质机票）；生产制造人员的奖品：满满一竹筐的废铜烂铁边角余料。

物美价廉，变废为宝，绿色经济，高度环保的奖品。

够“奇葩”吧？够独一无二吧？如此发奖，发如此的奖，不敢说前无古人，后无来者，起码是惊世骇俗。

千万不要小视这次发奖品会议，它在华为发展历史过程中具有里程碑的意义，即通过有组织的自我批判，消灭“工程师文化”，把工程师变成“工程商人”，重新回归以客户为中心的正确轨道。事后看，这次大会是公司研发体系的“遵义会议”。

皮鞋：此奖设立于 1996 年，任正非创立，奖品为皮鞋。在华为只

---

① BOM，bill of material，物料清单。

发过一次，只有两人获此殊荣。12 月 9 日，任正非在听取了生产总部主管葛才丰的生产计划和销售计划部王智滨的计划、库存工作汇报后，认为我们的知识分子有闭门造车之嫌，鼓励员工继续走与工农相结合的道路。于是，发给两位各一双皮鞋，希望他们继续深入实际，仔细调查，到基层中去，到群众中去，到生产第一线，努力做实，摸清基层实际，尽心尽力做好自己的本职工作。

任正非总有一种化腐朽为神奇的能力，这就是领袖的重要特质；华为总能够把领导的意图极致地贯彻落实，这就是华为可怕的执行力。

明茨伯格将管理分为三个层次：手艺、科学、艺术。作为管理手段的发奖也应该有手艺、科学和艺术层次之分。

华为的发奖是否已经达到艺术的层次？

8.7 华为也发过零奖金

不要认为华为发的钱多，华为也有不发钱的时候。

2013 年 1 月 14 日，公司召开 2013 年度市场大会，公司对取得优秀经营成果的小国办事处进行了隆重表彰。共有 11 个小国办事处获得二等奖，9 个小国办事处获得一等奖，2 个小国办事处获得特等奖。大会分别向他们颁发了奖盘、奖牌和高额奖金。

大会给这几个办事处发了不少的钱，接下来，就不发钱了。

此次表彰会上，还有一项特殊的表彰——“从零起飞奖”。在过去的一年里，有一些团队奋勇拼搏，虽然取得重大突破，但结果并不尽如人意。这些团队的负责人在这里践行当初“不达底线目标，团队负责人零奖金”的承诺。他们拿到的是“零奖金”。 获奖人员是徐文伟、张平安、陈军、余承东、万飙五位高管。不过，他们也未空手而归，公司也给了他们伴手礼——每人一架飞机模型。

任正非在为他们颁发“从零起飞奖”后发表讲话：“我很兴奋给他们颁发了‘从零起飞奖’，因为他们5个人都是在做出重大贡献后自愿放弃年终奖的，他们的这种行为就是英雄行为。他们的英雄行为和我们刚才获奖的那些人再加上公司全体员工的努力，我们除了胜利还有什么路可走？未来人力资源政策的改进还会更加激励我们。我们在讲热力学第二定律的时候，就反复说要拉开差距，现在人力资源政策刚刚开始拉开差距，以后人力资源政策还会有进一步的改进，会让优秀员工得到更多的鼓励。”

不要小看这几架飞机模型，它们是任正非亲自参与设计，选定“航母起航”造型图案，并命名奖牌为“英雄万岁”，指定由巴黎造币厂设计制作的。

作为获奖者之一，余承东先生在1月13日的微博中写道：“从零起飞，新的征程。我所获得的年度零奖金——从零起飞奖的奖品，中国第一代舰载机歼–15战斗机正从我国第一艘航母辽宁号甲板上起飞的模型，意义深远，值得珍藏！”

这五位已经很幸运了，没拿到奖金，起码还带回家一架珍贵的飞机模型，有几位比他们还惨，不仅没有奖金，连飞机模型也没带回家，可谓空手而归。

由于上面五位同事没有达到底线目标，导致公司2012年销售收入差2亿多没有完成任务，按制度规定，轮值CEO郭平、胡厚崑、徐直军，CFO孟晚舟，还有片联总裁李杰，包括任正非和孙亚芳，七位拿到的奖金是名副其实的“零奖金”。

提示一下：华为2012年年终奖125.3亿元！如果除以当年员工的人数，人均应该在8万。

8.8 任正非获过哪些奖？

伟大的领导者都是激励大师，任正非也不例外。

在这里有个问题，任正非一直在激励他的干部与员工，他是位“施能者”或谓“赋能者”。那谁在激励任正非？谁为他赋能？

上面的话只说了一半，伟大的领导者都是激励大师——他首先是自我激励大师，其激励来自内心的使命感、危机感、成就感、动机及欲望。任正非曾讲：“世界上最伟大的激励，就是自我激励，自己相信自己，自己鼓励自己。当你坐在飞机上看一篇文章流泪，其实就是在自我激励。当你得不到领导肯定的时候，自己把自己表扬一通，如果觉得不够劲，还可以对着录音机大喊自己如何好，反复放给自己听，也是自我激励。当别人不认同、不评价你的时候，你就说自己是林志玲，‘我不照镜子，我就是’，这也是自我激励。当然这个美是不谦虚的，是自己短时间的自我激励，但说不定你是真美，内涵美。

“不要总想到做领袖的光荣，不要去背上这个沉重的口号和包袱，荣誉对于我们来说是没有用的。”

在华为，任正非给别人颁发过许多奖，他是个颁奖者，自己好像没获得过什么奖。

2016 年初，任正非等高层领导没有被评为“明日之星”，他们自制奖牌，自己给自己评了个“明日之星”奖，并手举奖牌合影留念。

在华为，任正非及高层所做的就是制定好分蛋糕的规则，分好蛋糕，并保证必须让分蛋糕的人最后一个拿蛋糕。

任正非 2004 年入选中央电视台中国经济年度人物候选人，编导说如果获奖，就一定要出席颁奖典礼，但任正非不愿意参加，于是，公司动员公关力量，从获奖候选人名单中去除了任正非。所以，把中国有名的企业家都奖遍了的中国经济年度人物榜单中，至今也没有任正非的名字。

2005 年 4 月，当任正非被《时代》周刊评选为“有影响力的人物”时，公司发出总裁办邮件：“事先公司并不知情，公司过往从来没有就此事与《时代》周刊有任何往来，不知他们是因何评选任正非的。我们认为任正非是不堪此称号的。”“《时代》周刊也是一种媒体，与中国的一些媒体一样，读一读、笑一笑就过去了。对外界和媒体的各种议论大家不要太在乎，还是好好地努力工作。任正非也一样，他也不会背上包袱的，也会像你们一样活泼、轻松、记性不好的，还会继续为公司的未来而努力工作的。”“外界总喜欢将成绩扣到一个人头上，以虚拟的方法塑造一个虚化的人，不然不生动。总之，公司领导集体并不认为任正非如媒体描述的那样。”

邮件是以第三人称发出的，但看文章风格，毋庸置疑，作者肯定是任正非。

任正非拒绝过外部几乎所有的奖项，如历年的十大经济年度人物大奖。这么多年来，他对于外部的奖项的政策一以贯之，要么拒评，要么拒领。

有个例外，2010 年 9 月 4 日，任正非获得“深圳经济特区三十年 30 位杰出人物”中的“杰出创业人物”奖，并出席颁奖大会。

8.9　华为获的奖

近 30 年来，华为获得的奖项无数。这年头，稍微好一点的企业，只要认真干，都能获得一堆奖项。将这些奖杯、奖牌、奖状一字排开，放在企业最显眼的地方，再配上各级党政机构领导前来视察的巨幅照片，基本上成为企业的标准配置。

华为所获得的奖项中，最值得肯定也是含金量最高的奖项有几个：

2014 年 10 月 9 日，世界最大的品牌咨询公司 Interbrand 于纽约发布第 15 期“最佳全球品牌”排行榜，华为成为首个上榜的中国大陆品牌，排名第 94 位。

2014 年 10 月 22 日，全球最大的职业社交网站领英公布了 2014 年全球 100 家最佳雇主，华为荣登榜单，排名第 95 位，是唯一一家上榜的中国企业。

2014 年 11 月 6 日，全球领先的专业信息服务提供商汤森路透旗下知识产权与科技事业部发布了 2014 年全球百强创新机构榜单。华为依托强大的专利实力闯入，成唯一上榜的中国大陆企业。

2014 年 11 月 13 日，波士顿咨询公司（BCG）发布了一份《2014 年最具创新性的企业》报告，华为入榜其中，排名第 50 位，是上榜的四家中国企业之一。

2015 年 5 月 27 日，品牌咨询公司 BrandZ 正式发布 2015 年度“全球最具价值品牌百强榜”，华为公司首度入围。这是华为继 2014 年进入 Interbrand“最佳全球品牌”百强榜之后，再次进入世界级的企业品牌百强榜，并成为唯一同时进入两大品牌榜的中国企业。

2016 年最有价值品牌报告，华为 2016 年品牌价值增至 197.43 亿美元，排第 47 位，相对于 2015 年排名上升 57 位！

2017 年度全球最具价值品牌 500 强排行榜，华为凭借 252 亿美元的品牌价值位列榜单第 40 名，名次较上一年提升了 7 位！

这些奖项不仅是对华为自身价值的认可，同时彰显了华为作为中国企业在全球企业丛林中的地位。

8.10　小结

（1）在任何组织中，发奖及荣誉不是个小事情，是门大学问，此事重大，千万不可小觑。

（2）奖励及荣誉是人力资源管理中重要的激励手段，既有物质激励，又有精神激励，既是短期激励手段，又是长期激励手段。其特点是投入小、成本低，而效果明显。

（3）奖励及荣誉应该制度化，形成体系化的公司奖励荣誉制度和制度化的奖励荣誉机制与实施制度。

（4）奖励及荣誉也需要创新，也需要与时俱进。如果不知道如何创新，那就使用拿来主义，静下心来，谦卑地向领先者学习，如军队，如华为。

（5）发奖是生产力，发奖也是战斗力；仪式感是管理要素，仪式感也是管理举措。在 2018 年 3 月公布的《人力资源管理纲要 2.0（讨论稿）》中，公司明确提出："要用好、用活荣誉仪式与荣誉信物，通过正向积极、感人至深、催人奋进的荣誉表彰仪式，让优秀的组织与个人获得更大的荣耀感，让荣耀感进一步激发出组织与个体更大的责任感，让个体性'一枝先秀'的榜样引导出群体性'百花齐放'的奋进。"

四 · 梦的力量

守望与信仰

促使华为员工持续奋斗30年的动力是什么？是物质待遇，是事业追求，抑或是情怀？众说纷纭。但有一点是肯定的，那就是梦想的力量，梦想是牵引这家公司由小到大、由弱到强的最重要的动力来源。从超越四通，到三分天下，再到世界级领先企业，华为自创立之日起，就在不断地构筑梦想，也不断追逐梦想。可以说，华为的发展史，就是以梦想凝聚全体员工，群体奋斗实现梦想的历史。

有梦的人与组织需要通过奋斗来实现它，奋斗不是梦，奋斗与梦相随，梦想呼唤奋斗。梦想予奋斗以价值与意义，梦想予奋斗以快乐与幸福。

1. 华为的核心价值主张是如何演变的

企业文化是个很复杂的系统，涉及的内容很广泛，内涵与外延被不断扩大，以至有“企业文化是个筐”的调侃。在学理上，我最认同美国哈佛大学教授埃德加·沙因于1992年在《组织文化与领导力》一书中对企业文化本质的揭示：企业文化是“由一些被认为是理所当然的基本假设所构成的范式。这些假设是某个团体在探索解决对外部环境的适应和内部环境的结合这一过程中而发现、创造和形成的”。

在这里，沙因也揭示了企业文化的两大作用：外部环境的适应和内部环境的结合。

企业文化一般包括愿景、使命和核心价值观，也就是企业的核心价值主张，所以，广义的企业的核心价值观也就是企业文化。

为了叙述上的方便，同时为避免企业文化与核心价值观在概念上的混乱，在此统一使用“核心价值主张”一词。

企业的核心价值主张是在假设—实践—验证过程中不断形成与升华的。

华为成立已30年，回顾这30年华为企业文化的形成与演变过程，也可以佐证沙因先生的论断。

那么，华为的核心价值主张到底发生过哪些变化？现对其演变的轨迹做一梳理。

1.1 1987—1996年，野蛮生长期

1987—1996年这一阶段是华为的生存期，是野蛮生长期，也是华为文化的孕育期，华为企业文化处在自发的形成过程中，还没有形成自己系统的核心价值观体系。

在企业愿景方面：华为这一时期以竞争型（亦称“对手型”）或行为典范型的愿景为特点。

如1992年提出的“超越四通”；如1994年提出的“10年之后，世界通信行业三分天下，华为将占一份”。

《基业长青》的作者柯林斯和杰里·波拉斯认为基业长青的公司的一个重要特质是高瞻远瞩。它们都有一个胆大的目标（BHAG）。愿景级别的BHAG可大致分为目标、对手、行为典范以及内部变革四种

类型。

“一个真正的 BHAG 是清楚的和令人信服的，作为统一的努力焦点，以及作为一个明确的团队精神催化剂，它有一个明确的终点线，所以组织可以知道什么时候达到了目标。

“定义愿景级别的 BHAG 让领导团队更加高瞻远瞩，而不是停留在战略和战术层面。一个 BHAG 不一定是十拿九稳的——也许只有 50%~70% 的把握，但是企业一定要有信心能够达成。这需要艰苦卓绝的努力，还需要一点运气。”

在企业使命方面，华为这一时期更多的是借用社会倡导的使命体系，如“产业报国，科教兴国”。

这是当年联想、海尔、长虹等著名企业共同的价值理念，彰显了那个时代中国企业和企业家们的家国情怀。

在 20 世纪 90 年代中后期，华为实际上已经在关注企业文化的系统建设问题了，如 1995 年 9 月起，华为公司发起了“华为兴亡，我的责任”的企业文化大讨论，同时还制定了《华为人行为准则（暂行稿）》。

华为在这份计 14 条的行为准则的前言中提出：“先辈世代繁荣的梦想、民族振兴的希望、时代的革命精神、我之义不容辞的责任，铸造了华为人。”行为准则还提出了诸如奉献精神、集体奋斗、开放胸怀、团结协作、不断学习等价值观。由此可以看出，华为核心价值观的延续性和继承性，可谓生生不息，源远流长。

在基本的价值主张方面，华为这一时期的价值主张更多是口号式和零散式的要求，如“板凳要坐十年冷”，“质量是我们的自尊心”，“胜则举杯相庆，败则拼死相救”，“狭路相逢勇者胜”，“是太阳总会升起的，是金子总会发光的”，“烧不死的鸟是凤凰”，等等。

不难看出，华为虽然没有系统的企业文化，但华为张扬着血性，显示着狼性，饱含着情怀。这一优秀的文化基因，为华为文化的形成和升华打下了坚实的基础。

这是一段充满了激情的岁月，这是一个被梦想驱动的公司，这是一群为理想奋斗的逐梦人，尽管他们在物质上很匮乏，尽管公司很弱小，一穷二白，但他们志存高远，因为梦想，他们注定不会平庸，他们会超越企业目前的能力限制和所处的环境限制，走向卓越。有梦想，就会有奇迹，有梦想，谁都了不起。一个身处竞争环境的组织，面对强敌时，可依赖的是实力与态度，如果实力不行，可依赖的唯有态度。所谓的态度，就是李云龙“野狼团”所秉持的“亮剑精神”。如果实力与态度都不行，只能归于平庸！

1.2 1996—2005年，理性成长期

1996—2005年这一阶段是华为的理性成长期，华为的核心价值主张也进入理性思考时代。

经过10年的自发形成期后，华为的企业文化进入了《华为公司基本法》（以下简称《基本法》）时代，标志着华为企业文化由感性走向理性，由摸着石头过河走向系统的顶层设计。

《基本法》的出台，意味着华为完成了对企业文化的系统思考，构建了华为企业文化的基本假设。

在企业愿景方面，华为这一时期以目标型愿景为特征。

《基本法》第一条即提出华为的愿景与使命：“华为的追求是使我们成为世界级领先企业。”

愿景是“世界级领先企业”，使命是“在电子信息领域实现顾客的

梦想”。

接下来是华为的核心价值观，分别为员工观、技术观、精神观、利益观、文化观和社会责任观。

需要强调的是，华为是改革开放以来，首家以规范性文本的形式制定出企业宪章的企业，也是中国企业在企业文化建设方面的创新之举，是企业文化建设的经典案例。

《基本法》可以理解为华为的企业文化大纲，但其内容又远远超出企业文化的范畴，将其定位为企业的管理政策纲要或许更合适。作为企业文化的纲领性文件，其特点是全面系统完整，其缺点是太全面系统完整了。

现在看来，《基本法》提出的假设，有的被充分地验证，有的部分得到验证，有的可能放弃了验证，现在是需要提出新的假设的时候了。新的假设系统本身的内涵同样也发生了变化。面对整个经营环境的变化、企业发展节奏的变化，华为的经营假设也应该做了相应的调整，因为面临新的竞争环境要有新的思维。所以不能简单地说华为抛弃了《基本法》。企业的经营假设在不断地变化，但是华为最基本的核心价值观没有变，只是表达方式发生了变化。

从“基本法”到“基本假设”，再到“基本验证”，《基本法》并没有被抛弃，而是在实践中升华。《基本法》是特殊阶段的特殊产物。如果有人说华为抛弃了《基本法》，那我认为是华为经营管理的实践超越了《基本法》，而不是抛弃了《基本法》。

1.3 2005—2010年，全球发展期

这一阶段是华为走向全球化运营的时期，华为的核心价值主张是与

国际接轨。

距任正非提出“三分天下”的梦想14年后，2008年华为美梦成真，但距离《基本法》提出的“世界级领先企业”，华为还有非常遥远的距离，要实现新的梦想，走出去和走上去，是华为的当务之急。

伴随着华为国际化进程的加速，2005年5月8日，华为推出了新的企业标识，并以此为契机，历经半年，修改三四稿之后，对公司的企业文化又一次进行提炼与升华。

古人云：盛世修典。当华为进入难得的发展时期后，重新思考和梳理自己的核心价值体系也是不难理解的。

愿景是“丰富人们的沟通和生活”；使命是“聚焦客户关注的挑战和压力，提供有竞争力的通信解决方案和服务，持续为客户创造最大价值”。

战略是：第一，为客户服务是华为存在的唯一理由；客户需求是华为发展的原动力。第二，质量好、服务好、运作成本低，优先满足客户需求，提升客户竞争力和赢利能力。第三，持续管理变革，实现高效的流程化运作，确保端到端的优质交付。第四，与友商共同发展，既是竞争对手，也是合作伙伴，共同创造良好的生存空间，共享价值链的利益。

“为客户服务是华为存在的唯一理由”，源自《华为人》报创刊号的一篇文章，原标题为《为客户服务是华为存在的理由》，任正非审核报纸清样时，加了“唯一”两字（那段时间我正好兼任两报的主编，所以印象深刻）。“唯一”两字画龙点睛，把华为核心价值主张的内在灵魂说明白了。反观国内很多企业，活得太沉重，或者一字排开，或者按序排列，为客户、为员工、为社会、为政府、为社区、为利益相关者等等，最后到底为谁，到底为什么，自己也迷失了、迷茫了。

华为把公司新核心价值观体系定位为愿景、使命和战略三部分。愿景所表述的是华为为什么，即未来的追求与向往；使命确定的是华为是什么，即公司的生存理由与价值；战略界定的是华为如何做，即公司实现愿景和完成使命的途径和安排。

这一时期的华为核心价值主张，使用的是国际上公认的通用表达方式，集中于愿景、使命和战略三个部分，因而更简单和聚焦。

华为在这里舍弃了核心价值观的部分，新增了战略部分，就前者来讲，应该是个缺憾，并没有对是否继续沿用《基本法》中的核心价值观做出明确的说明。

2008 年下半年成立的“公司核心价值观整理工作小组”，对华为核心价值观重新进行梳理。12 月，经公司 EMT 审议批准，华为核心价值观（2008 年讨论稿，共 6 条）正式面向全体员工征集意见，7 年后这一讨论还在持续中。这不禁使人联想到，IBM 的 CEO 彭明盛为确定新的核心价值观，曾经发动 32 万员工，进行 72 小时的大讨论。这种对核心价值观的重视与珍爱，在华为也体现得淋漓尽致。

处于讨论和征求意见状态的华为核心价值观共有 6 条。

成就客户：为客户服务是华为存在的唯一理由，客户需求是华为发展的原动力。我们坚持以客户为中心，快速响应客户需求，持续为客户创造长期价值进而成就客户。为客户提供有效服务，是我们工作的方向和价值评价的标尺，成就客户就是成就我们自己。

艰苦奋斗：我们没有任何稀缺的资源可以依赖，唯有艰苦奋斗才能赢得客户的尊重与信赖。奋斗体现在为客户创造价值的任何微小活动中，以及在劳动的准备过程中为充实提高自己而做的努力。我们坚持以奋斗者为本，使奋斗者得到合理的回报。

自我批判：自我批判的目的是不断进步，不断改进，而不是自我否定。只有坚持自我批判，才能倾听、扬弃和持续超越，才能更容易尊重他人和与他人合作，实现客户、公司、团队和个人的共同发展。

开放进取：为了更好地满足客户需求，我们积极进取、勇于开拓，坚持开放与创新。任何先进的技术、产品、解决方案和业务管理，只有转化为商业成功才能产生价值。我们坚持客户需求导向，并围绕客户需求持续创新。

至诚守信：我们只有内心坦荡诚恳，才能言出必行，信守承诺。诚信是我们最重要的无形资产，华为坚持以诚信赢得客户。

团结合作：胜则举杯相庆，败则拼死相救。团队合作不仅是跨文化的群体协作精神，也是打破部门墙、提升流程效率的有力保障。

2014 年 8 月，公司成立“核心价值观定义与诠释工作组”，旨在对华为核心价值观进行定义、诠释和澄清。同时提出：核心价值观是一个企业的基因，是公司的文化括包战略、愿景和使命的“指南针”。公司正在走向全球化、业务的多元化和人员的多元化，业务战略和运作模式也在发生变化，面对新的挑战，我们需要发挥核心价值观驱动的组织能动性，用正确的价值观引领华为走向长久成功。核心价值观的管理是“定义、深入植入、强化推广、行为践行、客户感知、评估衡量”的系统工作，定义是起点，员工践行是目的。

至此，华为的核心价值主张形成完整的体系，它由愿景、使命、核心价值观和战略组成。

从其规范性看，这一时期的华为核心价值主张与《基本法》有着更多的相似之处，只不过是对其内容做了删减，故可以称之为“小《基本法》”，虽然谓之“小”，但其形成时间比《基本法》还要长，时间长达 4 年之久。从其内容来看，它使上一阶段的《基本法》回归了“核心价值主张”的内涵。

这一时期华为的企业文化充满了蓝色的基调，面向国际化，与国际接轨，如同华为的司标，以往是光芒四射的一轮红日，红色的字体，带有典型的中国元素，换标之后，在保持原有标识蓬勃向上、积极进取内涵的基础上，更加聚焦、创新、稳健与和谐，新的核心价值观体系，与以此为基础设计的视觉识别系统相互协调、和谐统一的目标就是国际化。

新的核心价值观体系是在原有核心价值观体系的基础上诞生的，并在后者的基础上进一步升华。新的核心价值观体系并没有否定后者，而是升华了原有的核心价值观体系。两者相比较，表述变了，内涵不变，在变的过程中升华，在不变中坚守住了核心。

首先，新的核心价值观体系更精练、更严谨、更具有冲击力。新的核心价值观体系具有内在严谨的逻辑关系，以客户的终极价值为主线，将愿景、使命和战略有机地统一在一起。尤其是在公司战略的表述上，四个层次环环相扣，高屋建瓴，闭合循环，充分显示了内在逻辑力量的震撼性。

其次，新的核心价值观体系的终极性更明确。它更强调的是核心价值观的目的性。新的核心价值观体系出现最多的一个关键词，就是客户，达 7 处之多。原有核心价值观体系是以华为公司为出发点，具有很强的自我色彩；新的核心价值观体系是以客户为出发点，具有很强的终极色彩。

再次，新的核心价值观体系更与国际接轨。由于早期没有可借鉴的范本，原有核心价值观体系更表现出创新性的中国企业色彩，而新的核心价值观体系更具有大企业的风范和国际企业共同的表现方式，与国外领先企业的核心价值观体系更接轨。

1.4　2010年至今，组织变革期

2010年至今是华为的组织变革期，华为的核心价值主张面向的是组织优化、提升组织能力和组织效率。

华为再次修改了自己的核心价值观体系。

这次修改的背景是，到2008年华为成立20年，公司对20年的成长历程进行了总结与反思。在公司各大系统的会议上，任正非都做了重要的讲话，这些讲话系统地思考了华为20年的成败得失，并在此基础上完成了对华为未来成长道路、战略和企业文化的全面定位。

2008年5月31日，华为召开无线系统产品线奋斗表彰大会，任正非做了题为《让生命的火花，点燃无愧无悔的青春》的讲话。

2008年9月22日，华为召开中央平台研发部表彰大会，任正非做了题为《从汶川特大地震一片瓦砾中，一座百年前建的教堂不倒所想到的》的讲话。

2009年1月16日，华为召开销售与服务体系表彰大会，任正非做了题为《谁来呼唤炮火，如何及时提供炮火支援》的讲话。

2009年3月23日，华为召开财经系统表彰大会，任正非做了题为《市场经济是最好的竞争方式，经济全球化是不可阻挡的潮流》的讲话。

2009年4月24日，华为召开运作与交付体系表彰大会，任正非做了题为《深淘滩，低作堰》的讲话。

历时近一年的5篇讲话，对象不同，内容有差异，但主题与目的是相同的，就是重新回到1996年发端于《基本法》的三大命题：华为为什么成功？支撑华为以往成功的关键要素是什么？华为要取得更大的成功还需要哪些关键要素？

2010年1月20日，任正非在市场工作会议上发表讲话，标志着他

完成了对华为文化系统的理性思考，也预示着华为新的核心价值主张的提出。

任正非在会议上讲话的题目是《以客户为中心，以奋斗者为本，长期坚持艰苦奋斗是我们胜利之本》。

崇尚简单的任正非用三句话，二十个字，回答了华为以往成功的关键因素，同时也回答了华为未来成功的关键要素。任正非将其归纳为“胜利之本”或“胜利的保障”。2015 年 9 月 29 日，EMT 办公会议发出“关于强化践行‘以客户为中心’核心价值观的决议”后，华为把此作为公司的核心价值主张。

这一核心价值主张的提出，可以追溯到上一阶段，2008 年 7 月 15 日任正非在市场部年中大会上，做了《逐步加深理解“以客户为中心，以奋斗者为本”的企业文化》的讲话，明确提出了这一核心价值主张：“但以什么为我们工作的纲，以什么为我们战略调整的方向呢？我们在长期艰难曲折的历程中，悟出了‘以客户为中心，以奋斗者为本’的文化，这是我们一切工作的魂。我们要深刻地认识它，理解它。”但是，这时还没有将其与“长期坚持艰苦奋斗”并列。

在这次讲话中，任正非还提出一个很重要的命题：“以客户为中心，以奋斗者为本是矛盾的对立面，它们构成了企业的平衡。难以掌握的灰度、妥协，考验着所有的管理者。”

华为新的核心价值主张的核心只有四个字两个词：客户，奋斗。这三句话已经很难用企业文化或核心价值观来概括，因为我们已经很难再用企业文化的基本范式来解读了：从中很难定义何谓愿景，何谓使命，何谓核心价值观。如果套用柯林斯等人的划分标准，更搞不清是什么 BHAG 了，如果一定要划分的话，只能勉强认为是“内部变革类型的 BHAG”。

尽管如此，这三句话充满了内在逻辑。“以客户为中心”是方向，“以奋斗者为本”是导向，而“长期坚持艰苦奋斗”是指长期的价值主张。三句话兼顾了内部与外部，过程与结果，短期与长期，付出与回报，力与利，整体上实现了“力出一孔”与“利出一孔”，力与利出一孔者，天下无敌。

这三句话其实并没有什么晦涩神秘之处，相反它是如此朴素、简洁、直接和凝练，是人人皆知的常识，也是人类社会古今中外的价值主张。以艰苦奋斗为例，不论在哪个国家，不论过去和现在，个人想成就事业、得到认同、超越他人，除了艰苦奋斗，还有其他道路可选择吗？还有一条路可选，那就是继承上一代艰苦奋斗的结果，但发达国家通过遗产税制约了不劳而获的所得，所以还需要艰苦奋斗；在我国，上一代没有给我们可传承的财富，我们更需要艰苦奋斗。再以“以客户为中心”为例，试想，哪个企业不是以客户为中心的？企业存在的目的就是为自己的客户和潜在客户提供产品或服务。不以客户为中心，企业就失去了存在的价值。

至于很多企业并没有提出艰苦奋斗和以客户为中心的企业文化，最重要的原因在于它们过去没有相关的经营管理实践，在于它们还没有深刻地领悟到这一普世的企业价值主张。悟道有先后，并非人人都可以悟到道。所以，现实的许多没有优秀经营管理实践又没有管理智慧的企业，或者把企业文化做成了企业文体活动，或者从古人那里寻找高雅的词句，或者追时髦地引用流行词。

纵观中国企业核心价值主张的演变历史，从新中国成立前民族产业的“产业救国”，到新中国成立后的“大庆精神”、“大寨精神”、“雷锋精神”和“铁人精神”，到改革开放后的“产业报国”，到20世纪90年代中后期的“以人为本”，再到当下的“互联网精神”、“风口”和

“情怀”，不敢断言所谓的企业文化在堕落，但不可否认中国企业主流的核心价值主张已入迷途。也不可否认，华为的核心价值主张得到越来越多领先企业的认同，很多企业引入华为的“以奋斗者为本”即是佐证。

在物欲横流和精致利己主义流行的当下，敢于大张旗鼓地提出基于客户和奋斗的核心价值主张，不仅需要理性的智慧，还需要血性的胆识。在这一点上，任正非及其所领导的华为是值得肯定的，他们在这个混浊的机会主义环境下，带来一股清新的正能量。我从未用“伟大”来评价华为的企业文化，经常使用的词是：清新。

在“全球发展期”提出的六大核心价值观，与在“组织变革期”提出的三大核心价值主张，是一个完整的、有内在逻辑的、闭环的有机体系。后者是“纲”，是统领；前者是“目”，是支撑，两者构成了华为完整的价值观体系。

需要特别强调的是，在这一阶段，华为的核心价值主张也开始注入一些生动活泼的元素，使得华为文化变得不那么高冷，如 2014 年任正非修订的第四版的《致信员工书》，2016 年任正非为华为大学制定的校训，2016 年学习美军的《十六条军规》，2016 年学习共产党的《华为公司改进工作作风的八条要求》等，都为华为文化注入了清新的鲜活元素。

从三分天下的梦想，到文本化的《基本法》，到简略版的“小《基本法》”，再到“三句话”，华为文化从简单，到复杂，再到简单；从借用，到创新，再到归纳；不断地吸收与扬弃、不断地肯定与否定的螺旋式上升过程，显示了任正非长期坚持的“乱中求治，治中求乱”的思想。

华为一直在通过内部确定的核心价值主张，来应对不确定的外部环境和不确定的未来。

30 年的发展历程中，华为的企业文化发生过 4 次变化。在变化中，华为的企业文化得到了升华，通过提出的企业文化假设，指导公司的经营管理实践。公司的成长发展，验证着企业文化假设，并在此基础上提出新的企业文化假设，循环往复，华为的企业文化在变与不变中升华。

华为不是在今天才超越众多竞争对手的，而是在其创立的那一天，就已经具备了超越竞争对手的基因，这个基因就是华为的核心价值观。

（补记：2018 年 1 月 2 日，公司 EMT 发文《关于公司愿景与使命刷新的决议》，公司新的愿景与使命刷新为：把数字世界带入每个人、每个家庭、每个组织，构建万物互联的智能世界。）

2. 华为核心价值观的内在逻辑

当下，华为的核心价值观就三句话："以客户为中心，以奋斗者为本，长期坚持艰苦奋斗。"之所以说"当下"，原因在于企业的核心价值观伴随着企业实践，是在不断演变的。

如此简单，如此朴素，如此常识，如此凝练。

自 2010 年 1 月华为提出上述核心价值观之后，引起国内外企业的广泛关注。我见过多个企业，取下了墙上的"以人为本"，直接换上华为的核心价值观，休克疗法，快速移植，不清楚有没有排异反应。

许多发誓学华为的公司，您真的理解华为的核心价值观了吗？不能准确地把握华为核心价值观的精髓，学华为几乎是难以如愿的。

下面试对华为核心价值观及其内在逻辑做下解读。

2.1 以客户为中心

为什么要以客户为中心？

原因很简单，经营，对于任何组织来讲，都是组织目的的最大化。也就是说，经营的目的就是赚钱，这是由企业的功利性决定的。不能赚钱的企业是被异化了的企业，因为它违背了企业的本质特征。企业的效益并不是来自企业的内部，企业的产品与服务在未进入市场之前，仅仅存在理论上的效益，只有通过市场，实现从产品到商品的惊险一跳，并被客户认可之后，企业才有可能实现效益。客户是企业生存之本，为客户服务是企业存在的唯一价值和理由，因为它是企业效益的源泉。失去了客户的导向，不能为客户持续地创造价值，企业只能是个多余的存在，它终将失去存续的价值与理由。

如何实现以客户为中心？

当然需要企业员工的价值认同，将员工各自的价值观约束收敛，形成统一的核心价值观体系。将价值观变为核心价值观并不是件容易的事，把核心价值观由“观”变为“言”与“行”更困难。

在企业中，有许多个中心可以“以”，例如：以客户为中心，以领导为中心，以员工为中心，以股东为中心，以个人为中心，以部门为中心，等等。中心不同，企业的核心价值观也不同。

在企业中，还有许多的价值指向，从而形成不同的责任承担，需要企业为其负责，例如：为客户负责，为员工负责，为股东负责，为社会负责，为利益相关者负责，为政府负责，为祖国负责，为未来负责，等等。多个责任主体和责任导向的存在，必然使企业核心价值观陷入无所适从的混乱。

在企业中，还有多个满意度的存在，需要企业把握核心价值的衡量标准，例如：客户满意度，领导满意度，员工满意度，股东满意度，利益相关者满意度，等等。价值衡量标准的扭曲会使组织与员工的行为发生扭曲。

正是这多种矛盾与冲突，导致了企业文化的一个窘境：企业有多种价值观，但没有核心价值观，各种价值观冲突、矛盾、交汇与融合。企业文化像一个幽灵飘荡在企业的上空。

需要强调的是，以客户为中心不是单一地以某个客户为中心，不是完全无底线和无边界地屈从于客户超越商业规则的需求，以客户为中心必须建立在对客户需求准确理解和把握的基础之上，都必须基于共同遵循基本的商业规则的信用，任何企业都不是慈善机构，都是功利组织，此其一。其二，以客户为中心的企业，还必须坚守以生存为底线，只有企业持续发展，才能保持以客户为中心的持续性和长期性。其三，衡量组织与员工是否以客户为中心的标准，必须是其持续提升经营绩效。

以客户为中心，是华为的万有引力场，是华为“力出一孔”的唯一的“孔”，是华为价值创造的唯一目标。

2.2 以奋斗者为本

奋斗的定义是什么？一般意义上，奋斗是指完全专注做事，以完成理想、政治理念或目标。

奋斗者不同于一般的人，奋斗者是特殊的群体，即高绩效者。以人为本，是无差别地关注所有人，它否定人在天赋、能力、经历、资历及价值创造能力等方面的差异，它是建立在人都是天使而无魔鬼一面的Y理论假设之上的。但在现实中，这一观点及其假设很难被验证。以奋斗者为本，打破了各种人性假设的魔咒，是基于商业的本质提出的假设系统。

奋斗与奋斗者是两个不同的概念，前者指的是一种态度、行为和行为结果；后者指的是组织人力资源中的一个群体，即优质的人力资源。与奋斗相比，奋斗者的价值对组织来讲更重要，因为奋斗者才能输出奋斗的行为和行为结果。

在组织中，奋斗者并不是固定不变的，他们会因自我调节和组织的机制调节发生动态的变化，换言之，奋斗者会退化为非奋斗者，导致奋斗者群体衰减；非奋斗者亦会转变为奋斗者，使奋斗者群体壮大。因此，组织机制的使命就在于：依靠内在的激励与约束机制，使奋斗者不懈怠，把更多的懈怠者改造为奋斗者，淘汰拒绝改造的懈怠者。

华为为什么抛弃了流行的“以人为本”，而坚持“以奋斗者为本”？

以奋斗者为本，字面意义很简单，但现实中，人们对其或者存在根深蒂固的误读，或者仅限于望文生义的浅显解读。

华为的“以奋斗者为本”所蕴含的基本内涵包括：

第一，以奋斗者为本提倡的是奋斗。

至于为什么要奋斗，已经不需要讲太多的大道理了：其一，奋斗是人类的普世价值观，也是所有组织的普世价值观；其二，有梦的组织与个人必须奋斗，梦想是奋斗的动力来源；其三，奋斗是任何个人或组织改变现状的唯一途径；其四，奋斗是个人改变生活方式和生活状态，体现个人价值，突破原生社会阶层地位的可靠途径；其五，奋斗是在竞争环境中，组织和个人不甘平庸，脱颖而出的有效途径；其六，奋斗能够实现组织与个人价值的统一，实现个人价值与组织价值的最大化与长期均衡。

第二，以奋斗者为本的目标是客户。

奋斗是一种价值观，更重要的是行为和行为结果，奋斗的直接导向是客户，奋斗的价值体现在客户，奋斗必须聚焦于客户价值，失去以客户为中心的奋斗，也就失去了奋斗的价值与意义，或许会成为无价值的付出。

第三，以奋斗者为本关注的是结果而不是过程。

奋斗的过程与奋斗的结果，都能够作为认定奋斗者的指标，但奋斗过程并不一定产生想要的结果，作为功利组织的企业，更关注的是结果，换言之，评价奋斗者的直接指标是结果，过程只能作为参考指标或调整指标。没有功劳还有苦劳不是奋斗者的必要条件。

第四，以奋斗者为本强调的是群体奋斗。

奋斗者需要本人的绩效证明，但个人绩效最大化并不是奋斗者的唯一评价标准，除了个人绩效外，还要强调对组织绩效、流程绩效和他人绩效的贡献。否则，将会出现追求个人绩效最大化而损害整体绩效的现象。

第五，以奋斗者为本并不意味着奋斗者的完美。

奋斗者是以个人绩效和其组织绩效来定义的，而不是以道德规范来评判的，因而，可以讲奋斗者并不完美，会有各种缺点或错误。同时，也应该宽容奋斗者犯的错误，允许其持续地改进工作，不断地挑战高绩效目标，接受奋斗者本身就与挫折和错误相伴的事实。

第六，以奋斗者为本是无差异的共同要求。

以奋斗者为本并不以部门或岗位的不同为前提，它是一种无差异的要求。也就是说，并不是在企业中某些部门或岗位可以奋斗，某些部门或岗位不适合奋斗。将军决战岂止在战场，奋斗不一定必须在研发部门科学攻关，也不一定是在营销前线的枪林弹雨。只要持续地改进工作，不断地提升效率，长期地产生价值，就是奋斗，其主体就是奋斗者。

第七，以奋斗者为本必须给予奋斗者合理的回报。

取得合理的回报不是奋斗者的终极目的，但是以奋斗者为本的

“本”，就在于不能让奋斗者吃亏，要给予其高于非奋斗者的待遇，这是让更多的员工成为奋斗者的必要条件，这种回报既是对其以往奋斗的认可，又是对其未来奋斗的牵引与激励。否则，奋斗者就会因懈怠而失去继续奋斗的动力与激情，奋斗者就会因更多的人退出奋斗者群体而被孤立。对公司来讲，必须构建惩恶扬善的机制，回报与激励奋斗者，惩处与淘汰偷懒者，从而实现人力资源管理的正义，正义之师不可战胜。

在 2008 年的一次讲话中，任正非是这样界定奋斗者和以奋斗者为本的：“我们奋斗的目的，主观上是为自己，客观上是为国家、为人民。但主、客观的统一确实是通过为客户服务来实现的。没有为客户服务，主、客观都是空的。当然奋斗者包含了投资者及工作者。

“什么叫奋斗，为客户创造价值的任何微小活动，以及在劳动的准备过程（例如上学、学徒……）中，为充实提高自己而做的努力，均叫奋斗，否则，再苦再累也不叫奋斗。企业的目的十分明确，是使自己具有竞争力，能赢得客户的信任，在市场上能存活下来。要为客户服务，就要选拔优秀的员工，而且这些优秀员工必须要奋斗。要使奋斗可以持续发展，必须使奋斗者得到合理的回报，并保持长期的健康。但是，无限制地拔高奋斗者的利益，就会使内部运作成本过高，就会被客户抛弃，就会在竞争中落败，最后反而会使奋斗者无家可归。”

以奋斗者为本，是华为的能量场，是华为“利出一孔”的根基，是实现价值评价与价值分配的核心导向。

2.3 长期坚持艰苦奋斗

如果说“以奋斗者为本”是公司短期的政策层面的价值导向，那么，“长期坚持艰苦奋斗”则是公司长期的价值主张。分钱易，奋斗难，长期奋斗更难，甚至难于上青天，因为惰性是人性的固有组成部分。对于组织来讲，当在竞争格局中脱颖而出时，当实现了阶段性战略目标时，往往组织的懈怠、傲慢与腐败就会滋生；对个人来讲，当其实现职业生涯的阶段目标时，职业生命周期进入下行阶段时，往往会产生职业倦怠、安于现状、不思进取及贪图安逸。“长期坚持艰苦奋斗”从核心价值观层面解决了上述问题，使群体的奋斗成为常态，使奋斗的文化生生不息。

如果说“以奋斗者为本”强调的是短期的、业务层面的和以绩效为衡量标准的，那么，“长期坚持艰苦奋斗”强调的更多是精神层面的，或者说，首先是精神层面的。用毛泽东的话讲就是：“要保持过去革命战争时期的那么一股劲，那么一股革命热情，那么一种拼命精神，把革命工作做到底。”[①] 换言之，也就是毛泽东在党的七届二中全会上提出的“务必使同志们继续地保持谦虚、谨慎、不骄、不躁的作风，务必使同志们继续地保持艰苦奋斗的作风”。[②]

具体到华为讲，“长期坚持艰苦奋斗”的实现路径有两个：

第一是倡导精神文明，以精神文明促进物质文明，激发组织活力。

如任正非所讲：“激发组织活力就是讲精神文明，以多打粮食、增强土地肥力为中心来建设精神文明，以巩固我们的团结、巩固我们的奋斗精神，走向未来的胜利。”

第二是在让奋斗者不吃亏的前提下，淘汰懈怠者和沉淀层，保持充满活力的机制。

“以客户为中心”必然要求“长期坚持艰苦奋斗”；“以奋斗者为本”必然要求“长期坚持艰苦奋斗”；从另外一个角度讲，“长期坚持艰苦奋

① 《毛泽东选集（第七卷）》。

②《毛泽东选集（第四卷）》。

斗”也是企业的本质、技术的进步和外部竞争的必然要求。

长期坚持艰苦奋斗，是华为可持续的能量场，是华为构建可持续的“利出一孔”的根基，是华为长期保持充满活力的机制的核心。

2.4 三者的内在逻辑

“以客户为中心，以奋斗者为本，长期坚持艰苦奋斗”，是华为活下去和继续走向成功的核心价值主张。

“以客户为中心，以奋斗者为本，长期坚持艰苦奋斗”，是基于对华为以往成功实践的总结与提炼。

“以客户为中心，以奋斗者为本，长期坚持艰苦奋斗”，由任正非首次提出，其中凝聚了全体华为员工的智慧，是经过血与汗的淬炼，生与死的磨砺之后沉淀下来的瑰宝。

“以客户为中心，以奋斗者为本，长期坚持艰苦奋斗”，是华为之魂魄，华为之力量，华为之精髓，华为之根基。

“以客户为中心，以奋斗者为本，长期坚持艰苦奋斗”，是华为在面对外部不确定性时代时，唯一的内部确定性。

“以客户为中心，以奋斗者为本，长期坚持艰苦奋斗”，是华为内部面对内外部矛盾与冲突的最大公约数。

“以客户为中心，以奋斗者为本，长期坚持艰苦奋斗”，是华为公司级的、最高层面的关键成功要素，也是衡量华为未来能否继续走向成功的 KPI。

“以客户为中心，以奋斗者为本，长期坚持艰苦奋斗”，是华为拼死相守的原则，守住原则，华为就有未来。

“以客户为中心”的反面是以领导或自己为中心；“以奋斗者为本”

的反面是以懈怠者为本；“长期坚持艰苦奋斗”的反面是群体的长期懈怠、不思进取和安于现状。换言之，“以自我为中心，以懈怠者为本，短期坚持艰苦奋斗”，这是许许多多企业由辉煌走向没落的关键原因，华为同样也不会例外。

所以说，华为的核心价值观既来自其自身成功实践的提炼与总结，也来自对中外企业成功与失败实践的反思与借鉴。因而，既有独特性，亦有普遍适用性。

华为的核心价值观，其典型特征可归纳为：简单、朴素、可衡量、有内在逻辑、聚焦收敛。

简单与朴素：回归的是商业的常识，揭示的是商业的本质，清晰简洁，便于理解记忆，是非分明，没有误读的空间，可信赖。

可衡量：可以保证核心价值观的落地，可以监视核心价值观的执行，可以度量核心价值观的实施状态，可以褒扬遵守核心价值观、惩罚违背核心价值观的行为。

有内在逻辑：核心价值观的组成部分是一个有机的完整体系，既有各自的指向，又相互关联、相互依托，同时兼顾了内部与外部、过程与结果、短期与长期、付出与回报等各个方面。对外的张力与对内的牵引相互平衡，显示了均衡的力量。

聚焦收敛：摒弃了发散的核心价值观，实现了核心价值观的定力，以“压强原则”使核心价值观聚焦于企业的使命与愿景，使企业的成长与发展收敛于核心价值观的约束之下，从而真正保证了对外的“力出一孔”，保证了企业内部的“力出一孔”和“利出一孔”。

华为坚守的是“力出一孔”和“利出一孔”，前者关注的是价值创造，秉持的是“以客户为中心”；后者关注的是价值分配，坚持“以奋斗者为本”。力与利，相辅相成，以力取利，以利激力；用“力”与

“利”两字，任正非揭示出作为功利组织的企业的本质，并把它凝练成华为的核心价值主张。所以说，华为的企业文化体系是建立在基于商业本质的把握基础之上的。

华为所确定的经营管理模式就是建立在这一基本价值观之上的。

在经营模式方面，华为的宏观商业模式是客户化导向，产品的发展路标是客户需求导向，把为客户提供完善和及时的服务作为公司存在的唯一价值和理由。

在管理模式方面，华为的微观商业模式就是流程化的组织建设，完成企业诸元素从端到端高质、快捷、有效的管理。

在内部核心价值观方面，相应地构建以高绩效为特征的企业文化。

从整体上看，这一模式将客户价值、企业效益、管理效率和工作的高绩效有机地结合在一起，从而实现了一种有效的和谐、一种动态的均衡。

需要说明的是，“以客户为中心，以奋斗者为本，长期坚持艰苦奋斗”只是华为的核心价值观体系，它不是公司经营管理的全部，而是属于企业顶层设计层面的问题。它需要全体员工的认同和长期坚守，需要公司制度、政策和管理机制的支撑，还需要公司经营管理实践和经营业绩的验证。

唯有如此，“以客户为中心，以奋斗者为本，长期坚持艰苦奋斗”内含的理论逻辑，才能演变为“以客户为中心，以奋斗者为本，长期坚持艰苦奋斗”内含的实践逻辑，并保证这一核心价值观在世代更替中，在不确定的外部环境中，在激烈的市场与技术变化中，不被遗忘，不被污染，不被稀释，不被背叛，始终被铭记着，始终被坚守着，始终被传承着，始终被认同着。

这就是华为正在做的事。

3. 华为的蓬与麻

田涛先生的一篇文章《蓬生麻中，不扶自直——华为基于人性的代际管理》，在微信圈疯传（在传播过程中，这篇文章已经被标题党改换了多个题目）。

这篇文章以独特的视角，分析了组织中的“代际管理问题”，并以华为作为案例，提出了一个有价值的命题：

“华为是以一种什么样的力量，28 年持续凝聚这样一个‘六世同堂’的非血缘共同体？”

田涛先生给出的结论很朴素，也很简单，就是这篇文章的标题：蓬生麻中，不扶自直！

此句出自《荀子》，原文为：“蓬生麻中，不扶而直。白沙在涅，与之俱黑。”

对于一个组织来讲：蓬者，即不同代际的人力资源——他们有着不同的时代背景，有着不同的价值观体系，有着不同的个性爱好，按照不同的时间序列，加入组织，构成了组织中的能动要素。

麻者，即组织存续期间的一些共有的价值体系，包括但不局限于企业管理哲学、价值观体系、商业伦理、机制、管理平台、行为方式等。

蓬生麻中，不扶自直，在管理上的含义是：不同代际（也包括不同国籍中的代际）的人力资源存在着很大的差异，这些差异必定给组织的管理带来更多的变数或称不确定性，甚至是挑战。对于组织来讲，指责、抱怨和失望都不是明智的选择。破解这一困境的出路是：依靠组织强大的价值观体系，滋润、影响、引导、改造不同代际的员工，使之认同、传承和信仰组织共同的价值观体系。使蓬依附麻，麻扶植蓬，相互依托，共生共长。

否则，或者是蓬的野蛮生长，或者是麻的形单影只，或者是蓬与麻的水火不容，彼此相斥，组织之地或荒芜杂陈，或寸草不生。

在公司平台上，价值观、管理机制、管理平台与变革方向等是确定的，需要坚守，需要传承，不能因代际的替代与结构的变化而妥协，因为这是公司成功的关键。天不变，道不变，“麻”亦不变。

不同代际的个体的价值主张、兴趣与偏好，因时代而变化，具有不确定性，不能求全责备，整齐划一。理性的办法就是开放、宽容与灰度，承认差异性，关注共同性。

不论时代如何变化，代际如何更替，人性的基本假设没有变，人性的根本没有变。问题的核心在于：以内部规则的确定性，应对人性的多面性与复杂性，通过公司的核心价值观的引导，通过内部管理机制的牵引，激发人性中积极向上、不断进取和成就事业的一面，抑制人性中贪婪、自私和懈怠的一面，即激发正能量，抑制负能量。

正如田涛先生所说：28 年来，华为凝聚了 15 万知识分子，15 万人中有 6 代人，而且其中将近 4 万是外籍员工，很重要的一点就是价值观的力量，价值观是国家、民族、企业和任何组织最有力量的凝结剂。18 年前，任正非首访中东，震撼之余，他深刻意识到：资源是有限的，唯有文化生生不息。而文化的内核则是核心价值观。“蓬生麻中，不扶自直”，何谓华为之“麻”？价值观基础之上的制度体系，包括激励与分配的制度体系。

“我个人谈不上伟大，我是个普通人，我自己什么都不懂，也什么都不会。我就懂一桶糨糊，将这种糨糊倒在华为人身上，将十几万人粘在一起，朝着一个大的方向拼死命地努力。”

这并非任正非的过谦之语。

企业创立和成长，经历过艰难的成功与挫折。经过痛苦的思考，任正非提炼出华为的核心价值观："以客户为中心，以奋斗者为本，长期坚持艰苦奋斗。"这三句话既简单，又朴素，但因其基于对不同民族与国家不同代际的人性的深刻洞察，因而具有普世性、通俗性，能够直达人的心灵，如同中子撞击原子核一样，能量巨大，更能激发出人性的正能量。

任正非曾讲过："什么驱动力使华为成功？我认为是华为的核心价值观描述的利益驱动力，驱动了全体员工的奋斗。这是一场精神到物质的转移，而物质又巩固了精神力量。

"我可以告诉你，释放出我们11万员工的能量的背景是什么。就是近20年来，华为不断推行的管理哲学对全体员工的洗礼。你身上的小小的原子核，在价值观的动使下，发出了巨大的原子能。

"其实200多年前，美国是一个一无所有的小殖民地，也是一种哲学精神、体制的力量，促使它变得这么强大，并非什么上帝。而面对别人的成功，去怀疑别人的背景，这是很好笑的。别人难道不可以也是哲学、制度力量推动的成功吗？"

简单、朴素、聚焦、被信仰的和可衡量的核心价值观是华为的内在驱动力。

这就是任正非所讲的"一桶糨糊"。

"一桶糨糊"其实就是华为的"麻"。

从这一角度讲，"什么都不懂"的任正非，既手拎着糨糊，又是一位植麻者，同时还是麻的守望者。

这就是田涛先生文章所讲的"蓬生麻中，不扶自直"中的"麻"。

有人言：你可以攻陷一个国家，但不能攻陷一座教堂。

有人给田涛先生的文章加了个副标题：不存在所谓"有问题的一代"。

由此也引申出一个问题，如何看待80后、90后甚至00后的问题？

恐怕许多人有着诸多的无奈，甚至是失望或绝望。其实，大可不必如此。每代人有每代人的命运，每代人有每代人的活法，因为每代人都有基于其生存和生活背景的价值观，正可谓儿孙自有儿孙福，儿孙也自有儿孙苦。管不了那么多了，也根本管不了。还是相信荀子的话吧——“蓬生麻中，不扶而直”。但问题在于，对任何一个组织来讲，都必须有健壮的麻，来扶植众多的蓬。

那么，怎样看待华为的80后、90后，甚至00后的问题？

当看到“蚊子龙卷风”中的徐海明，在非洲屡被打劫的Lily，与客户如此之近牵手的游江涛，“有问题的一代”的命题不攻自破。

看完《枪林弹雨》、《厚积薄发》和《黄沙百战穿金甲》[①]，你会得到答案的。

华为强大的价值观体系，总能够把一代又一代人的价值观统一起来，而不是被后来者污染、质疑、反对和背叛。

田涛先生的文章给我们一个新的解读视角，这不是“蓬”的问题，而是“麻”的问题。对于企业来讲，关键在于如何构建强大的价值观体系和制度平台，引导与影响不同代际的员工，抑制和约束其人性中的贪婪、自私、恐惧和懈怠，激励和激发人的积极、向上、奋斗和勤奋。

麻予蓬者以力量，以血性，以灵魂；蓬予麻者以滋养，以活力，以资源，从而形成可循环的能量场，持续地为客户创造价值。

---

① 以上作品都属于《华为系列故事》，田涛等主编。

4. 分享岂止唯利益

2016 年 2 月中旬，我参加公司的年会。

进入办公室，首先看到的是一把椅子。早就听闻公司为员工置换了办公椅，试坐一下，果然舒服，可以说，这是我坐过的最好的办公椅，这是一把基于人体工学的办公椅。

印象中，华为的办公椅经历了四代更迭。

第一代是木制椅，粗壮，厚实，笨重。从任正非，到员工，都以木制椅为伴，从南油，到深意，再到科技园。

第二代是布面椅。在科技园时代，布面椅与木制椅并存。任正非那时坐上了可转动的皮沙发椅。记得是 20 世纪 90 年代末期，在科技园 7 层任正非办公室，他指着自己的皮沙发椅讲："以后要让所有的员工，特别是研发人员都坐上沙发椅！"时间虽然过去了十余年，当时情景依然历历在目，尤其是任正非那真诚的眼神。

第三代是沙发椅。公司搬入坂田基地后，任正非的诺言实现了，员工坐上了带滑轮的皮沙发椅——与任正非的座椅同款。

第四代是人体工学椅。2015 年年中，公司将原来的皮制沙发椅置换为人体工学椅，原来的沙发椅由员工认领捐献给中小学。

当年在设计坂田基地研发大楼时，任正非在地库预留了 3 000 个停车位，那时华为的员工每天由出租房出来，挤在脏乱不堪的中巴里去上班；那时任正非的私家车还是一部老标致，二手的，花 10 万人民币买来的。现在坂田基地的停车位，即使在收费的情况下，也已经非常紧张，以至公司的某视频出现了"停车 BG"的调侃。

坐在比员工领先一代座椅上的领导们，您是否也牵挂过员工的座椅？是否也想过与员工分享过臀下的座椅？

分享岂止唯利益？

2016年1月15日，我参加华为市场部颁奖大会，地点为华侨城洲际酒店，印象中这是第19次参加市场部大会了。每次参会都是一次印象深刻的震撼与感动。早期的市场部大会先是在科技园7层的食堂开，后来因为公司规模扩大，移到了酒店会议厅，再后来移到体育馆，体育场。再后来，控制人员规模，又回到酒店会议厅。

早期，每临市场部大会，任正非都要参加。任正非最后一次参加大会，大约是十几年前的宝安体育场，入场时欢声雷动。其后，就再没有见到任正非的身影（印象中，有一年，在大家举杯相庆的时候，看到任正非一个人孤独地站在角落里）。究其原因，任正非不想成为聚光灯的焦点，不想独享胜则举杯相庆的氛围。

大幕拉开，掌声响起来，任正非没有陶醉，而是归于寂寞，企业家注定是寂寞的，越寂寞，越丰富，越孤独，越强大。柯林斯曾言："一旦你的心态从报时转变为造钟，就可以学到构建高瞻远瞩公司所需的大部分事情。"企业家应该是造钟人，而不应该成为报时人。

常常成为聚光灯焦点的领导们，为何独享而不是分享公司的成功？什么时候能由报时人，转变为造钟人？

分享岂止唯利益？

在市场部大会的前一天，任正非等董事会成员在松山湖开会，会后集体合影，他们为自己颁发了"明日之星"奖和奖牌。2014年开始，公司开始"明日之星"评选，以民主评选的方式，按照部门总人数20%的比例进行评选，全球7 639个选区，评选36 058人（截至2015年7月底）。或许公司的高层不在评选范围内，他们把荣誉让员工分享，只给自己发了一块假冒的"明日之星"奖牌。

企业中企业家与员工分享的不只是股权、奖励等物质利益，不能把分享局限在钱。钱只是分享的标的之一，而不是全部。我们的员工并没有掉到钱眼里去。

你所拥有的，也是你能分享的。

你所追求的，就是你能分享的。

哪怕是一声问候，一个表情，一个点赞。

分享岂止唯利益？

顺丰快递到了，华为寄来的。火红火红的灵猴献瑞猴年纪念封一套，贺卡一张，是送给尊敬的华为员工家属的："我们的各位家属，是每一个华为人身后最温暖的坚实后盾，给予了我们前行的勇气和动力，是你们的理解、支持、承担和奉献，让我们走得更坚定、更勇敢、更心无旁骛。"

我虽非华为员工家属，读完后心里还是暖暖的，有点甜。

一封小小的贺卡，加上快递费，实际价值估计不会超过30元，但其分享价值难以估量，如同当年中小学那张薄薄的"三好学生"奖状，或许会改变一个孩子的命运。

让家属分享公司的成功，让家属分享员工的成就，其实一张30元的贺卡就够了！

你给下属的家属寄过贺卡吗？

分享岂止唯利益？

华夏基石e洞察上曾转载了我的一篇旧文《返乡大迁徙，任正非说了两个"不要忘了"》。

"任正非曾经号召归家的华为人：'记住，"不要忘了给爸爸、妈妈洗次脚"，"不要忘了身边卖火柴的小女孩"。'

"春节期间我们全体员工能否给自己的父母洗次脚？一个不爱自己父母的人很难爱亲人，一个不爱亲人的人，很难爱别人。我太太经常打盆温水给我泡脚，然后用磨砂一样的刷子，将我脚上的厚皮挫去，以防脚开裂，而我一边看电视，一边让她服务，从未想过应该感谢她，为她洗一次脚。任正非的话给我很大的启发，我已经不能给自己的父母洗脚了。但我可以回敬我的太太，想想一个家庭妇女，用一生相夫教子，是多么难得，是多么伟大。

“华为的员工，也要有自我牺牲精神。事事斤斤计较，很难想象在公司生死存亡的危急关头，会像金融危机中韩国人民倾家荡产救国家一样地救公司。爱自己、爱别人、爱公司，从小事做起。一个人要爱别人，别人也会爱你的。

“希望大家春节回家给父母洗洗脚，从小事做起，爱父母、爱亲人、爱他人。家庭是我们力量的源泉。从小，就是母亲温暖的双手，捧着我们的小脚，一次次轻柔地清洗，一直到送我们独立走上人生的道路；现在，让我们端上一盆暖暖的水到父母跟前，怀着爱和感谢虔诚地弯下腰，在春节期间为父母清洗一下那双历经风雨、长满茧子的双脚吧。我们成长到今天，与亲人默默无闻的无私奉献分不开，春节你能否也给夫人或先生洗洗脚。

“窗外依然寒冷，我们即将在温暖的家里和亲人欢聚。这个时刻，你是否意识到，在我们周围，总会有一些像‘卖火柴的小女孩’那样的人。他们可能遇到这样那样的困难，今天，我们有了一些条件了，能不能献出一点爱？

“这个春节，偶尔遇到路边的乞讨者，我们能否不怀疑他们的动机，给他们一些零钱；雨雪里遇到卖菜、卖水果的小商贩，不管你是否需要，多少买一点，让他们能早点收摊回家；碰到露宿街头的人，能否帮他们买份食物，替他们给救助站打个电话联系一下；家里有多余的衣物、棉被，清洗干净，捐出去说不定能帮助更多的人……”

能分享给身边的人，或基于血缘，或基于友情，或基于情怀，或基于责任；能分享给那些不熟悉的人，或基于使命，或基于道德，或基于人格，或基于人性。

分享岂止唯利益？

5. 激励断思

在高级管理干部培训班上，一位学员分享了这样一个案例：

2008年汶川大地震，这位川籍学员身在外地，家里的电话打不通，焦急万分。这时，他接到了来自客户的询问与问候电话。而其主管和主管的主管，在震后几天也没有打来一个问候的电话。

这位学员在分享案例时，我看到了他眼里有若隐若现的泪花。

有人会质疑，不就是一个电话吗？何必大惊小怪的。

这就是激励，客户予以的是正激励，主管带来的是负激励。

什么是激励？美国管理学家贝雷尔森（Berelson）和斯坦纳（Steiner）给激励下了如下定义："一切内心要争取的条件、希望、愿望、动力都构成了对人的激励。它是人类活动的一种内心状态。"人的一切行动都是由某种激励引起的，激励是一种精神状态，它对人的行动起激发、推动、加强的作用。

人一半是天使，一半是魔鬼；激励就是激发人的真善美，约束就是抑制人的假恶丑。激发正能量，抑制负能量，就是激发活力的本质。

一谈起激励，人们马上就会想到金钱，尤其在这个物欲横流的社会里，金钱似乎是这个世界的主宰。果真如此吗？

在美国行为科学家弗雷德里克·赫茨伯格（Fredrick Herzberg）眼里，金钱根本不是激励要素，而是保健因素。20世纪50年代末期，赫茨伯格和他的助手们在美国匹兹堡地区对 200 名工程师、会计师进行了调查，得出的结论是：传统的激励假设，如工资刺激、人际关系的改善、提供良好的工作条件等，都不会产生更大的激励；它们能消除不满意，防止产生问题，但这些传统的“激励因素”即使达到最佳程度，也不会产生积极的激励。换言之，以物质激励为内容的保健因素，消除不满意，带来满意，只能使员工不会离开公司，而不能保证员工持续地为公司做贡献。

真正的激励要素是属于工作本身或工作内容方面的成就、认同、挑战性的工作、增加的工作责任，以及成长和发展的机会。

有人或许会认为学者书斋里的研究结论不可信，不适用于中国的国情，或者不适用于 80 后，而现实情况并非如此，针对中国企业员工激励要素的相关调查，也证明赫茨伯格激励理论成立。成就、挑战性工作、认可与尊重、关系的和谐、职业提升等同样被认为是最有效的激励要素。

我们的员工并没有掉到钱眼去，我们的管理者也不认为金钱是万能的。花钱买不到真正的积极性，花钱只能买来唯利是图的人。国人有一个传承很久的价值主张：为朋友两肋插刀，士为知己者死，这不是钱的事。

非物质激励与物质激励同样重要！

物质激励是必要的基础，但它有刚性，会懈怠，产生沉淀；物质激励与非物质激励相结合，犹如核裂变，能产生出巨大的能量。

不管是物质激励，还是非物质激励，都应力出一孔，导向员工的活力激发、潜力挖掘和持续创新。

物质激励如山，如父爱，厚重，刚性；非物质激励如水，如母爱，温暖，柔性。

员工获取的物质激励来自公司，决定于公司的价值评价与价值分配体系；管理者能够给下属的只有非物质激励。

与物质激励相比，非物质激励的成本更小，但效果更大，更持久，边际效应是递增的，而不是递减的；一个眼神，一声问候，一封邮件，一个短信，都是非物质激励，可谓一草一木总关情。当然，唬凶骂也是非物质激励，只不过是负的非物质激励，恶语一句六月寒，可谓一句话一辈子，把朋友变成了敌人。把朋友变成敌人易，把敌人变成朋友难。

中国古人荀况言：君子赠人以言，庶人赠人以财。

干部大会上有一幅宣传画：非物质激励像太阳，照到哪里哪里亮。斯言诚也！人没有优点，没有缺点，只有特点。每个人都是一个小宇宙，每个人都有大能量，但都需要激发。

当然，激励他人不仅仅是管理者的责任，被激励的对象不仅仅是下属，还可以激励上级、激励同事，激励一切可以激励的人，因为每个人都有被激励的需求。另外，千万别忘了，还有自我激励。

物质激励依据的是公司的核心价值观和制度，非物质激励来自管理者的领导力。制度的衡量标准是科学与理性；而领导力的衡量标准是人性与艺术。

伟大的领导者都是激励大师，更关注人和人性，能够持续地影响其追随者；而平庸的管理者更多的是眼中有事，目中无人，最后变成了“伟大的个体户”。

有效的非物质激励不是工艺，是艺术，因此需要潜心地感悟、领悟，应坚守“唯悟主义”。

非物质激励无定式，无大全，无宝典，无秘籍，它基于人性，基于动机，基于心灵，基于需求，基于真诚。直达心灵，直达人性。

有效的非物质激励的核心在于胸怀他人的品格，那种为激励而激励，出于个人私利的所谓激励，肯定是矫揉造作与虚情假意的表演，假以时日，总有穿帮的时候。

非物质激励有一条基本原则：己所不欲，勿施于人。

6. 华为的集体宣誓

2017 年初，又爆出关于华为的新闻，这次是关于华为集体宣誓的内容，看看有关报道的题目，就可以想象它所引起的反响："震撼！华为高管集体宣誓：被这场面惊到了""句句震撼！任正非率众高管宣誓自律""华为高管集体在深圳宣誓，场面震惊，誓词是亮点"……

其实，华为的集体宣誓早在十年前就实行了，集体宣誓活动已经制度化地开展至今。

6.1 决不允许"堡垒从内部攻破"

2005 年 12 月，公司召开了 EMT 民主生活会，EMT 成员共同认识到：作为公司的领导核心，要正人须先正己，以身作则，会上通过了《EMT 自律宣言》，同时要求在此后的两年时间内完成 EMT 成员、中高层干部的关联供应商申报与关系清理，并通过制度化宣誓方式层层覆盖所有干部，接受全体员工的监督。

2007 年 9 月 29 日下午，公司举行了首次集体宣誓大会。

当日在华为大学举行了"华为公司 EMT 自律宣言宣誓大会"，当届 EMT 轮值主席郭平首先做了题为《决不让堡垒从内部攻破》的报告。他指出：创业容易守业难，堡垒最容易从内部攻破，我们要时刻保持清醒，强化干部自我监管和组织监管机制的建设，保持干部队伍的廉洁和奋斗，只有这样，公司才有可能长久活下去。

然后，面对与会的200余名中高级干部，任正非等9位EMT成员集体举起右手，庄严宣誓：

正人先正己、以身作则、严于律己，做全体员工的楷模。高级干部的合法收入只能来自华为公司的分红及薪酬，除此之外不能以下述方式获得其他任何收入：

绝对不利用公司赋予我们的职权去影响和干扰公司各项业务，从中牟取私利，包括但不限于各种采购、销售、合作、外包等，不以任何形式损害公司利益。高级干部要正直无私，用人要五湖四海，不拉帮结派。不在自己管辖范围内形成不良作风。

高级干部要有自我约束能力，通过自查、自纠、自我批判，每日三省吾身，因此我们绝不允许“上梁不正下梁歪”，绝不允许“堡垒从内部攻破”。

我们必须廉洁正气、奋发图强、励精图治，带领公司冲过未来征程上的暗礁险滩。我们将坚决履行以上承诺，并接受公司审计和全体员工的监督。

接下来，9位EMT成员分别宣誓，任正非的宣誓词为：

从我创办华为担任总裁那一天起，就深感置身于内外矛盾冲突的旋涡中，深感处在各种利益碰撞与诱惑的中心，同时也深感自己肩上责任的沉重。如何从容地应对各种冲突和矛盾，如何在两难困境中果断地决策和取舍，如何长期抵御住私欲的诱惑和干扰？唯有彻底抛弃一切私心杂念，否则无法正确平衡各方面的关系。这是

> 我担任总裁的资格底线，这也是我们担任公司高级干部的资格底线。只有无私才会公平、公正，才能团结好一个团队；只有无私才会无畏，才能坚持原则；只有无私，才敢于批评与自我批评，敢于改正自己的缺点，去除自己的不足；只有无私才会心胸宽广，境界高远，才会包容一切需要容纳的东西，才有能力肩负起应该承担的责任。
>
> 我郑重承诺：在任期间，决不贪腐，决不允许亲属与公司发生任何形式的关联交易，决不在公司的重大决策中，掺杂自私的动机。

我当日就在现场，几次想举起相机，记录这神圣庄严的时刻，考虑到公司的信息安全制度，只好作罢。会议结束后，我在记录本上写下这样一段话：这是一个可怕的领导集体，这是一帮可怕的人，他们的可怕之处在于他们对自己狠！

2007年12月3日至7日，公司研发体系、战略与市场营销体系、用服体系、运作与交付体系、人力资源、党委、华为大学、董事会秘书处、财经体系、基建、内部服务、慧通、法务体系、企业发展部的一级部门负责人也分别举行了“干部自律宣言宣誓大会”，集体宣誓的誓词为：

> 我们要众志成城，万众一心，把所有的力量都聚焦在公司的业务发展上。我们必须廉洁正气、奋发图强、励精图治，带领团队冲过未来征程上的暗礁险滩。我们决不允许“堡垒从内部攻破”。我们将坚决履行以上承诺，并接受公司审计和全体员工的监督。

6.2　EMT 自律宣言

2008年华为的集体宣誓中断过一次，原因或许是这一年有繁重的奥运会业务保障，或许是因为这一年集体大辞职风波的影响。

2009 年 1 月 15~16 日，公司市场工作会议召开，会议的第一项议程就是“EMT 自律宣言宣誓”。

自此，公司的自律宣言宣誓大会开始固定为每年初的公司市场工作会议的一项议程。

自此，自律宣言宣誓的范围正式覆盖到公司的各级干部，形成层层宣誓的制度化规定。

2012 年 1 月 19 日，公司在深圳坂田基地召开了“董事会监事会自律宣言宣誓”大会。

这次自律宣言的誓词做了调整：

> 华为承载着历史赋予的伟大使命和全体员工的共同理想。多年来我们共同奉献了最宝贵的青春年华，付出了常人难以承受的长年艰辛，才开创了公司今天的局面。要保持公司持久的蓬勃生机，还要长期艰苦奋斗下去。
>
> 我们热爱华为正如热爱自己的生命。为了华为的可持续发展，为了公司的长治久安，我们要警惕历史上种种内朽自毁的悲剧，决不重蹈覆辙。在此，我们郑重承诺：
>
> 1. 正人先正己、以身作则、严于律己，做全体员工的楷模。高级干部的合法收入只能来自华为公司的分红及薪酬，不以下述方式获得其他任何收入：
>
> 绝对不利用公司赋予我们的职权去影响和干扰公司各项业务，从中牟取私利，包括但不限于各种采购、销售、合作、外包等，不以任何形式损害公司利益。
>
> 不在外开设公司、参股、兼职，亲属开设和参股的公司不与华

为进行任何形式的关联交易。

不贪污，不受贿。

高级干部可以帮助自己愿意帮助的人，但只能用自己口袋中的钱，不能用手中的权，公私要分明。

2. 高级干部要正直无私，用人要五湖四海，不拉帮结派。不在自己管辖范围内形成不良作风。

3. 不窃取、不泄露公司商业机密，不侵犯其他公司的商业机密。

4. 绝不接触中国的任何国家机密，以及任何其他国家的任何国家机密。

5. 不私费公报。

6. 高级干部要有自我约束能力，通过自查、自纠、自我批判，每日三省吾身，以此建立干部队伍的自洁机制。

我们是公司的领导核心，是牵引公司前进的发动机。我们要众志成城，万众一心，把所有的力量都聚焦在公司的业务发展上。我们必须廉洁正气、奋发图强、励精图治，带领公司冲过未来征程上的暗礁险滩。我们决不允许“上梁不正下梁歪”，决不允许“堡垒从内部攻破”。我们将坚决履行以上承诺，并接受公司监事会和全体员工的监督。

自此，“EMT自律宣言宣誓大会”正式更名为“董事会监事会自律宣言宣誓大会”，原因是公司的治理结构与组织结构发生了变化。

6.3 宣誓大会

2017年1月11日的自律宣言宣誓大会与市场部会议同步进行，

但更名为“华为公司干部工作作风宣誓大会”，原因是2016年华为的“华为公司关于改进工作作风的八条规定”，华为的“干部八条”于2013年1月第一次发文，2015年1月发文重申，2016年3月再次发文强调。

在这次会议上，董事会成员、监事会成员及各BG总裁、地区部总裁和产品线总裁分别宣誓。

宣誓的誓词为：

1. 我决不搞迎来送往，不给上级送礼，不当面赞扬上级，把精力放在为客户服务上。

2. 我决不动用公司资源，也不占用工作时间为上级或其家属办私事。如遇非办不可的特殊情况，应申报并由受益人支付相关费用。

3. 我决不说假话，不捂盖子，不评价不了解的情况，不传播不实之词，有意见直接与当事人沟通或报告上级，不能侵犯他人隐私。

4. 我们认真阅读文件、理解指令。主管的责任是胜利，不是简单的服从。主管尽职尽责的标准是通过激发部属的积极性、主动性、创造性去获取胜利。

5. 我们反对官僚主义，反对不作为，反对发牢骚讲怪话。对矛盾不回避，对困难不躲闪，积极探索，努力作为，勇于担当。

6. 我们反对文山会海，反对繁文缛节。学会复杂问题简单化，600字以内说清一个重大问题。

7. 我决不偷窃，决不私费公报，决不贪污受贿，决不造假，我们也决不允许我们当中任何人这样做，要爱护自身人格。

8. 我们决不允许跟人、站队的不良行为在华为形成风气。个人应通过努力工作、创造价值去争取机会。

有人认为，华为的集体宣誓仅仅是少数人的行为，不过是少数人在台上宣誓，多数人在台下见证宣誓，从表象来看，确实如此，但实际上，并非如此。这次集体宣誓在心声社区的专题报道，不到 4 个月浏览量就达到 16.6 万人次，已接近华为员工的总人数，评论达到 4 100 多条，而且此帖还处于发酵过程中。由此可见，集体宣誓是自上而下的全员参与活动。

其实，集体宣誓在华为已经常态化了，除了这种制度化的高层集体宣誓外，华为也经常举行部门专项的集体宣誓，如：

2009 年 6 月 30 日，战略与市场营销体系的 17 名体系 AT/ST① 成员在 120 多名主管和骨干员工的见证下庄严宣誓。

2009 年 4 月 16 日至 5 月 18 日，华为大学、内服、全球销售与服务体系、慧通公司分别组织本部门管理者进行 2009 年干部自律宣誓活动。

2014 年 7 月 9 日下午，片区联席会议管理团队召开了干部监察会议并进行了自律宣言宣誓。

2015 年 9 月 7 日，14 支战略预备队在战略预备队誓师典礼上集体宣誓。

2015 年 9 月 24 日，举行变革战略预备队第三期誓师典礼。

2016 年 1 月 17 日至 21 日，海外子公司董事集中赋能研讨会上，所有到会的专职及候选董事进行了自律宣誓。

印象最深的是 2015 年 9 月 7 日的战略预备队集体宣誓时，14 支战

① AT，administrative team，行政管理团队。ST，staff team，办公会议。

略预备队的誓词。

解决方案重装旅：

我们郑重承诺：我们以全新的视野，洞察商业本质，传递价值主张，助力客户成功。

我们以顽强的意志，在战争中学战争，提升交易能力，主动多打粮食。

我们以优秀的品格，让忠诚创造价值，肩负庄严使命，锻造商业领袖。

我们接受训战洗礼，超越过去，百炼成钢、百战成将！

精兵壮，炮火强，重装出击打胜仗！

项目管理资源池：

训战结合练精兵，集成协同促经营，打赢班长战争！

变革战略预备队：

一道堰，一艘舰，共筑百年老店！

行政战略预备队：

兵马未动，粮草先行，联勤互动，支撑作战！

华为大学：

胸怀全局，组织好训战结合的教学，让最优秀的人培养更优秀的人。

深入战场，善于总结，及时赋能，一线将士在，我们就在。

努力学习，积极工作，生机勃勃，做全体学员的表率。

我们将满怀激情，使命必达，以公司的战略成功、学员成长为无上荣光！

铸精神，荟真知，训战结合育英才！

6.4 质疑的声音

在网上，宣誓被定义为："宣誓，古代也叫起誓，是用最郑重的形式，在誓言接受者面前表明自己，并请接受誓言者监督，在起誓的那件事上把对自己的监督和处置全权交给誓言接受者。"

同时也认为："现代社会下，宣誓被无形地渗透到日常生活的角角落落。随着历史的发展，当宣誓这个在古代极具法律约束力的概念，被弱化为只需要道德和良心的约束时，在纷繁复杂的现代社会环境下的宣誓，人们有不同的理解：（1）大部分的宣誓行为，有作秀嫌疑，应当少宣誓多做事；（2）值得提倡；（3）目前的很多宣誓活动，因为缺乏制约，尤其法律上的制约，多流于形式，应当强化宣誓制度建设，加强法律上的约束感。"

其实，宣誓在现实中大量存在，加入某个组织（党、团、少先队）、大型体育运动会（运动员、裁判员、志愿者）、就职（如总统、护士、公务员）、婚礼等，都有宣誓活动。

孟德斯鸠在《论法的精神》中说："'誓言'在罗马人中有很大的力量，所以没有比'立誓'更能使他们遵守法律了。他们为遵守誓言常是不畏一切困难的。”

但在当下，宣誓几乎是被诟病的，正如网上的评价：“人们已经无法预期宣誓所能起到的真实作用，也就不再相信宣誓了。”在此要问的是，当下人们还相信什么？人总得要信点什么吧。

对于那些对华为集体宣誓的讥讽、调侃、谩骂与抹黑，没有任何回应的必要，他说他的，你做你的，大家根本就不在一个频道上，大家本来就不是一类人，道不同，不相与谋。

对于华为的集体宣誓，理性的评价也褒贬不一。

（1）有人质疑：华为的集体宣誓真的有用吗？

一项管理举措是否有用，不是靠事前的价值判断，而是靠事后的实践检验，事前的判断是基于经验主义的，而管理实践是实用主义的。回答集体宣誓是否有用的问题，最有发言权的是华为，而不应由他人置喙，作为吃瓜群众，你的角色就是观众。

“有用”有长短之分，短期的无用，并不能否定长期的有用。

任何管理举措都是有成本、有代价的，得出有用与否的结论，是将成本与效用进行对比，如果得不偿失，则无用；如果效用大于成本，则有用。

有人认为宣誓只有言而无行。言与行是两个层面的问题，先言后行有什么不可，总比言行不一要好得多。宣誓从某种意义上说，就是行前的热身，先把状态激活起来，再进入行的过程。

至于为什么集体宣誓为什么没在大多数企业实行，别忘了，华为无论在经营上，还是管理上，都是业内领先企业。

（2）有人质疑：华为的集体宣誓是不是形式主义？

在某种情况或某种情景下，形式重于内容，如：宗教对仪式、典礼与遵守规则的重视。在教徒的心目中，诵经、祷告、宗教仪式比所有的世俗工作都要重要，这是与神的约定。石墨与金刚石的区别不在于其内容——它们都是由碳元素构成的，而其结构决定了物理性质的差异。

管理分为手艺、实践与艺术，作为管理最高层次的艺术，与其他艺术一样，更关注的是形式。

如果连形式都不重视，内容也得不到守望。

华为的集体宣誓确实是一种形式，但不是形式主义，形式主义的思想根源和哲学基础是唯心主义和形而上学。形式有助于强化与升华内容，内容以好的形式才能展现出来。

华为的集体宣誓是以一种仪式化的形式，展现华为高层管理者的内心表达与期望。

（3）有人质疑：华为的集体宣誓是不是作秀？

秀，本指美好、秀丽，今人演化为展示与炫耀。就其本意讲，华为的集体宣誓，是一场“秀”，公司的高管们面对下属宣誓，是将自己人性最美好的、正能量的心声展现出来，接受员工的监督，宣誓者与见证者共鸣，宣誓者严肃庄严，见证者认真参与，这样的“秀”多一些又有何妨？

人在做，天在看，领导宣誓，员工也在看，领导如果心底无私、心胸坦荡，何妨不“秀”一把给你的员工看看？

作秀，是偶尔为之，华为的集体宣誓已历经 10 年，还能认为是“作秀”吗？

如果你有力量，面临强敌时，就是要秀出你的肌肉，这就是“亮剑”精神！

（4）有人质疑：华为的集体宣誓是不是搞运动？

人是有强大的遗忘功能的，组织也有强大的遗忘功能，不断地重复灌输，能够抵抗遗忘功能，重要的事情要反复记忆，方能铭记在心，而且誓言是容易背叛的，遗忘的。所以，按照一定的时间周期做一次集体宣誓，就是为了唤醒记忆。人真正相信的东西才是最有力量的，人要相信，首先必须记住，要记住，首先需要灌输。

搞运动，是指由领导发起的旨在折腾群众的活动，而华为集体宣誓的主体是高层，它不是运动，而是鼓动、发动与激发。

如果把华为的集体宣誓看作运动，亦是指激发组织活力，消除组织沉淀与懈怠的运动，此“运动”与体育锻炼的含义相同。生命在于运动，组织的生命也在于运动。

集体宣誓在华为不是偶尔为之的一场运动，而是一个例行的制度。

（5）有人质疑：华为的集体宣誓是不是学共产党？

集体宣誓并非共产党首创，当年的国民党也有入党誓词。集体宣誓本来就是人类组织中普遍存在的一种仪式，英雄不问出处，工具何管谁造？只要有效，哪个形式都可为我所用，何况也没有专利壁垒。逢事必问是非，画地为牢，自我束缚，是一种僵化的愚蠢。

有人问华为的“干部八条”与我党的“八项规定”有无关系，当然有关系，华为的“干部八条”学的就是党的“八项规定”，2012 年 12 月 4 日党发布了《关于改进工作作风密切联系群众的规定》，8 天后，华为就推出了自己的规定，这就是任正非所提倡的“一杯咖啡主义，吸收宇宙能量”的体现。

从“EMT 自律宣言宣誓”，到“董事会监事会自律宣言宣誓”，再到“干部工作作风宣誓”，十年间，宣誓的人员有变换，宣誓的誓词有调整，宣誓的时间有变化，宣誓的场地有变动，但主题未变，核心没变，初衷没变，目的也没有变。

任正非对自律宣言的价值做出了如下的高度概括：

“制度不可能完善到无懈可击，流程只有与认真遵守的人相配合，才会取得较大的价值和贡献。

“自律永远是管理的低成本，各级干部应把践行八条作为终生的座右铭，使我们的流程管理更加简洁、及时、准确。‘促进自律，完善他律’形成一个良好的内部场。道德遵从委员会每个人都要带头遵守干部八条，以点带面，让大大小小的‘火车头’带领 20 多万员工的‘火车’跑起来，让公司充满活力和竞争力。

“我们敢于接受群众监督，形成他律。自律与他律相结合，形成的组织氛围必然是正向、积极的，也提供了流程不完备时的‘自愈’机制。”

小结如下：

华为的集体宣誓既是一种教育，又是一种警戒，还是一种约束，也是一种激励。

华为的集体宣誓是企业文化建设过程中的重要措施。

华为的集体宣誓是组织管理与干部管理的重要举措。

华为的集体宣誓不仅仅是一种仪式，还是一种制度化的管理体系。

华为的集体宣誓是各级管理者一种自律行为的展示。

华为的集体宣誓是高层自信、自律、力量、团结与进取的展现。

华为的集体宣誓是被实践所证明的有效的管理对策。

我多次参加华为的集体宣誓，处于那样巨大的能量场，每次都热血澎湃，每次都是心灵的洗礼，每次都是正能量的吸纳，每次都收获一份感动，每次都获取了一份激励。

2014 年，任正非在一次讲话中指出：华为从胜利走向更大的胜利的三项根本保证，除了指向扩张的制度与规则和善于学习的奋斗群体外，还有一条就是“形成一个坚强、有力的领导集团，但这个核心集团要听得进批评”。

“如此，华为除了胜利，无路可走！”

斯言诚也！

7. 华为的小费文化

7.1　小故事中的华为文化

企业文化并没有那么高大上，企业文化就是点点滴滴。说大了，企业文化是愿景、使命和核心价值观，说小了，就是日常所见所闻的习惯或叫惯行。企业文化不仅在墙上、在嘴上，更在手上。而后者更有力量，朴素的东西最能打动人。

曾经有这样一个真实的小故事，验证了华为文化的真实性。

2014年，北京的一位著名企业文化专家来电，说想到华为看看，恰好我在华为，就带他们一行到行政中心转了转。在天鹅湖畔，他们照相留念时，我对这位专家说：肯定会有人阻止你们照相。专家环视一周，说没有保安，没事。话音刚落，远处快步走来一人，告知：先生，这里不允许照相。这个人没戴华为工卡，说完后返回A8食堂，应该是食堂的员工。

这位专家感慨：华为的文化太厉害了！

华为的文化假设得到验证。企业文化的境界在于，不仅个体认同公司的文化，更重要的在于对于有违文化的现象，能够干预或反对，即使与个人的职责无关。

华为的企业文化更多地体现在细节上，从床垫文化、狼性、求助，到任正非提倡的给父母洗脚，不要忘了“卖火柴的小女孩”，新员工第一个月的工资寄给父母，都是真实的华为企业文化的表现。

7.2 提倡“小费文化”

近些年来，任正非和华为在提倡“小费文化”。

或许有人觉得称之为“文化”有点夸大，其实，除了愿景、使命、核心价值观等高大上的体系之外，文化还是一种行为规范，或称为惯行，付小费从这个意义上讲，也可称为“小费文化”。

任正非什么时间提倡员工给小费，已经很难查到了，亲眼见到他本人给小费，应该是在 20 世纪 90 年代后期。

2008 年在刚果与员工座谈时，任正非讲道：“大家对金钱不要太吝啬了，如果你今天不吝啬，那么你明天会更美好。”

2013 年 5 月，在海外行政后勤服务管理思路汇报会上的讲话中，任正非讲道：“我非常提倡代表处这种团体活动：十几个人租个保姆帮忙洗衣服，一起凑钱给小费。因为每一个员工都要有感恩之心，不是人家给我们服务了，我们就趾高气扬。我们可以设立一些优质的样板点，让员工舍得花钱。”

2015 年，在战略预备队誓师典礼暨优秀队员表彰大会上的讲话中，任正非再次提出：“我对非洲行政改革的唯一建议，是希望推广其他代表处的经验，给黑人保姆、司机这些服务人员付点小费。你们都说与国际接轨了，小费都不肯给，怎么叫与国际接轨呢？在非洲的弟兄们，十几个人租个保姆帮忙洗衣服，一起凑钱给小费。这样你的衬衫是洁白的，每天都可以换，何必要自己洗呢？你把洗衬衫的时间用去作战，可能挣到的小米还会多一些。”

在 2016 年 3 月的讲话中，任正非提出：“我们要从预算里面拿出些钱来，厕所打扫干净了、绿化搞好了、安全搞好了……给劳动者发点奖金，员工给服务人员一点小费，虽然我们把服务外包了，但外包公司也不一定能把钱给到劳动者的。各级干部还是要在自己的部门把小费制度推起来，我们已经是与国际接轨的公司了，不给小费就是不与国际接轨。给劳动者一点补偿也是感恩嘛，心对心，你给了黑人保姆一点点钱，人家把你的衬衣烫得平平整整的，你出去就像绅士一样，有什么不好呢？南非地区部这方面就做得很好，所以各方关系很融洽。"

2016 年 5 月 28 日在员工关系年会上，他又讲道："可以推行小费制度，出去多带一些零钱、零食，给当地人。"

可以看出，任正非从提倡给小费，到呼吁公司推行消费制度，开始时只限于海外，主要是针对海外营销员工。

7.3 华为人的"傻"

在 2016 年 3 月的讲话中，任正非指出："小费制度同样适用于国内的部门。"

两个月后，小费制度就开始在华为实行了。只要上级有指令，不纠结，不犹豫，不问为什么，理解了执行，不理解亦执行，没有条件，创造条件也要完成，不撞南墙不回头，撞了南墙，也要穿墙而过。不讲条件，不讲借口，砥砺前行，执行到底。这就是阿甘精神，这就是华为人的"傻"。

这就是华为可怕的执行力！

自 2016 年 5 月 1 日起，在深圳总部的华为人惊奇地发现，小费制度在公司落地了，这就是华为的执行力。在公司园区内的穿梭车上，在基地所有的厕所内，都设置了小费箱。我亲眼见到，厕所的小费箱由有机玻璃制成，心形，上面写着："感恩小费箱"、"Thanks Giving Tips"（谢谢你的小费）和"与国际接轨从小费开始"。

小费推行的目的：通过倡导人人自愿捐赠小费，激发基层服务人员工作热情，主动提升服务质量；让员工通过额外付费获得更好、更优质的服务；共同营造公司的小费氛围和感恩文化。

可以看出，小费虽小，作用很大，其目的，一是为感恩，感谢他人为自己的付出；二是为激励，激励他人为自己提供更好的服务；三是与国际接轨，在这里最好少谈国情，少讲中国特色，这么多年我们讲的够多了；四是强化公司的文化，提升员工的个人素养。

小费是自愿的付出，同时又是长期的回报。对他人付出的是感恩，回报自己的是优质的服务。

3 个月后，坂田基地穿梭车共计安装小费箱 59 个，按照“一卫生间一箱”标准试点配置小费箱，累计在坂田基地安装小费箱 255 个。

在海外，有 8 个地区部小费推行覆盖率达到 100%，5 个地区部达到 85% 及以上，1 个为 56%，日本地区部为 0（看来小费制度在友好邻邦推行也是很难的），平均为 89%。小费的付出方式有：小费箱（30%）、员工面对面给服务人员小费（25%）、从生活委结余进行划拨（23%）、员工在生活委处进行捐赠（15%）、员工通过小费电子流进行捐赠（7%）。小费的发放对象一般包括：厨师、帮厨、保安、保洁、司机、维修工等。

当然，不是所有的员工都认同小费的，不要认为华为文化是那样纯洁，是铁板一块。在心声社区上，小费文化引起了广泛的争论，其热度不亚于园区停车收费引起的轩然大波，挖苦、吐槽、讽刺、谩骂、攻击、调侃、造谣、戏说等随处可见，不绝于耳。反正穿着马甲，反正无人追查，加之现在的年轻员工思维活跃，语言丰富犀利，每个帖子都几乎上头条，每一个帖子都有数不清的跟帖。

公司的态度很简单，你说你的，我做我的，既然公司决定的事情，理解要干，不理解也要干。心声社区本来就是个罗马广场，让员工释放一下，发泄一下，也无大碍。对公司来讲，员工能一边吐着槽，一边拼命地拉车，就可以了。文化的认同需要一个过程，文化被更多的人认同需要一个漫长的过程。吐槽吐累了，吐烦了，就不会再吐了，吐完了，就吐不出来了，然后再吐别的，这就是互联网的惯例，也是互联网思维。

尽管如此，华为推行的小费制度还是很有成效的。据了解，推行3个月后，穿梭车平均每月能收到小费1 800元，厕所平均每月能收到小费1 500元。

华为的付小费由公司倡导、高层身体力行，到制度的支撑，再到成为群体的习惯，华为的小费文化落地了——所有的文化落地也都如此，由假设，到验证，再到实践，是企业文化培育与落地内在机理与逻辑。

华为企业文化百花园里又多了一支新葩，当然，很多人也包括一些华为人认为是一朵“奇葩”。

我在此承诺：下次如厕一定付小费，感恩保洁人员的辛勤付出，激励她们继续提供优质的保洁服务。

在此，需要说明的有两点：

第一，华为提倡员工付小费，但严禁在商业行为中收取他人小费，这在《华为员工商业行为准则》中有明确规定。

第二，华为对外支付的小费是不能报销的，《华为公司出差费用管理制度》明确规定：“员工个人出差期间发生的小费由个人承担。公司大型会议、展览期间会务组统一发生的因公小费，以及陪同客户期间为客户代付的小费，可以报销。”

7.4 反思“小费”

目前小费在中国几乎已经绝迹，小费好像只出现在灯红酒绿的KTV（配有卡拉OK和电视设备的包间）等娱乐场所，不知近期流行的给网络主播的“打赏”是否可归于小费的范畴。

另外，与付小费相近的，或许只有微信上的愈演愈烈的发红包了。国人在发红包方面是非常慷慨的，但在付小费上却进步甚微，给的不习惯，收的亦尴尬。

华为推行的付小费制度，不是经营管理的重大举措，也不是惊世骇俗的重大创新，只是一点点改进，一点点进步。正是这些一点点的变化，才使华为企业文化走向优秀和卓越，企业文化的现实表现本来就是一种自然的惯行，企业文化建设本来就是长期的系统工程。点滴小善的积累，会使公司的文化更厚重，更丰满，更醇厚。

华为的小费制度实际上是在公司范围内构造一种向善的环境与氛围，让善行之花长开不败，如果善的土壤板结了，恶的杂草就会丛生。如荀子所讲：“蓬生麻中，不扶而直。白沙在涅，与之俱黑。”

有人说，真诚与善良不是装出来的，它来自内心的驱动与向往，我认同此言，但是，人心之善，人心之美，也需要焕发，也需要滋养，也需要人人向善的环境，否则，善会被抑制，被打压，被孤立。

从个人的角度讲，付小费能够反映一个人的品格、教养、修养、素养和情怀，尤其是对于高收入阶层来讲，给为你提供服务的低收入者一点小费，虽不是修路补桥的大慈善，但也是送人玫瑰，手有余香的功德之举。一个“葛朗台”们云集的组织，不会有负氧离子，只会有铜臭气。管理大师德鲁克讲：“管理只能是人类行善的工具。”华为的小费管理制度，实际上也是牵引员工行善的工具。行善是一种修养，行善也是一种智慧。善心人皆有之，但也需要引导牵引，需要激发和激励，故中国人讲要“扬善”。

任正非与公司不希望华为的员工变成爱财如命的精致的“葛朗台”，也不希望华为的员工变成挥金如土的“暴发户”，而希望成为受人尊敬的“贵族”，物质上富裕，精神上尊贵，否则，华为没有未来。正如任正非于 2017 年 4 月 24 日在道德遵从委员会第二次代表大会上的讲话指出的那样：“现在是用精神文明来牵引物质文明进一步发展的机会，建设一支有使命感、负责任、有能力、愿奉献的生力军，去为人类社会做出更大的贡献。”

2017 年 6 月 1 日在与中国地区部代表及主管座谈时，任正非指出：“我们创业这 30 年来，就是物质文明和精神文明融合在一起，共同推动公司发展的，以物质文明促进了精神文明，以精神文明巩固了物质文明。但是，前 30 年我们强调物质更多一些，希望加快改善大家的生活。现在绝大多数员工（除了新员工）的生活都有一定改善，那我们在新时期多强调一点精神。”华为的小费制度，应该也算作精神文明建设的举措。

当然，外界对华为的付小费制度不一定认同，甚至诟病与讥讽的也不会少，华为不会在意这些的，过去也从没在意过，否则华为就不是华为了，这也是华为的可怕之处。这是领先者与跟随者、与平庸者的区别。条件成熟了，大家都做了，自己再做，这是跟随者与平庸者的逻辑。没有条件创造条件，不为自己找借口与理由，这是领先者的逻辑。

国内公司可以拷贝华为的各项制度，但你难以让华为的制度在你的公司落地；可以照搬华为的核心价值主张，但只能放在墙上；小费制度也是如此，不信，就试试。

但是如果要学习华为的文化，不妨从学习华为的小费文化开始，顺便检验一下公司文化的优劣与真伪。

8. 华为的“八条要求”与“十六条军规”

条条框框，被视为固定的、不能变通的条例规定。相对于要求成员共同遵守的规章或准则的制度而言，条条框框的强制性和奖惩性较差，带有更多的倡导性或警示性。

在华为，除了系统性的制度体系之外，还有很多非常有特点的条条框框。其中，以“八条要求”和“十六条军规”最具特色。

8.1 八条要求

华为八条要求的全称是：“华为公司关于改进工作作风的八条要求”，简称“干部八条”。非常明显，华为的八项要求是向我党的“八项规定”学习而来的。

2012 年 12 月 4 日，中共中央政治局确定了《关于改进工作作风密切联系群众的八项规定》。

8 天后，12 月 12 日公司人力资源部门就结合“八项规定”，提出华为对应的“十项规定”。2012 年 12 月 28 日，公司董事会提出华为公司改进作风的八条要求。后经一层、二层、三层行政管理团队成员等多次讨论修改，形成《华为公司改进作风的八条要求》讨论稿。

2013 年 1 月 5 日，华为人力资源部发出了关于《华为公司改进作风的八条要求》的通知。

2013 年 9 月 10 日，心声社区面向全体员工征求修改意见，并进行讨论。

2015 年 1 月 4 日，任正非签发了《华为公司改进作风的八条要求（重申）》。此稿开头加了一句话：“穷奢致极欲，极欲必败亡。”此句应该引自2013年7月14日的《解放军报》一篇文章的标题。

2016年1月26日，公司面向全员征求意见，讨论修改华为公司改进作风八条。

2016年3月15日，任正非正式签发《华为公司改进工作作风的八条要求》。

与2015年版的“八条要求”相比，2016年版的字数由600余字精简到400余字。

“八条要求”的具体内容参见“华为的集体宣誓”部分。

历时4年，3次修改的华为八条规定，由“改进作风的八条要求”，到“重申”，再到“改进工作作风的八条要求”，在不断修改、提炼、总结的基础上，也更精练、更简洁、更有针对性，因而也更接地气。

其中4条与工作规范有关，包括与上级的非业务关系处理、公司资源使用、费用报销和工作关系处理；另外4条与工作作风有关：包括工作沟通规范、工作指令规范、管理行为规范和会议规范。

虽然“八条要求”不过400余字，但其涉及的内容非常广泛。除了正向倡导要求和例外限制事项外，其主体内容包括八个否定行为、八个排除行为和五个不认同行为。

（1）8个否定行为：不搞迎来送往；不给上级送礼；不当面赞扬上级；不捂盖子；不评价不了解的情况；不传播不实之词；对矛盾不回避；对困难不躲闪。

（2）8个排除行为：决不搞迎来送往；决不动用公司资源，不占用工作时间，为上级或其家属办私事；决不说假话；决不偷窃；决不私费公报；决贪污受贿；决不造假；决不允许跟人、站队。

（3）5个不认同行为：反对官僚主义；反对不作为；反对发牢骚讲怪话；反对文山会海；反对繁文缛节。

任正非对 8 条要求予以高度的重视，2017 年 4 月 24 日，在“道德遵从委员会第二次代表大会的讲话”中他提出：

“自律永远是管理的低成本，各级干部应把践行八条作为终生的座右铭。”（补充：2017 年 4 月 18 日，在战略预备队座谈会上的讲话中，任正非提出另一个座右铭：“天将降大任于斯人也，必先苦其心志，劳其筋骨，饿其体肤，空乏其身，行拂乱其所为，所以动心忍性，曾益其所不能。”）

“我们敢于接受群众监督，形成他律。自律与他律相结合，形成的组织氛围必然是正向、积极的，也提供了流程不完备时的‘自愈’机制。”

有外界评论：“对干部的作风问题提出更严厉的要求，严厉程度以及对华为的意义，丝毫不亚于中央的八项规定。”

自 2017 年 1 月起，在华为已延续十年的自律宣言，誓词正式改为“干部八条”。

8.2 十六条军规

华为的十六条军规，是继“八条要求”出台后制定出来的。

毫无疑问，华为的十六条军规是向美军学习借鉴的结果。在美军，有“美国士兵的二十二条军规”这二十二条作战条例，美国军方的军事技能，教科书上找不到，只能是来自第一线士兵们的实战经验，它简短，易记，有哲理，又幽默。

网上还流传着“西点军校的二十二条军规”及同名书，据查是伪作，如同市面上流行的《华为管理者 22 法则》《华为 28 条军规》《任正非决策华为的 66 金典》一样，基本上都属于国人熬制的管理心灵鸡汤。

不过，解放军的“三大纪律八项注意”、“三八作风”、美军的军规与华为的条例倒有诸多相似之处。

2016 年 8 月 11 日，任正非签发了《十六条军规（暂定）》，其中做了如下按语：“公司‘干部八条’公布后，员工编了一些幽默的段子，清晰、易记，现摘录公布如下，继续征集大家的修改意见至年底，进一步修订。希望大家踊跃参与。”对照来看，《十六条军规》的内容有异曲同工之处。

2017 年 1 月 13 日，任正非正式签发了《十六条军规》。

正式定稿的华为《十六条军规》共计二十一条，有点名不副实（美国大兵的二十二条军规现在也增加到二十六条了）。仔细琢磨一下，这也符合任正非及华为的行事方式，不追求形而上的形式之美，关注基于实用主义的功用之效。说不定，过一段时间，《十六条军规》的名称、内容和数量又会发生变化——预测华为是件很困难的事，华为一直在变化，由此可见一斑。

这二十一条，归纳起来看，大致涵盖如下五个方面：

第一，客户导向。（1）商业模式永远在变，唯一不变的是以真心换真金。（2）如果你的声音没人重视那是因为你离客户不够近。（10）如果你想跟人站队，请站在客户那队。

第二，与上级关系。（5）胶片文化让你浮在半空，深入现场才是脚踏实地。（7）如果你觉得主管错了，请告诉他（她）。（8）讨好领导的最好方式，就是把工作做好。（9）逢迎上级 1 小时，不如服务客户 1 分钟。

第三，工作规范。（11）忙着站队的结果只能是掉队。（13）简单粗暴就像一堵无形的墙把你和他人隔开，你永远看不到墙那边的真实情况。（14）大喊大叫的人只适合当啦啦队队员，真正有本事的人都在场上呢。（15）最简单的是讲真话，最难的也是。（16）你越试图掩盖问题，就越暴露你的问题。（17）造假比诚实更辛苦，你永远需要用新的造假来掩盖上一个造假。

第四，职业修养。（3）只要作战需要，造炮弹的也可以成为一个好炮手。（4）永远不要低估比你努力的人，因为你很快就需要追赶他（她）了。（6）那个反对你的声音可能说出了成败的关键。（12）不要因为小圈子，而失去了大家庭！

第五，工作纪律。（18）公司机密跟你的灵魂永远是打包出卖的。（19）从事第二职业的，请加倍努力，因为它将很快成为你唯一的职业。（20）在大数据时代，任何以权谋私、贪污腐败都会留下痕迹。（21）所有想要一夜暴富的人，最终都一贫如洗。

8.3 小结

除了“八项要求”和“十六条军规”外，华为还有许多类似的条款，如“华为的十八种腐败行为”“华为的十大危机”“华为的十大灾难”“华为的十大内耗”“华为的十大管理要点”“华为员工守则”“华为员工行为规范”，等等。

需要说明的是，华为的这些条条框框并不是文字游戏，也不是为了挂在墙上展示，而是作为行之有效的管理举措实施。如“八条要求”从2017年开始已成为各级干部自律宣誓的誓词；而“十六条军规”在员工长时间的讨论修改过程中，已经深深植入员工的头脑中，成为日常行为的指导和警示。也就是说，这些条条框框已经落地：由墙上到地上，由嘴上到手上。

从华为的“八项要求”和“十六条军规”的出台，可以得出以下启发：

第一，管理上的继承与学习，比管理上的创新更重要，也更有效。以开放的心态，学习与引进其他各类组织的行之有效的管理举措，来优化自身的组织，持续地为企业引进积极的正能量，这也就是任正非提倡的“一杯咖啡主义”。

第二，管理无定式，无常态，一切基于有效，一切基于现实的问题，只要能够针对现实的问题，只要能够输出力量，产生影响力，哪怕是点滴的力量，也是有效的管理举措，企业需要厚重的整体的管理体系的构建，也需要轻松简单的条条框框。

第三，管理要有预见性，需要未雨绸缪，不能坐等问题积累到难以忍受的程度，才施加管理举措。将问题消灭于萌芽状态，方能实现投入产出比或性价比最优。

第四，管理是内涵与外延都很宽泛的实践，对于企业来讲，既需要强势的、赏罚分明的“硬”管理，如制度与规则；也需要诸如“八项要求”和“十六条军规”等倡导与警醒作用的“软”管理，软硬兼施，方相得益彰，相互补充。

第五，管理不需要变革，不需要颠覆，管理体系需要的是持续的改进与优化，不可能毕其功于一役，管理怕就怕认真二字，在管理上同样不能机会主义，要等得及。华为的“八项要求”和“十六条军规”虽然内容并不繁杂，但都经过了长时间的精心打磨，和不断的持续优化。

五 ▪ 见微知著

孤独与血性

企业家不仅是企业的创立者，是企业这一功利组织的掌控者和营运者，更重要的是他还赋予这个企业以性格、特质和灵魂。企业家是企业的化身，企业是企业家的写照。现实中，有太多太多的商人，也有太多太多自诩为企业家的商人，但真正的企业家少之又少。企业家是特殊的人力资源，也是难以复制的人力资源。

任正非作为企业家，如再加上“伟大”的形容词，恐怕最不认同的是其本人。其实，他所领导下的华为的成长与发展的实际，给任正非的身份做了最好的背书。

1.“我鼓励你们奋斗，我自己也会践行”

任正非是华为核心价值观的创立者与优化者，也是公司核心价值观的守望者和践行者。我一直用“清新”两字来概括华为的企业文化。所谓清新，一是指其未被周边的环境污染，二是指其充满了积极向上的正气，很少有负能量，有负的，也是更多的负氧离子。后者的关键在于，任正非及高管们一身正气，以身作则，身先士卒，率先垂范。

中午，任正非按惯例请我吃饭，套餐是公司食堂送来的，任正非自掏腰包。

三菜一汤一米饭，很精致，但量不足，没吃饱。

我们边吃边聊，主要是与公司高管谈工作。

任正非吃饭很快，当其他人刚吃到一半时，他已经拿起文件在餐桌上开始修改了，当大家都吃完时，他已经把文件修改完了。

2点钟上班后，公司内网上出现了任正非签发的电子邮件，就是吃饭时修改的那份文件。文件是总裁办电子邮件《任正非在泰国与地区部负责人、在尼泊尔与员工座谈的讲话》。

曾有媒体问过任正非，为什么要奋斗。任正非的回答很简单："你要吃饭，就得做工。""如果我不去办公室，在家待着，不是更无聊吗？在公司还能玩一下。"

没有办法考证任正非近期的行踪，但看看他近期的讲话，大致知道，任正非最近在忙什么了。

他作为公司奋斗者的代表，一直奋斗着：

2016年12月17日，与法国研究所员工交流座谈，听取工作汇报。

2016年12月17日，在法国美学所讲话。

2016年12月17日，听取法国代表处汇报并讲话。

2017年2月10日，在非洲北部（尼日尔、布基纳法索）听取汇报并讲话。

"内部条件可以继续改善，我们要像美国军队一样，充分做好优质的后勤保障，包括买原装新车，不要去租二手车。买一个房子，旁边再买一块地，建篮球场、游泳池，非洲所有的国家都可以。

"在考核干部过程中，得过疟疾就是受过伤。也不能故意去得疟疾。要统计统计，要让大家申请，至少要发个纪念章，而且升职要优先于其他人。我们华为公司就是从艰苦中走过来的，前面的人给我们趴冰卧雪做了贡献，我们不能说他们文化低就要把他们抛弃了，只要他们努力了。我们今天好了，至少要给他们发个纪念章。”

2017 年 2 月 3 日，在厄瓜多尔代表处讲话。

2017 年 2 月 5 日，在玻利维亚代表处讲话。

特别要说明的是：2017 年 1 月 27 日至 2 月 2 日是华为的春节放假时间。大年初一我收到的任正非的拜年短信是在拉丁美洲发的。

“去年年初，你们给我打电话。我说了，你们飞多高，我都会来看你们的。玻利维亚代表处，是我们全球海拔最高的代表处（4 000 米）。为了来玻利维亚，我去年 7 月去西藏试了试，在海拔 3 700 米（在下面的讲话中，任正非讲的是 5 200 米）我感觉还好，我就把交付代表叫过来，陪我去山上的站点看看。结果是站在公路上，看着山上的站点，望山兴叹，爬不上去了。”

2017 年 2 月 15~16 日，《任正非在泰国与地区部负责人、在尼泊尔与员工座谈的讲话》发出，就是前面提到的任正非中午吃饭时修改的那篇文章。

“你们真伟大，从泥坑里爬出来的人，都是圣人。我也向全球在努力扭转亏损的弟兄们致敬。”——向奋斗者致敬。

“这次有机会去珠峰大本营看了看你们站点，到 5 200 米，我真的不行了，得慢慢地走，不敢快，好汉不提当年勇了。”——海拔 5200 米?！山高人为峰！

（补充：第二天任正非在杭州出差时，讲道：“我的身体状况很好。美国医生检查后，说我的心脏年龄是 10 岁，北京一家医院检查后说不到 20 岁，他们没通过气。北京医生说，我的血管和内脏器官没有一点疤痕。我刚刚去登了珠峰，一直上到 5 200 米，那里有我们的基站，到 4 100 米，我没用过氧气设施。”）

“公司允许我乘商务舱，比员工还好一些，乘坐头等舱差价是我自己支付的，陪同人员的机票等是我自己支付的，并非公司支付。公司文件中，只有病号才允许陪同。”——这是他的常态。

“华为是没有钱的，大家不奋斗就垮了，不可能为不奋斗者支付什么。30多岁年轻力壮，不努力，光想躺在床上数钱，可能吗？”——同问。

“我鼓励你们奋斗，我自己也会践行。”——一诺千金。

“我承诺，只要我还飞得动，就会到艰苦地区来看你们，到战乱、瘟疫……地区来陪你们。我若贪生怕死，何来让你们去英勇奋斗。在阿富汗战乱时，我去看望过员工。……利比亚开战前两天，我在利比亚，我飞到伊拉克时，利比亚就开战了。我飞到伊拉克不到两天，伊拉克首富告诉我：‘我今天必须将你送走，明天伊拉克就封路开战了。我不能用专机送你，不安全，我派保镖送你。’结果前后一个大车队，十多名保镖，连续奔驰一千多公里，把我送上了最后一架飞机。一路上换车队，就如从深圳到西藏，经过广西换广西车队；经过贵州、云南换贵州、云南的车队。粤B一直开到那里，就太显眼了。”——奋斗是常态。

顺便向常务董事会或EMT提个合理化小建议：能否在说服任正非的前提下，允许他出差坐头等舱，拜托了！

如果公司设立“感动华为的十大人物”，我愿意提名任正非，他当之无愧。

因信息安全原因，很多讲话不能对外传播，我只是小心翼翼地摘录了其中几句话，发在微博上。

从2016年12月17日至2017年2月16日，两个月的时间，任正非的足迹遍及欧洲、非洲、亚洲三大洲。

“这就是一位关注客户、关心员工而不关注自己也不让别人关注自己的长期艰苦奋斗的任正非奋斗状态的真实记录。敬礼！”

这是我在公司内网对任正非文章的跟帖，本想多说点，看了心声社区的跟帖留言，感觉想表达的已经都被人讲过了，只能就此打住。

金一南将军在公司讲课时讲到，美军“当面直接赞颂长官或者上级是庸俗的。无论你对上级多么钦佩，当面赞颂都有阿谀奉承的嫌疑，容易引起误解”。美军《军人手册》规定，如果你对上级非常佩服，非常尊重，请用以下三种方式表达：第一，对上司行标准军礼。第二，认真执行上级指示。第三，尽职尽责，提高本单位战斗力。

故，敬礼！

“华为十六条军规”中第十四条明确规定：“讨好领导的最好方式，就是把工作做好。”

故，今晚想加班！

同时，还有问题长期困扰着我：驱动任正非如此奋斗的不竭动力到底来自哪里？为什么任正非能够不用扬鞭自奋蹄，而且能够几十年如一日地保持那股劲，保持那种奋斗状态？

通行的答案是公司的愿景与使命的牵引，个人的使命感、责任感和价值观的驱动，但我感觉似是而非。这一课题很有继续研究的必要。

其实，华为今天的业绩，有足够的理由让任正非不如此奔波，如此劳累，不需要爬喜马拉雅山，不需要去玻利维亚高原，不需要在枪林弹雨中穿行，不需要深夜在机场等出租车，也不需要自带行李挤在机场的摆渡车上，完全可以闲庭信步，慢一下，享受生活，享受以往的奋斗成果。如果愿意，也可以上上电视，做做演讲，领领奖章。如果不愿出头露面，也完全可以宅在家里看看书，上上网，或者到高尔夫球场上挥挥杆，坐私人飞机周游世界的大好山川，开着私人游艇钓钓鱼。

穷困时，很多人能够奋斗，但辉煌时，还能继续保持奋斗本色，真的不容易。

为什么在国内很多企业老板身上看不到任正非的这种奋斗精神，或者说也曾奋斗过的老板们为什么不能像任正非这样继续保持奋斗了？某位企业家曾写文，认为中国的企业家是最腐败的群体。控股那么多，融资那么多，套现那么多，要想不腐败，能够不懈怠，也是很难的。

有位有头脑的老板的一句话讲得还是蛮有道理的："可怕的不是华为比你牛，而是比你牛的任正非比你还艰苦奋斗。"

不断提倡让员工奋斗的企业家们，您想过吗：您若贪生怕死，何来让员工去英勇奋斗？

什么时候敢像任正非那样，发出自己的承诺"我鼓励你们奋斗，我自己也会践行"？

当您更多的时间奋斗在高尔夫球场上时，您有资格让员工在枪林弹雨中奋斗吗？

任正非是一面镜子，您敢问心无愧地直视这面镜子吗？

如果想学华为文化，您先从自己做起，学学任正非的奋斗精神和奋斗实践，这应该不难学，也应该学得会。否则，就是叶公好龙，别学华为。

人云：将是兵的魂，兵是将的胆。在华为，任正非既是守望华为文化的将，也是践行华为文化的兵。将士同心，用心，用命，力出一孔，无往不胜。

任正非不仅是体力上的奋斗者，而且是精神的奋斗者。在体力方面，他身体力行，跋山涉水，足迹遍布全球，客户在哪里，员工在哪里，他就出现在哪里；在精神方面，他善于学习，广泛地挖掘人类的知识宝藏，勤于思考，在混沌和不确定性中，探索方向，把握航道。

体力上的奋斗激活了思想上的奋斗，思想上的奋斗又在牵引和激励体力上的奋斗。

人云：立志言为本，修身行乃先。言行皆出众，一切需奋斗。可以说，任正非是一位"知行合一"的奋斗者，知难，行难，知行亦难，持之以恒地奋斗着知行，更难！

任正非只是华为人这一奋斗群体的一员，只不过他走在最前面。看到任正非的奋斗，就能感受华为人的奋斗了；看到华为人的奋斗，就能理解任正非的奋斗了。非洲有句谚语：一个人走，会走得更快；一群人走，会走得更远。任正非不管从体力上，还是从精神上，都走在华为18万员工前面。我坚信，不论遇到什么样的困难，这群人都会走得更快，走得更远。

我曾对任正非有个评价："读万卷书，行万里路，与万人谈，干一件事。"

任正非为中国的企业家们树了一个标杆，一个榜样，一个高度，一个境界。

小文匆匆写就，还没来得及修改，去茶水间喝杯咖啡，在走廊里看到很有意境的画面。一个熟悉的身影，自己拖着拉杆箱，笔直的腰杆，坚实的步伐——是任正非。在任正非的后面，还有一位高管拖着拉杆箱紧追着，两人急匆匆地向A1出口走去——奋斗者又出发了。

2. 教育：任正非与柳传志的一次碰面

2.1 关心教育

如果有人问：任正非最关心什么？答案很简单，最关心华为。他是华为的掌门人，华为是他的命，是他的一切。管理大师德鲁克讲，企业家必须掌握企业的命运，反言之，企业家作为一种职业，命中注定是企业的守望者。我曾对任正非做过概括："读万卷书，行万里路，与万人谈，干一件事"，这件事就是关注华为，守望华为，厮守华为。

除此之外，任正非最关注的是什么？是教育！大学、中学及小学。与任正非聊天，很多话题都是关于教育的。

任正非出生于教育家庭，父母都是教师，父亲曾任中学校长。知识就是力量，是任正非父母给孩子灌输的核心价值观。其后，任正非出资成立以其父母名字命名的教育基金。

在 1998 年以前，华为的核心价值观是：科教兴国，产业报国！

1998 年 2 月 28 日华为捐资 2 500 万，成立“寒门学子基金”，资助家庭困难的学生完成学业。

任正非还捐资成立了以其父母命名的教育基金——“摩逊 – 远昭教育基金”，从 2014 年起，每年给学校 10 万元的图书费。

2008 年汶川大地震后，任正非用短信给我转发了那首诗《妈妈，别哭，我去了天堂》，并附了一段按语：“‘再穷不能穷教育，再苦不能苦孩子’，这是世纪最响的振兴中华的口号。一个资源贫乏的国家，唯有从孩子们的大脑里，挖出大森林、大油田、大煤矿……我们已经富起来了，我们要让学校的建筑高质量。”

2015 年 12 月 1 日都匀一中 110 周年校庆，任正非向一中捐款 100 万元。

任正非的办公室门后，一般张贴着他长期关注的问题，我亲见的有华为事业部运行模型图，有某期的华为内刊《管理优化报》。近些年贴着的是一张 2013 年 9 月 15 日的《南方周末》，头版的文章是《云南十万代课教师的最后一道“证明题”》。

2016 年 6 月 2 日，任正非 34 年后重新走进人民大会堂，在全国科技创新大会上讲话，以很大的篇幅谈教育问题：

“我们国家百年振兴中国梦的基础在教育，教育的基础在老师。教育要瞄准未来。

“用最优秀的人去培养更优秀的人。

“发展科技的唯一出路在教育，也只有教育。我们要更多关心农村教师与孩子。让教师成为最光荣的职业，成为优秀青年的向往，用最优秀的人去培养更优秀的人。”

2017 年 5 月 1 日，任正非会见深圳市委书记时，除承诺华为总部不会搬离深圳外，谈的还是教育问题：“深圳未来的希望在文化和教育，你说我们搞产业，政府要关心，这个产业可能两年、三年就没有了，但教育的成长是百年，一旦这个土壤肥沃之后，未来种什么庄稼长什么庄稼。”

除此之外，任正非还关注什么？关注人性，关注客户，关注干部，关注行业、社会、政治、经济、民生、市政，这些都是企业家无法忽视的；作为兴趣，他还关注星空，关注江河，关注花草，关注电视节目……

2.2 内部会议：华为与教育

谈起任正非对教育的关注，有一件事从没见诸媒体，甚至在华为内部和相关部门都鲜有人知，特记录下来。

这是一次内部会议。

时间：2013 年 9 月 25~26 日。地点：北京西城区华为的一套四合院。与会人员如下。

政府官员：贾春旺（最高检察院原检察长），万季飞（国际贸易促进会会长），鲁昕（教育部副部长），陈存根（中央国家机关工委副书记），胡昭广（北京市原副市长，北控集团董事长）；王圣强（贵州黔南州人大常委会原副主任，州政府督学）。

教育界：谢维和（清华大学副校长），范守善（中科院院士，清华大学纳米中心主任），程刚（北京市西城区教委主任，四中校长），朱建明（北京市三十五中校长），孙显明（贵州都匀一中原校长），胡立军（贵州都匀一中校长），姚明富（贵州都匀一中副校长），柏章发（贵州都匀一中图书信息中心副主任）。

企业界：柳传志（联想控股董事长），冯仑（万通地产董事长），陈东升（泰康人寿董事长），朱新礼（北京汇源董事长），王长田（光线传媒总裁），古永锵（优酷土豆集团董事长），何迪（瑞士银行投资银行副主席），严小平（上海和旭电子科技公司董事长）。

媒体界：严文斌（新华社对外新闻编辑部主任），牛文文（《创业家》杂志社社长）。

华为公司：任正非，陈黎芳（公司高级副总裁，董事），田涛（无限讯奇信息技术公司董事，《投资与合作》总编辑，公司顾问），黄卫伟（中国人民大学教授，公司顾问），陈培根（公司顾问），还有本人。

会议主题：华为与教育。

如此大的阵容，四位部级官员，一位院士，十位企业大佬，四位教授，如此阵容，如此兴师动众，如此长的会期，实际上是一所中学的校园文化研讨会——贵州省都匀一中校园文化建设研讨会。这在我国历史上没有先例，以后恐怕也很难有来者。

都匀一中，任正非的母校，其父亲任摩逊曾任该校校长。

值都匀一中搬迁新校区，任正非个人出资百万元，资助了都匀一中的校园文化建设研讨会。

会议的议程安排如下。

25 日是内部讨论与会议准备：华为的工作班子事先搜集了全国 177 所高中、美国 26 所高中、全世界 37 所大学的校训，进行分析对比。在此基础上，提出了都匀中学的三种校训方案，分别是：

立志，崇实，担当；

视野，意志，品格；

放眼世界，自强不息。

目前这三条，在都匀一中的网站上都有体现。

其中第二条是任正非是对年轻人的寄语，来自《下一个倒下的会不会是华为》第一版。任正非对此的解释是：

广阔的视野，坚强的意志，胸怀他人的品格。

26 日上午是对都匀一中校训的讨论。

26 日下午是与会企业家与任正非的座谈，实际上变成了与会企业家对任正非的集体采访。

采访的主题围绕三个方面：

（1）关于华为。涉及的内容包括：华为的国际化与蜂群战略；华为的竞争力；华为的专利战略；华为的内部管理；华为的自我批判文化；“下一个倒下的会不会是华为”。

（2）任正非的个人经历。

（3）关于中国企业。

由于是企业家之间的对话，所谈的内容更务实，更接地气，也更深入。

在这次会上，我第一次见到了柳传志先生。

任正非与柳传志有很多相似之处，同为 1944 年生人（后者的生日比前者大半年左右），相同的属相，同为所在行业的企业翘楚，都有军旅生涯（在中国，张瑞敏、王石、倪润峰等人都有军旅生涯）。

但两人也有不同之处，柳传志端坐在那里，对每一个人都很和蔼，脸上微微挂着笑容，给人以威严且可亲的感觉。而任正非更活跃，不拘小节。如果找个词形容一下，一位如社交中的贵族，一位如战场上的将军。在会上，柳传志很少发言，更多的时候是安静地听。而任正非不仅讲得多，而且不时地关注茶水、投影仪或遮阳伞（会议在园内露天），或许因为任正非是主人吧。

两位企业家身上体现出的人格魅力和强大的气场如此相似。当年，两位一南一北，共同举起了“产业报国”的大旗，将民族企业带到国际市场上搏杀，都值得尊重。

两人相见，如古人所讲：惺惺惜惺惺，好汉惜好汉。

会议中，任正非对柳传志予以很高的评价：“我也没有研究过联想，只是与柳传志个人交往，柳传志太值得我尊重了。第一，我与柳传志从20世纪90年代初期开始交往，联想刚刚改制，柳传志跟我讲如何改制，很多年后网上把联想改制的秘密全公布出来了，与柳传志讲的一模一样。我认为柳传志对我那么真诚，那我为什么不对他真诚？第二，柳传志更值得我尊重的是，他在孝敬父母方面做得很好。这一点我做得不足。我40岁创业，父母年龄也比较大了，我没有好好孝敬他们，等回过头来想到，他们已经走了。柳传志说他将父母安置在香港，雇菲佣帮他照顾，我怎么没有想到这个问题呢？我很懊悔。”

在后来柳传志也谈到了这次会议（这应该是第一次在媒体上披露这次会议），谨摘录如下（详见《柳传志：我最敬佩和欣赏的人是任正非》）：

在手机上读着一篇任正非写的怀念他父母的文章，脑子里却想起了另一件事。那是2013年9月，我接到了一个邀请函。

那天我是真的有事，但出于对老任发自内心的敬佩和尊重，我尽力挤开了别的事情，花了一个半小时的车程赶到了会场。

老任的面子确实大，那天是贵州都匀一中的“校训研讨会”，真请来了不少领导和知名的企业家。他看见我来了显得非常高兴。我也高兴，那是因为在企业工作者里面，我们都属于少有的“老家伙”序列里的人，相互都比较了解，然而又极少见面，所以紧紧地握手不愿松开。

都匀一中就是任正非的母校，他的父亲曾在此任过三年校长，他父亲毕生从事教育工作，50多年来倾注了全部的心血。在现任学校领导介绍学校的历史，介绍老任的父亲任摩逊先生事迹的时候，我注意到任正非，我想这样的内容他应该听过无数遍了，却依然听得那么专注，那么动情！

此刻我正在读他写的怀念父母的文章，我认真读这篇文章，是因为它深深引起了我的共鸣。我和他是同年生人，我们的出生背景有所不同，但是上一辈在政治上受到的磨难和考验几乎是相同的。

向老任致敬，已知道你过些天要来看我，我很期待。管人家爱听不爱听，咱老哥儿俩聊聊过把瘾是真的！

我在想，读了老任的文章，是什么让我拿起笔写了上边这些话，我想说给谁听呢？

说给老任，让他知道我是他的知音？说给我的亲人、朋友、同学、同事，让我们更加珍惜今天的生活？

柳传志先生对这次会议给予高度的评价，他对随行的联想高层讲：

“要学习华为，不仅要物力支教，还要智力支教。”联想在贵州省也有支教项目。

读完柳传志先生的文章，就会知道什么叫心心相印，什么叫惺惺相惜，什么叫交情，什么叫友谊，什么叫知音，什么叫情怀。

在此，向两位老哥儿们致敬！

3. 任正非日本考察札记

任正非出国有个习惯，除了与海外员工座谈外，就是写考察报告。每篇考察报告几乎都是名篇，其中最著名的就是 2001 年 4 月 24 日发表的《北国之春》。

我认为：任正非是外表收敛，内心奔放，铁骨柔肠，家国情怀，这一点在《北国之春》一文中充分体现出来。

任正非是个“理工男”，但其文笔很好，1996 年华为生协（生活协会）成立“作协”，任正非是会员（共有 24 名会员，5 位理事，作协主席为华为宣传部部长朱建萍，现居美国）。综观古今中外，成大事者大多数是一手锦绣文章，一手经世致用。个人的成功是一系列成功要素综合作用的结果，这一点从任正非的一篇篇美文中可以看得出。不过任正非的写作表达能力，除了天赋异禀（其父母都是教师，母亲是语文老师），更多是基于其后天的努力，勤于思考、勤于观察、勤于阅读、勤于写作，好文笔都是练出来的。

访日归来后，我也曾写过一篇题为《感受日本企业的寒冬》的报告，当看到任正非的《北国之春》之后，感觉真的是有天壤之别，立刻把拙作放到了电脑的回收站。

2015 年，华为日本代表处的苏和先生写了一篇文章《我在日本读

〈北国之春〉》，讲述了他将《北国之春》翻译成日文的经历。

当两位日本本土员工（翻译者）看到《北国之春》后，第一反应是："这篇文章真是任正非写的吗？是不是别人捉刀代笔？"

日本员工看完《北国之春》后，感叹的是："太让人惊叹了！""太了不起了！""对日本的认识太深刻了！"

此为后话。

也算是一段佳话。

任正非的《北国之春》尽管是一份考察报告，但如同那首脍炙人口的日本民歌，充满了诗意与情怀，散文化的语言信手拈来，谋篇宏大，布局精巧，收放自如，潇洒飘逸，寓意深刻，窃认为可以作为考察报告的经典范文。

开篇直达主题：

> 在春光明媚樱花盛开的时节，我们踏上了日本的国土。此次东瀛之行，我们不是来感受异国春天的气息，欣赏满山遍野的樱花的，而是为了学习度过冬天的经验。

接下来是对日本社会的观感：

> 一踏上日本国土，给我的第一印象还是与十年前一样：宁静、祥和、清洁、富裕与舒适。从偏远的农村，到繁华的大城市，街道还是那样整洁，所到之处还是那样井然有序；人还是那样慈祥、和善，彬彬有礼，脚步还是那样匆匆；从拉面店的服务员，到乡村小旅馆的老太太，所有人都这么平和、乐观和敬业，他们是如此珍惜自己的工作，如此珍惜为他人服务的机会，工作似乎是他们最高的

享受，没有任何躁动、不满与怨气。在我看来，日本仍然是十年前的日本，日本人还是十年前的日本人。

文章最精彩之处是对日本民歌《北国之春》的解读，如同神来之笔：

我曾数百次听过《北国之春》，每一次都热泪盈眶，都为其朴实无华的歌词所震撼，为优美动听的旋律所陶醉。北国之春原作者的创作之意是歌颂创业者和奋斗者的，而不是当今青年人误认为的一首情歌。

我也曾数十次听过《北国之春》，每一次都陶醉其中，始终认为是一首情歌，抒发的是对家乡的怀念之情，从来也没有从那动听的旋律、优美的歌词中，听出这是一首“歌颂创业者和奋斗者”的歌曲，相信大多数人（包括日本人）也没有这样的认知。这就是人的差异！

谁能想到外表粗犷、霸气外露的任正非居然还有如此细腻的内心：

一个人离开家奋斗是为了获得美好的生活，爱情又是美好生活中最重要的部分，但爱情就像独木桥一样，人家过了，你就不能过。离家已经5年，在残雪消融、溪流淙淙的时候，面对自横的独木桥，真不知人家是否已经过去，心爱的姑娘可安在。那种惆怅，那种失落，那种迷茫，成功了又能怎么样？

由此我想到，我们每一个人的成功，都来自亲人的无私奉献，我们生活、工作和事业的原动力，首先来自妈妈做的御寒的冬衣，来自沉默寡言的父兄，还有故乡的水车、小木屋、独木桥，曾经爱过你但已分别的姑娘……

作为考察报告，任正非也没忘主题，看日本，想华为，边走边看，且行且思，身在自然的春天，考查的是日本经济的冬天，深虑的是华为的冬天。如本人的一篇小文的题目："华为以过冬天的心态活在春天里"。

在松下电工，不论是办公室、会议室，还是通道的墙上，随处都能看到一幅张贴画，画上是一艘即将撞上冰山的巨轮，下面写着："能挽救这艘船的，唯有你。"其危机意识可见一斑。在华为公司，我们的冬天意识是否那么强烈？是否传递到了基层？是否人人行动起来了？

什么叫成功？是像日本那些企业那样，经九死一生还能好好地活着，这才是真正的成功。华为没有成功，我们只是在成长。

冬天总会过去，春天一定会来到。我们乘着冬天，养精蓄锐，加强内部的改造，我们和日本企业一道，度过这严冬。我们定会迎来残雪消融，溪流淙淙。华为的春天也一定会来临。

创业难，守成更难，知难不难。

这不是走马观花的赏樱之旅的游记，在任正非眼中没有烂漫的樱花，有的只是探索与思考，行为了思，行成就思，这是一次观察之旅、思考之旅、探索之旅。

任正非的这次日本之行，其实是为了调养身体。

2001 年 1 月 8 日 10 时，任正非的母亲在昆明因车祸意外去世，而随胡锦涛外访的任正非没能见到母亲最后一面，这意外的打击使任正非的身体垮了，精神也垮了。听他亲口讲：那几个月，晚上无法入眠，在床上哭，哭到凌晨三四点钟，哭累了，才能睡两三个小时。为了照顾任正非的身体，公司高层策划了这次日本之行。

陪同人任正非出访的有：纪平（公司主管财务的常务副总裁，她是位女士，很多写华为书的人都搞错了），黄卫伟（公司顾问），陈培根（公司顾问），孙萍（兼日语翻译）和我。

出访的行程为7天，访问的地点包括：福冈、大阪、京都、横滨、静冈和东京，从福冈入境，从东京出境。考察期间，顺访了松下电工和NEC（日本电器股份有限公司）。

这是我第一次也是唯一一次随任正非去国外访问，能在宽松的环境里与他同行考察，受益良多，可惜的是限于个人的视野与文笔，不能写出像《北国之春》这样的考察报告，暂且将亲历的几件小事追记如下。

（1）"开始学《基本法》了！"

任正非是位个性特征十分明显的人，见过他的人恐怕都会留下严谨、威严、霸气、偏执的军人印象，尤其是在工作状态。其实，这只是任正非性格的A面，他还有鲜为人知的B面。听老员工讲过，创立华为前后，在任正非家里是"严母慈父"。当企业家很大程度上是反人性的，千头万绪的矛盾、冲突和问题，会掩盖、改变甚至扭曲人的性格。

在访日期间，我看到了任正非性格的另一面。

京都郊区的一个公园，有一座凉亭，凉亭中有一大钟，众人席地而坐，任正非却大步向前，拉响大钟，高喊："开始学《基本法》了！"然后，听到的是他惬意的大笑。远看如吾村的村长，每天清早敲钟。公园里的日本人目瞪口呆，面面相觑。如果将这一幕记录下来，会是多么有价值。

吃饭时他也大碗喝酒（在公司他极少喝酒，要喝也只是礼节性的），可以看得出他的酒量肯定不小，高兴时，也时常提议“整个小高潮”（纪平语，她做过营销）。

在小酒馆与日本旅游的老人同唱《北国之春》和《拉网小调》时，任正非唱得是如此兴奋，如此投入，且手舞足蹈，唱到最后，任正非真的“热泪盈眶”，不能自已，这是我第一次也是唯一一次见这位铁骨硬汉的儿女情长。

在东京郊区公园，有供人骑马游览的项目，由专人牵马，慢腾腾地围绕马场散步一圈。任正非上马后，嫌马走得太慢，甩开牵马的马夫，如“二战”中的苏联红军，身跨东洋马，策马扬鞭，狂奔向前。飞扬的尘土中，是边喊边追赶的日本马夫和穿着高跟鞋的中国女士，远处是任正非的“嘚，驾”声，真不知道东洋马是否听得懂汉语，特别是贵州普通话，反正马儿越跑越快。

在松下电器园内，在满开（日本人形容樱花的专用语，他们不知道“怒放”更贴切）的樱花树前，与松下的领导们一起合影时，为了烘托气氛，任正非冲出合影队伍，从地上捧起凋谢的樱花，撒向众人，如同婚礼上的花童，然后是惬意的大笑。

（2）“华为不需要历史”

松下幸之助历史馆，是松下公司为纪念创业50年建立的，规模宏大，资料翔实。在参观过程中，任正非对感兴趣的地方看得很仔细，对不感兴趣的也就是扫一眼。他最感兴趣的有两部分：一部分是松下的创业阶段；另一部分是松下的国际化阶段。

参观结束后，一行人聊观后感，我提出：“华为以后也应该建一个这样的博物馆。”

任正非接话：“华为不需要历史。”

在其后，任正非也多次讲过类似的话，华为确实是一个不重视历史的公司，在其展厅，几乎看不到华为的历史，在公司内网上甚至也找不到多少资料，一份《华为大事记》，也只有半页纸。至于华为到底是1987年创立，还是1988年创立，工商注册的具体时间是哪一天，创业时是7个人，还是8个人，注册资本是20 000元，还是21 000元，至今说法不一，简直是一笔糊涂账。在21世纪初，华为的展厅还能看到领导人视察华为的照片（华为当年被称为“常委公司”——中央政治局常委均来视察过），如今已被华为的专利墙所代替。

很长一段时间，我对这句话很疑惑，没有找到答案。华为为什么不需要历史？任正非为什么不重视华为的历史？

参观完毕，松下电器赠送任正非的是一幅很大的书法作品，上书的是“松下七精神”（即“产业报国、光明正大、团结一致、奋斗向上、礼仪谦让、适应形势、感恩报德”，制定于1937年）。

看来重视历史的松下，更重视自己的核心价值观。

历史不重要，重要的是要知道以往的历史是如何缔造的，伟大的辉煌历史是由核心价值观缔造的，记住历史会因爱惜自己的羽毛而背上沉重的包袱，而时刻铭记自己的核心价值观，才能重铸辉煌。核心价值观是任正非和华为的“上甘岭”，守住了上甘岭，就守住了公司的未来。至于以往那些辉煌或失败，真的不重要。

这或许就是任正非“华为不需要历史”的答案吧。

（3）“推倒富士山”

参观松下电器期间，任正非与松下电器的领导人初次见面，但相谈甚欢，当谈及日本经济遭遇的冬天，尤其是因日元升值造成“除了棒球选手，没有什么可出口”的困境时，任正非基于个人的分析，给出系统解决方案。

因为，“日本基础设备十分完备，找不到什么地方还需要建设；日本的环保十分优秀，这么一个工业化国家，环保如此之好，是令人羡慕的，环保投资也找不到投入的地方；人们普遍比较富裕，教育也比较发达，启动内需真不知道从何入手”。

所以，解决办法只有一个，就是“发动日本民众，推倒富士山，然后再堆起来，这样可以解决日本的三种过剩（雇用过剩、设备过剩和债务过剩）”。

好一个“推倒富士山”！这是任氏“破窗经济学”，翻版的田中角荣“日本列岛改造计划”。

当孙萍女士吞吞吐吐地将这一段翻译给松下电器的领导们时，当时的窘迫场面可想而知，要知道富士山在日本国民心中的位置，不亚于国人心中的长城、黄河和泰山。

还好，日本是个懂礼貌、修养高的国家，在座的日本人，频频点头，认真地听着，只是表情有点怪。

幸好这只是一次恳谈会，不涉及商务合同，否则，准砸！任正非讲自己不懂营销，并不是自谦。

（4）“这就是现金流！”

大阪城为1931年由民间集资重建，外观5层，内部8层，高54.8米，7层以下为资料馆，8层为瞭望台。城墙四周建有护城河，附近风景秀丽。大阪城是大阪最著名的旅游观光景点，它以天守阁为中心，位于大阪市的中央区，也是游客们在大阪旅游的必到之地。

参观大阪古城时，众人皆登高远望，欣赏着周围的美景，陶醉在4 000株樱花环绕的古城中。

而任正非关注的却是城中的一口古井，该井位于天守阁入口处门外。任正非站在古井旁端详良久，若有所思，自言自语道：“这就是现金流，只要保住它，这个城堡就可以守下去。”

后来华为过冬时，任正非也说过："大家总说'华为的冬天'，那棉袄是什么？就是现金流。"

不知这一观点，是否是受一衣带水的邻邦大阪城中的古井的启发？

真是高人，真是高见，真是高论！

不得不服！

（5）"走到头，再回"

任正非的身体状况不好，浑身是病，糖尿病、高血压和颈椎病常年相伴，得过抑郁症，还因癌症动过多次手术。一位用命来守护公司的企业家，得到更多的是苦难，是"欲哭无泪"的折磨，以侵蚀健康为代价，才有外界所看到的所谓的辉煌。纵观华为的成长发展史，就是一部血淋淋的苦难史，如同华为形象广告的那双芭蕾脚，一只光鲜靓丽，一只丑陋不堪，可谓"苦难辉煌"。

在日本考察期间，任正非依然保持着散步的习惯，只要条件允许，早晨一次，晚上一次，其实他也没什么爱好，不过是散步、聊天和读书。据说，他也打过高尔夫，但因脾气太急，打了十几杆，球还进不了洞，急了，拿起球，扔进洞里，从此金盆洗手——估计是华为人原创的段子，在华为关于任正非的段子很多，广为流传，作者未知。

言归正传，与任正非散步绝对是个体力活，虽然他身体多病，但体质没有问题，这归因于苦难年代、军旅生涯的磨难和坚强的意志。散步时，任正非目光坚定关注，脚步齐整有力，身体端正自然，步伐灵敏快速。这可苦了陪同散步的人，必须以竞走的步伐才能跟上，散步的队形往往是一列纵队排开，还经常看到掉队者。

任正非散步，不看时间，大多数情况下是走累了，方往回走，近两个小时的散步，可谓苦不堪言。记得有次问他：啥时回？

任正非回答："走到头，再回！"

刚开始时，是三位顾问一起陪任正非散步，后来，采取轮班制，一人一天；再后来，不知是哪位顾问干的，把我的被褥搬到了任正非的榻榻米房间，每天清晨陪任正非散步的光荣且艰巨的任务就这样落到我的头上。

我从任正非的散步悟出：意志的力量可以弥补体力，一个人能行多远，取决于其体力，更取决于其意志，这就是精神的力量。

（6）“这就是工匠精神”

在从京都到东京的新干线上，我特意带任正非到车头，观察司机的驾驶行为。因为20世纪80年代末在日本时，新干线司机的操作给我留下了深刻的印象。

走到新干线的车头，隔着一层玻璃，司机的一举一动一览无余。在启动时，驾驶员会用手指确认操作工具，然后用手朝前方一指，才开始进行启动，而且口中念念有词。行驶过程中，也会经常用手指指向前方，然后说一声“前方，好”。当看到路基上有鸣笛或减速信号标志时，司机也是先做动作，然后手指确认，口中念叨。停车前，司机则会再次用手指确认方位。动作潇洒、规范、流畅。

我还亲眼所见，日本的主妇出门时，也是手指眼盯煤气、电灯和自来水开关，口念“好”。

这就是日本人的手指安全确认。

手指安全确认是一种通过心（想）、眼（看）、口（述）、手（指）的指向性集中联动而达到强制性集中注意力、正确操作的一种作业确认方法。“手指确认”就是指将某项工作的操作规范和注意事项编写成简易口语，当作业开始的时候，不是马上操作而是用手指出并说出那些关键部位进行确认，以防止判断、操作上的失误。

“手指安全确认”源自日本的“零事故战役”。日本曾在经济高速发展的同时，工作现场的死亡人数也逐年增加。为了有效遏制这种局面，日本自1973年起开始推行“零事故战役”，旨在解决工作现场职业健康和安全问题，确保工人身心健康，实现工作现场“零事故”。战役的具体方法就是手指安全确认法。工作前进行确认检查，每走到一个设备跟前，都要用手指进行确认，嘴里说着“好”。

当任正非看完新干线司机的手指安全确认后，对我讲：“这就是日本人，这就是工匠精神，这就是日本人的可怕之处，这就是中国人最欠缺的！”

简直是一语中的！不得不再次惊呼：高人，高见，高论！15年前，任正非就发现了日本人的工匠精神！十五年后，国人才开始讨论什么是工匠精神！

2015年，任正非为转载《日本工匠精神：一生专注做一事》并专门写了编者按：“我们公司也有工匠精神，我们从年产几百万，到年产4 000亿是怎么过来的，多少辛酸泪。我们要重视技师文化的建设，给他们合理报酬和激励，文员、支付系统的员工……都是一种特殊的技师，我们都要关怀。李建国是工匠第一人，他的任务是让千万技师、技工成长起来，我们要后继有人。我们的质量要百尺竿头更进一步。”

我顺便在网上查了一下“手指安全确认”，有人提问：“手指口述安全确认法是一种管理法吗？”

仅有一位高人的标准答案是：“说简单点，就是指手画脚，算是吧。”

无言，哈哈！

（7）“华为也会有的”

访日期间，日本企业给予任正非最高礼遇的接待，我也狐假虎威地感受到被人尊重的幸福，一雪当年在日本打工时受到的羞辱。日本人对于弱者显示的是礼貌，对强者显示的是尊重。他们崇尚实力，崇尚势力，但不势利。对于日本和日本人最好的应对是展示自己的实力，而不是一味排斥，或者仇恨。很多国人的仇日心态，是非理智的行为。

在华为创立之初，任正非就号召向三个民族学习：学习日本人的精细，学习德国人的严谨，学习美国人的创新。最近任正非还在为日本产品站队："我十多年前，买了台日本松下的洗衣机，松下爱妻号，20 世纪 80 年代买的，我都换过两三次房子了，这东西还不坏，如果华为的产品也是这样的话，我们就不得了了。"显然，任正非是在向日本人的工匠精神致敬。

访问 NEC 时，中午就餐是在其总部 21 层，一进门看到的是精巧的日本园林式的餐厅，琴声优雅，修竹成林，流水潺潺，真是别有洞天。当天吃的是什么早已忘记，但其餐厅的格调至今难忘。

餐后，任正非环顾四周，自言自语道："华为也会有的。"

2003 年，华为总部搬到坂田，之后在 F 区的员工餐厅旁，建了个贵宾餐厅（现已弃用）。我第一次进入贵宾餐厅时，惊呼：这不就是 NEC 的翻版吗？几乎是同样的格局，同样的琴声、修竹和流水，只不过面积更大。

这就是任正非的一杯咖啡主义，行万里路，一路吸收能量。在《下一个倒下的会不会是华为》初版中，任正非寄语年轻人六个字："视野，意志，品格。"广阔的视野首先来自行万里路，看得多，视野才高远。

至今，有个问题一直没搞清，这就是 NEC 的餐厅是如何移植到华为的。如果没有向 NEC 索要图纸，那只能依赖于任正非强大的记忆力，那么问题又来了，NEC 的餐厅的设计又是如何在任正非的头脑里储存了七八年的时间？或许是因为任正非大学所学的是建筑专业。

4. 任正非的首次美国之行

最近，有篇文章在互联网上非常火爆，搜索一下，居然有 30 多万条结果。

这篇文章名为《任正非：六点美国印象让我心酸》，又名《任正非：美国将经久不衰》，或称《华为当家人任正非：美国将经久不衰》。该文经过多次转发，已经不知作者何人。

这篇文章其实没有新意，其核心内容是任正非的一篇文章，作者不过是把任正非的文章加了 6 个小标题：环保、教育、人性、科技、管理和电影，引申出让任正非辛酸的结论，经再次转换标题，又得出美国“将经久不衰”的结论。或许后面的改编者觉得“心酸”实在不妥，换了更应景的标题。

这篇文章来自任正非的《赴美考察散记》，发表于 1994 年 1 月 28 日的《华为人》报。至于为何这篇文章在两年后才在内刊发表，或许是因为《华为人》报 1993 年 6 月才创刊。

如文章标题所显示的，这是一篇考察报告，或谓考察游记。

此次考察的具体时间不详，应该是 1992 年的 1 月初，因为文章的最后标注了“1992 年岁末”。

从文中看出，任正非一行由香港出发，经东京转机，在美国主要参观考察了波士顿、纽约、费城、达拉斯、拉斯韦加斯、硅谷、洛杉矶等城市，考察了得克萨斯仪器公司（TI）、国家半导体公司（NS），另外，还参观了哈佛大学、麻省理工学院、纽约中央公园及自然博物馆。

任正非此行的主要目的是参加在拉斯韦加斯举行的国际消费类电子产品展览会（CES）。华为并没有作为参展商参加这届展会，任正非一行只是作为游客参观了这次展会（直到 2009 年，华为才正式参展）。

2017 年华为成为美国 CES 的明星，据报道，在 2017 年国际消费类电子产品展览会上，HUAWEI Mate 9 手机凭借与顶尖科技品牌的合作、强大的续航能力、超高的性能、时尚的设计以及高端徕卡双摄镜头获得全球各大媒体评出的 8 项大奖。此外，华为 MateBook 也因惊艳的设计和高性能被 CES 授予 2017 年度 CES 创新大奖。无论任正非有多大胆的想象力，1994 年作为参观者，是不会想到有今天的，曾经当年 CES 的旁观者，转身成为 CES 的万众瞩目的主角，任正非及所领导的华为一路经历的艰辛可想而知，从围观者到站在舞台中央，华为用了 23 年！如本人一篇小文的标题所述，“华为的伟大之处在于：等得及！”

据考证，这是任正非第一次迈出国门看世界。

任正非出国有个习惯，几乎每次出国考察归来，都要写考察报告。如 1994 年 12 月的《赴美考察散记》，1996 年 7 月的《赴俄参展杂记》，1997 年 4 月的《走过欧亚分界线》，1997 年 12 月的《我们向美国人民学习什么》，2005 年 8 月的《美丽的冰岛》，其中最著名的就是 2001 年 4 月 24 日发表的《北国之春》。

除了拜访客户、看望员工外，任正非也喜欢游山玩水，他是一位热爱生活、热爱自然、热爱人文、热爱世界的人。几乎每次重要的出国考察访问，他都会留下多方面的思考。这些思考又会回馈到公司的经营管理，从而留下诸多名篇华章。

不知什么原因，这篇 23 年前发表的考察散记居然在今天火遍互联网。

20 余年后，这个世界发生了翻天覆地的变化，IT 行业也发生了革命性的变化，华为也由为生存而挣扎的小公司成为进入“无人区”的全球化领先公司，时过境迁，沧海桑田，物是人非。

当年，作为一个成立不到7年、营业收入只有8亿元人民币、员工人数不到1 000人的企业的老板，任正非第一次冷眼向洋看世界，受到的震撼与冲击是可以想象的。或许正是这次美国之行，颠覆了任正非以往某些传统观念，对华为的未来有了新的思考；或许正是这次美国之行，任正非开始重新审视华为，重新反思自己的经营管理体系，开始构筑华为的梦想。

今天来看，这篇文章在华为的成长发展历史上是有里程碑意义的，尽管它只是一篇考察散记。

在这篇文章里，任正非看美国，想祖国，他所关注的焦点是：

（1）发展教育。教育经费短缺，文化素质低下，危房学校；希望工程，教育救国，振兴教育。

“我们触景生情，有此感慨，同样大声疾呼教育救国。”“只有知识有价，才会有人才的渴求，有了人才的渴求，才会重视教育，希望工程的钟声，一遍一遍地敲响，正敲碎人们的金钱梦。”“发展中国家若不能认识到少生、优生、发展教育是真正的出路，那么这种与发达国家的差距到21世纪就不可弥补。”

（2）科技进步。技术危机，科研落后，研究管理水平低下；技术进步，技术革命。

“越繁荣越发展科技，越发展科技，越重视教育，就越人才辈出，越人才辈出，经济越繁荣，走入一个良性的循环。”

（3）向美国学习。务实，踏实，秩序，认真，奋斗。

“美国人踏踏实实，十分专一的精神，精益求精的工作作风，毫无保留的学术风气，是值得我们学习的。”“美国人没有中国人那么多远大的理想，也没有胸怀祖国、放眼世界的空洞抱负，也不像我们那样充满幻想。这个民族踏踏实实、不屈不挠的奋斗精神是值得我们学习的。”“中国人不出去看一看，只闭门造车的话，不仅不可能赶上别人，而且可能从时代的列车上摔下来。”

在任正非的考察散记中，还有很大的篇幅描述了其在飞机上看到的那部电影，真是神来之笔，考察美国与观看美国的电影，夹叙夹议，浑然天成。这部名为《大地英雄》的电影，其实就是美国精神的真实写照，浓缩的就是美国的奋斗文化。

3 年后，任正非重访美国，又写下一篇考察报告，题为《我们向美国人民学习什么》，比较起来，3 年后的这篇文章或许更有深度，正因为这次的美国之行，华为拉开了管理变革的前奏。

任正非一直强调向美国学习，对美国的制度设计、民族的创新与奋斗精神予以充分的肯定。但在商业层面，美国又是华为的伤心之地，华为受到了太多太多的打压，但任正非从没有因为后者萌发仇恨，这就是任正非坚持“灰度、妥协与宽容”的具体体现。

今天重读此文，似乎看不到多少让任正非“心酸”的美国印象，任正非既能认识到领先者的先进，也敢于直视落后者的现状，更擅长从差距中寻求改变的路径。真不知作者是从何得出如此“心酸”的结论，也基本读不出“美国将经久不衰”的结论——这句话仅仅是任正非目睹自然博物馆里的美国儿童时发出的一句感慨。把任正非的这篇文章改成今天的标题，或者是无心，或者是有意，或者是标题党。

但有一点值得肯定，互联网上的这篇文章，把 23 年前任正非的旧文发掘出来，让我们有机会能够读到这篇美文。

5. 任正非：建筑反映了企业的价值观和文化

只要到过华为总部的人，肯定会对华为的建筑留下非常深刻的印象。我到过的企业不少，在国内还没见到能够与华为的建筑相媲美的工业园区。

华为建筑别具一格，与任正非所学专业有直接的关系，他是 1963 届重庆建筑工程学院（后合并于重庆大学）的肄业生，不过他读的是暖通专业。据说，某年任正非母校的领导到公司访问，特意要举办一个为任正非追授毕业证的仪式，被任正非婉言拒绝了，任正非讲：要实事求是，没毕业就不应该拿毕业证。

2016 年 8 月 10 日的一次讲话中，任正非道出了他选暖通专业的原因："我原来学建筑，高中时看了一本小说《百炼成钢》，填报了建筑志愿，但我一天专业也没搞过。"

一个公司的建筑风格反映了企业家的审美，也是其价值观与企业文化的表现。

我在深圳曾遇一家著名房地产企业的高管，他直言：如果华为不搞通信而搞房地产，绝不会有我们公司的今天。究其原因，他答道：有任正非，加上他带领的狼性十足的一支铁军，干什么都会成功，看看华为自己的建筑就清楚了。

5.1　坂田基地

坂田基地的全称应该是坂雪岗基地，因为其所在位置包括坂田、雪象、岗头三个行政村的地域。

当年参加坂田基地奠基仪式时，满眼都是杂树、荒草、菜田、河沟和坟包，没有道路，一片凄凉景象。当时真不敢想象在这样一片兔子不拉屎的地方，如何建一个高科技的企业基地。

在基地建设期间，任正非隔一段时间就要来工地看看，印象中我陪任正非到工地不下十余次。他开车很猛，在乡村道路上疾驰，后面是漫漫黄尘。当年我不知坐车礼仪，有几次是坐在后排位置，现今想来，感到不好意思。如果写一篇小文，题目叫“任正非为我开车”，肯定会上头条，说不定会“网红”一把。

某次，与任正非去工地，车还没熄火，任正非就边喊边向前冲去，直线冲刺距离绝对超过 800 米——由现华电门口到园区最西侧。原来任正非是要叫停施工工人推平园区西侧的土包，他们的理由是土包阻挡了观澜高速的视线，显示不出华为建筑的轮廓。任正非考虑的是土包可以阻挡高速公路的噪音，并讲以后要在土包栽上高树。“办公楼不是用来向外人展示的。”那一席话，我印象深刻，也领略了任正非的格局与视野。

华为创业于南山区，当年的南山区已经够落后的了，当地人到市区都称“去深圳”。当生产中心由南山搬迁到坂田时，曾预测将有 20% 的员工流失，并制订了预案，但真正搬迁后，没有一位员工流失。

坂田基地的主要道路都以古今中外的著名科学家命名，分别是冲之大道、居里夫人大道、贝尔路、张衡路、稼先路和隆平路，尤其是以健在的我国科学家袁隆平命名的道路，在国内是否有第二条？

5.2 华电

华电大楼全称“华为电气大楼”。任正非从科技园搬到坂田基地后，其办公室一直在该楼一层，直到行政总部投入使用后才搬到 A1。办公室不大，任正非与秘书共用一间办公室。

任正非的办公室一向狭小、简朴，也凌乱。在其办公室中，看不到传说的《毛选》四卷或五卷，看不到码放着成排名著的豪华书柜，也看不到外界传说的墙上挂的“做有高度的事业”“实事求是”“天道酬勤”等座右铭，更没有在其他老板办公室常见的卧室、餐厅等。印象最深的是办公室一角用来午休的垫子。

某日，与任正非一起上楼开会，在电梯里，他问我一个问题：“为什么华电装了这么多电梯，还是高速电梯？”

答：“任总做事一向大气。”

任正非：“与大气无关。员工等电梯时，是不创造价值的，装这么多电梯，就是为了快速把员工送到办公室！”

华电大楼共有八层，共安装了八部高速电梯，还有两部货梯。

每当在高档写字楼里，我看到上班高峰等电梯的人群，就想到任正非当年的话，什么叫在商言商，这就是在商言商。

5.3 百草园

百草园是华为员工的集体宿舍，总占地面积 105 000 平方米，绿化率超过 70%。小区内带有欧陆风格的公寓楼共有 10 栋，公寓式住房 3 036 套，房内设施全部按星级酒店配置。

建设完工时，百草园这个名字是通过向员工征求意见确定的，在此之前，有高管称之为“野猪林”。百草园里最大的特色就是草木，这里不仅有国内的奇花异草，还有从日本引进的低矮粗壮的苏铁、从美国引进的华盛顿葵、从澳大利亚引进的假槟榔树，是名副其实的百草园。

无论从建筑设计，还是从设施或管理来看，百草园都达到了国内高档社区的水平。即使到了十余年后的今天，百草园的建筑与设计依然不落伍。

百草园最大的问题，是面积太小了，尽管有 3 300 多套房子，但员工从申请到住进房子，需要两年左右。

客户到公司参观，百草园是必经一站。

我住在百草园已经十余年，感受就是两个字：舒服。

华为顾问陈培根先生曾经撰文《均衡的魅力——百草园情怀》，在他眼中的百草园：

> 10 座 4~7 层高的欧陆风格建筑，错落有致地静卧在被草地和花木分隔开的土地上。员工无论从哪个位置，都可以充分地开阔他们的视野，看到层次分明、互相衬托的植物群，看到秀美幽深的意境。大面积随地形自然起伏的绿草地，起到了极好的均衡作用，使覆盖在地面的小草显出英雄的气概，使矗立的楼房变得谦虚谨慎，人们丝毫感受不到楼房的逼人气势和压抑的感觉。百草园建筑物的底层被特意架空，留出高大的空间，具有透南风、透阳光、透风景的三透功能，既保持空气的通畅，使草木得到滋润，又使人们的视野不受阻挡，欣赏到曲折迂回层层叠叠的园中景。而北来的寒风，则对不起，被底部没有架空的一座和二座建筑物尽可能地挡在百草园外。
>
> 审美的情怀在百草园得到了淋漓尽致的发挥，人性在百草园里得到了最大的尊重。
>
> 从布局和结构上来说，百草园像莫扎特音乐那样简洁、对称和明快；从表现风格来说，百草园像莫扎特音乐那样乐观、愉悦与和谐。从主题思想上来说，百草园像莫扎特音乐那样表现出对生活的热爱，对人性的理解。

在决策与规划设计百草园时，任正非还住在老式的居民楼里，这就是他的人文关怀，这就是他的情怀。

身在深圳办公的任正非，考虑到北京研究所员工的身体健康，从国外引进了空气和供水净化系统。

此类的案例，真的很多很多。

5.4 华为大学

华为人称华为大学为“培训中心”，整个培训中心分为主培楼、培训教职员楼、食堂和专门针对海外客户的高级培训中心 4 个部分。总占地面积 15.5 万多平方米，总建筑面积超过 9 万平方米，绿化覆盖率超过 65%。

进入华为大学，映入眼帘的是孙亚芳董事长题写的石碑，上书“小胜靠智，大胜在德”，出自南朝宋刘义庆的《世说新语》。

2016 年 3 月 16 日，公司正式公布了任正非为华为大学制定的校训：健壮体魄，坚强意志，不折毅力，乐观精神，顽强学习，团结协作，积极奉献。

在征求意见阶段，我曾给任正非发短信，认为校训太长，不易于记忆，建议使用任正非为年轻人的寄语：“视野，意志，品格”或“坚强的意志，广阔的视野，胸怀他人的品格。”任正非没有回复短信。

在培训中心主楼右侧，有两间狭小的房子，面积只有五六平方米，房内没有任何家具陈设，只有一块地毯，门口的磨砂玻璃上标示着跪拜的人形，这就是华为专为伊斯兰客户设置的祈祷室。当年陪《中国企业家》原主编牛文文先生参观时，他让随行记者拍照，并讲道：“这就是华为的国际化！”

建筑的灵魂与生命是细节，失去了细节，再美轮美奂的建筑只能是一种人为的炫耀。在华为的建筑中，这样的细节太多太多了。

华为的建筑一向秉持“先僵化，后优化，再固化”的管理三部曲，不断地在变化，机械加工中心变成了会展中心，华电大楼重新装修，培训中心的食堂也变成了美食街，主导这些变化的肯定是任正非，公司很有钱，他的持股比例又很低，自然任性。

不过，2006 年 3 月 20 日，总裁办发出了邮件《关于高培楼东区重复建设的处罚决定》，“鉴于在高培楼东侧 PARTY 区的建设过程中，由于事前对设计方案考虑不周，造成已完工后又重新更改设计方案并返工，给公司造成了损失。公司决定对该设计方案的审核责任人任正非予以相应处罚。按照该项工程损失的 10% 计，对任正非处以 4 万元罚款。”该邮件没有签发人，相信是任正非自己处罚自己。

让规则守望华为，而不是让任正非守望华为；把任正非的华为，变成华为的任正非，任正非做到了。

5.5　松山湖

华为坂田基地建立已十余年，内部环境在不断优化，周边环境则在日益恶化，大量的违章建筑正在把低容积率的坂田基地变成盆地。2014 年，区政府启动了“华为新城”项目；2015 年，该项目改为“华为科技城”。2015 年 5 月 22 日，公司首席新闻发言人在心声社区发言：“华为科技城”与华为没有任何关联，华为既不投资也不购买，与华为无关，该名下所有物业均与华为无关。未经华为许可而以华为名义进行城市区域命名或房地产开发，是对华为的侵权，我们已致函相关政府部门，希望停止使用“华为科技城”这一名称。目前，由政府主导的这个项目改名为“特区扩容示范区”。不管叫什么，可以想象，这类政府主导的开发必将变成一场高容积率的房地产盛宴。

2016 年一场风波骤起，传言华为因为深圳房价高，将逃离深圳，搬迁到东莞。

几乎每年都有关于华为的一些传闻，这些传闻基本上也都能演变为“事件”，华为这棵树大，自然招风。树如果不想让风摧之，只有一个选择：长得再快一些，长得再壮一些。

这也并非空穴来风，华为确实在东莞松山湖新建了一块新基地。这里有 14 平方千米绿地，负氧离子比市区高 50 倍，有 8 平方千米的原生水态。园区占地 1 900 亩，分牛津区 、温德米尔区、卢森堡区、布鲁日区、弗里堡区等 12 个组团，各组团之间通过小火车连接，目前火车已从国外进口，铁轨正在铺设。

不知为什么，任正非偏爱火车，在培训中心有火车车厢改成的餐车，在高培中心有“周渔的火车”和火车站。这恐怕源于“文革”期间扒火车回家的经历，或许缘于其基建工程兵的情怀。

华为对东莞的影响，从纳税金额可以看出。2015 年华为终端（东莞）有限公司（华为机器）包揽纳税和主营业务收入两项榜单冠军。而当年实际出口总额企业榜单中，华为名列第二。2016 年华为成为东莞市两家千亿级企业之一。

至于华为是否会逃离深圳，2015 年 5 月 22 日华为新闻发言人已经说过：华为也将继续以深圳作为总部基地，支撑全球化的运营。

华为松山湖基地 2018 年将投入运营，可以肯定，届时这里将成为中国最漂亮的企业基地，坂田基地只能屈居第二。

华为的建筑确实别具匠心，它反映了任正非的审美、情怀与境界。

2008 年 9 月 22 日，任正非在《从汶川特大地震一片瓦砾中，一座百年前建的教堂不倒所想到的》一文中讲道：“每个人都能甘于平淡，耐住寂寞，默默奉献，是一件不容易的事，这是一种伟大的人格修炼。”“一条一条的砖缝铺满砂浆，让砖块受力均匀；摆平每一块砖，让它垂直于地心，……你终会享受到这种默默无闻的无私奉献的快乐。当你回首往事，不因虚度年华而悔恨，也不因碌碌无为而羞愧。”

这就是任正非的匠人情怀，他在带领华为的十余万员工，以匠人之心、匠人之魂，执着地默默地构筑华为的教堂。

6. 钥匙中的管理哲学

20 世纪末，华为有几个重要会议是在珠海召开的，开会地点是石景山酒店，有几件事印象深刻，记录如下。

6.1 凭吊巨人大厦

1999 年，华为在珠海开会，会议主题是公司的战略及 KPI 库，晚饭后通知有活动安排，所有参会者包括任正非乘坐大巴离开酒店，去哪里没有人知道。

下车后，周边一片漆黑，隐约来到一片工地。踏着长草，众人来到一个硕大的大坑，才知道这里是巨人集团的巨人大厦的工地。

任正非走在前面，后面紧跟的是华为的高管们，围着黑黢黢的大坑转了三圈，没有人说话，空气如同凝结了一般，有点像告别，也有点像凭吊，非常仪式化。

转完后，就回酒店了。

这个永远不可能竣工的巨人大厦，1994 年初举行的开工典礼。原计划盖 18 层，后来改到 38 层，改到 54 层，改到 64 层，最后改到 78 层，如果建成，将成为当时国内最高的大楼。1997 年初，巨人大厦因资金链断裂未能按期完工，只建至地面三层的巨人大厦停工，巨人大厦只在历史上辉煌过。

1992 年，任正非在华为提出要“超越四通”，当年国内有“南巨人，北四通”之说，两家公司是当时高科技企业的代表，这一年华为的销售额达到 1 亿。1994 年，巨人集团的产值就达到了 5 亿人民币，利润 5 500 万。华为的销售额达到 8 亿元，员工人数达到 1 000 人。这一年，任正非提出了“三分天下”的梦想。

再往后，华为发展迅猛，而巨人集团轰然倒下，正应了那句“眼见他起高楼，眼见他宴宾客，眼见他楼塌了”。

2016 年，我在公司为巨人集团的高管客户上课，提起了当年跟随任正非凭吊巨人大厦的事，见一位高管泪流满面。从教这么多年，讲了那么多课，很少能把人讲哭了。也是在同一年，在北京的望京，看到破败不堪的摩托罗拉大厦时，我眼眶也有点湿润了，同时也理解了那位高管的举动。

任正非内心，充满了对企业的热诚，公司就是他的命，同时他也充满了对企业的敬畏，但他从来没有狂热过。他有一句名言：“唯有惶恐者才能生存”，英特尔前 CEO 格鲁夫也有一句名言：“只有偏执狂才能生存”。只有经过生活打压磨砺的人，方有如此精妙的总结。

当年任正非带领干部凭吊巨人大厦的目的，也在于此了。保持沉静，保持危机意识，保持敬畏，保持警醒！

但我有一点始终不清楚，当年任正非在凭吊巨人大厦时，没有讲一句话，事后也从来没有提起过此事，他一直沉默着，如同当晚的沉默一样，或许从那一晚开始，危机意识已深深地植入任正非及华为干部的血液之中了，已无须言语！

6.2　身上一把钥匙都没有

某晚，任正非在酒店请人吃饭，让我作陪。

客人是华为的前员工，在公司初创阶段就加入公司，离职后在珠海创办了自己的公司，任正非是个念旧的人，趁在珠海开会，顺便约他一起吃个饭。

言谈间，两位都没有谈及往事，更多的时间是客人对华为快速发展的赞许。谈及离开公司时，客人有后悔之意。

任正非宽慰道："人各有志，应该出去闯一闯，当了老板，才会知道当老板的不易，企业就是个绞肉机，各种矛盾与冲突都绞杀着老板。老板就不是人，公司发展好了，不能高兴，公司做不好，老板不能不高兴，完全是违背人性的。"

吃完饭，客人告别离去。

任正非介绍道："他人非常聪明，懂技术，也懂营销，不比比尔和盖茨差（比尔与盖茨是公司两位高管的外号），但就是没把自己的公司做好。"

问其原因，任正非指着不远处的客人说："原因就在他腰上。"

按照任正非的提示，我向客人的腰部望去，但见其皮带上挂着一大串钥匙，数量之多，已经到了夸张的地步，伴随着其步行，钥匙左右摇晃，叮当作响。

任正非补充道："他连仓库的钥匙都挂在身上。"

然后，任正非起身，掀开衣服，说："你看，我一把钥匙都没有。"

在华为，有很多办公楼的房间任正非是进不去的，如数据中心、研发实验室等，其工卡根本没有进入权限。

一句话点醒梦中人！这个世界原来有两类老板：身上挂钥匙的老板

与身上不挂钥匙的老板。

钥匙是开锁用的工具，同时也是权力的象征。

身上挂的钥匙越多，意味着权力越大，责任越多。

身上挂的钥匙越多，合理的授权就越少，下属的自由裁决空间就越小、个人的价值成就感就越低。

身上挂的钥匙越多，老板需关注重大决策的时间资源就越少，不务正业的可能性就越大。

身上挂的钥匙越多，老板操心越多，费力越多，陷入日常事务的时间就越多。

身上挂的钥匙越多，老板成为孤家寡人式的伟大个体户的可能性就越大。

我相信，华为创立之初，任正非身上肯定也有不少钥匙，随着华为的发展，他不断地摘掉身上的钥匙。

任正非摘掉身上的钥匙，并依靠制度的授权机制，把钥匙挂在下属的身上，从而把任正非的华为变为华为的任正非，让制度与规则守望华为，而不是让老板身上的钥匙与门上的锁守望华为。

爱尔兰的威廉·巴克莱博士在《花香满径》一书中指出："我们不应该把所有的事都抓在自己手里，认为只有自己才能做好。"

身上挂满钥匙的人一个重要的价值观就在于：他一直坚信只有自己比别人做得更好。

国外的一篇文章提到，只有那些执着（甚至是到了痴迷程度）于最后的产出并且又不会在公司日常的大小事务中都面面俱到的领导者，才能够在竞争中脱颖而出，取得令人瞩目的成绩。

变成了甩手掌柜的任正非，不挂钥匙的任正非，方才有更多的时间关注客户，关注那些挂钥匙的下属。任正非倡导"力出一孔"和"以客户为中心”，从另外一个意义上讲，就是要求管理者视野要开阔，视点要聚焦。

陈全忠先生的《让规则看守世界》一文提道：“让规则看守的世界，是生命的圣洁花园，是人之向往的天堂。而生活在那里的人，也将规则时刻放于心中，心甘情愿接受约束，以获得更完满的自由。”

老板，请丢掉您的钥匙，像任正非那样！

7. 两张“网红”照片背后的故事

第一张图片是虹桥机场等出租车。

2016 年 4 月 16 日，任正非的照片刷屏，任正非成了上头条的“网红”。

事情的起因是一篇微博：

“刚刚见了一个朋友，他昨天在虹桥机场等出租车时拍了一张照片，他觉得像是任正非，和我确认一下是不是。我一看就是任正非，这位 72 岁的华为创始人在排队等出租车，没有助理和专车，绝对真实。三周前我去华为采访，华为副总裁提到华为成功的 6 个秘诀，各位企业家可以对照看看，你们做得怎么样？”

微博的作者是陈雪频先生，《哈佛商业评论》中文版前社群总监，智慧云创始人兼 CEO。

微博附有照片，夜色中，照片中的任正非一手打电话，一手拖着拉杆箱，背景是一辆上海的强生出租车，前后都有人排队。

作者发出微博的时间是 4 月 16 日下午 3 点 14 分，照片拍摄的时间是 4 月 15 日晚 9 点 40 分左右。

陈先生的微博并没有引起太多关注，有 73 个评论，122 个赞，181

次转发。但这张照片在微信朋友圈被刷屏，被网易、腾讯等科技媒体和数以千计的微博账号转载，有10万次以上的评论，并引起了很多争议。当时以“任正非 出租车”为关键词在网上搜索，可以搜到96万个相关结果。

当天是周五，正值华为P9手机发布，有人质疑任正非此行，是华为有意策划，目的是为公司的手机发布造势和造市。

任正非到上海不是休假，上海之行，也的确与华为P9有关，任正非来上海是为了会见来华参加P9发布会的莱卡董事长安德烈亚斯·考夫曼（Andreas Kaufmann）。

4月16日，是周六，法定休息日。

对于72岁的任正非午夜独自一个人在机场排队等出租车，反响不一，争论很大。

有人认为，任正非是在“作秀”“炒作”“博眼球”。午夜，周末，一个人，从深圳跑到上海，在机场等出租车，作秀也不选个适合作秀的时间和地点？如果真要作秀，起码也要带几个随行人员，要不万一没被人拍到，这次作秀可谓史上最失败的作秀案例。

有人认为，任正非太不讲究效率，排队等出租车要耗费多少宝贵的时间。注意他是晚上7点左右由深圳飞往上海的，由此推测，任正非是在下班后去机场的，目的是保证工作时间，浪费的是他的周末休息时间。

有人认为，任正非这样做太不安全。这种担心确实有道理，但不是大问题，一是他不是娱乐明星，不会有多少人关注；二是他穿着朴素，行事低调内敛，甚至当晚拍照者周先生都不敢确认，还要向陈雪频先生求证。

有人认为，任正非如此做是有意策划，作为媒体人的陈雪频先生是

“网红推手”。对此，陈先生已有专文陈述，他认为任正非成为“网红”的原因在于：一是任正非是名人；二是强大的反差；三是唤起了更多人的情感。

当然，网络上也不是一边倒，也有许许多多正向的声音：

有人说：“致敬又心痛。”

有人认为：“震撼国人！”

有人反思：“如果你不了解他苦难的昨天，又怎敢妄评他朴素的今天？”

有人在思考：“任正非独自机场等出租车，打了谁的脸？”

有人在追问：“任正非深夜等出租车的真相。”

有人在向企业家们发问：“中国的企业家们，如果你们真的想让自己的企业学华为，就先自己学学任正非吧，做到‘散财、谦虚、诚信、专注、学习、文化’，始终保持奋斗精神吧。”

有人在向共享专车发话：“连任正非都在排队打车，号称共享经济，提供高端出行服务的专车们，你们的努力明显还不够啊！对高端人群的覆盖还不彻底啊！是不是该反思一下？”

有人把此事熬制成浓稠的心灵鸡汤，搞得既励志又煽情。

当时，也有国内著名的媒体记者电话采访过我。我从华为的核心价值观，到华为的出差管理制度，再到任正非的行事风格、以身作则、低调内敛、朴素廉洁，讲了足足近半个小时。显然这些无法满足这位90后记者的猎奇心态，或许她早已有了先入为主的结论，因此，对我说的内容一直不感兴趣，枉费了口舌。她还是一直在追问“真相”，不得已用短信回复了6个字：“他姓任，故任性。”

第二张照片是在机场摆渡车上。

任正非深夜独自等出租车事件，又引发了对一张任正非在机场摆渡大巴上的照片的热议，使得四五年前的旧事被发掘出来，任正非又被“网红”了。

其实，这张照片并非拍于 2016 年，而是 2012 年。这张照片同样是网友偶遇任正非后拍摄，发在微博上引发围观的。

2012 年 4 月 25 日晚 9 点 5 分，一位网名为“柔柔如是”的女士发出了如下的微博：

“摆渡车上遇到了华为老板任正非哦！姐即刻变身天然呆小粉丝！问了他俩问题，一是任正非为什么不开微博，答，搞技术的不懂做这些事情。二是华为现金流如此庞大，为什么不做股权投资基金，答，我们就会做实实在在的事情，虚的不玩！”

照片上，任正非挤在拥挤的机场摆渡大巴上，右手抓吊环，左手扶行李箱，面容憔悴。

在随后的发出的微博中，这位女士补充道：

“我直接看着他眼睛问，您是华为的任正非先生吗？他吓一跳。他说从来没在外面被人认出来过。”“其实还问了两个问题。一是今年利润那么高，是不是快超过爱立信了？答，我们从来不跟别人比，只跟自己去年的业绩比。二是他知不知道有个中华脊梁评选，他说不知道，我说你才是真正的中华脊梁！周围的同事都笑了。他很窘。”“任总给我的观感是，非常朴素，拎一个旧皮箱。和蔼可亲，谦和有礼。但是脸色不大好。感觉有点消瘦，因为衬衣貌似显大了。我还叮嘱他要注意身体别太操劳。”

从语言风格上判断，微博的博主应该是位 90 后。

或许因为当年没有发在微信朋友圈，这条微博并没有被刷屏，任正非也没成为爆红的“网红”。

在诸多的评论中，有三条印象深刻：

“他身不在江湖，但江湖到处都有他的传说。”

“一边是镜头前风光无限的经济学家、投资专家侃侃而谈唾沫横飞，一边是20年难得一见的老人带领团队在国际市场上攻城略地；一边是纸醉金迷挥霍无度，一边是低调生活修齐治平；一边是玩弄数字投机坑人掠夺财富，一边是扎扎实实创造就业创造财富。好在越来越多的人都看得越来越清楚了。”（@天的天芳夜谭）。

“老子说，自伐者无功，自矜者不长。任正非这样的人之所以能成功就在于他不自伐，不自矜。”（@深圳人大代表郑学定）

2016年8月下旬，又有网友在机场摆渡大巴上拍到了任正非，同样没有随行助理，没有人帮带行李，没有保镖前呼后拥，没有走VIP通道、没有豪车接送，又是四年前的情景再现。不同的是，这次任正非带了一盒礼品，很快使这个品牌畅销。

2017年7月27日，网络上又出现公司轮值CEO徐直军先生在机场，一个人带着行李等飞机的“网红”照片。由此相信，华为文化是生生不息的，榜样的力量是无穷的。

对上述“网红”事件做个说明与点评：

（1）这不是炒作、作秀、包装、策划的事件，这实际是任正非的常态，也不是新常态，他过去如此，现在也如此，一贯如此。任正非在机场等出租车的帖子转发到华为心声社区，反而是波澜不惊，连个热帖都没算上，仅有1 300人次阅读，评论仅仅有6个。机场摆渡大巴的帖子，则根本没人转发。同意某网友的回复：“所以，如果没有这样的任正非，也不会有今天的华为。比你优秀百倍的人还比你努力、比你低调。有那个时间说别人浪费时间、炒作、作秀，还不如多去给自己挣点狗粮。”

（2）此事在网上引起如此大的反响，恐怕任正非也始料未及。反响巨大源自反差巨大，任正非的工作常态，为许多中国企业的老板树立了一面镜子，同时也引发了网络上对司空见惯的企业老板做派的抨击。很多人认为，任正非的举动不正常、不合时宜。其实，把正常的事情看成不正常，才是真正的不正常。任正非的正常行为被认为不正常是因为现实中有太多不正常现象所衬托出来的。

（3）深夜等出租车或挤在拥挤的机场摆渡大巴上，本来不是什么惊天动地的大事，完全没有必要如此炒作。但在此事背后，也反映出小事的价值与细节的光辉。小事不愿做，何以成大事？正如任正非所说："成为领袖的人，胸怀宽广，视野远大，但都是从小事做起的。"确实如此，天上没馅饼，地上有陷阱，仰望星空，还须走好脚下的路。

（4）作为企业的老总日理万机，四处奔波，带几个助理，配几个保镖，豪车接送一下，坐头等舱，甚至坐私人飞机出差，也无可厚非。任正非也有资格如此做，他平凡的伟大就在于，他可以做，但自己没有做。如任正非自我评价："我没有神秘面纱，只有满脸皱纹。而华为之所以能做一点小小的事情，除了比别人少喝咖啡，多干点活，也没有什么特别的长处。"前呼后拥的出行，老板们肯定很受用，这也符合基本的人性。问题在于，你所提倡的，你所坚守的，首先你自己要做得到，你要率先垂范，以身作则。否则，员工们就会上行下效，就会投其所好。因此，对于企业老板来讲，不能口是心非，言行不一，因为员工不是傻瓜。没有坏员工，只有坏老板——上梁不正下梁歪。为什么有的企业乌烟瘴气，妖魔当道？从老板身上找答案吧！如果想学华为文化，老板要先从自己做起，学学任正非的奋斗精神和奋斗实践，这应该不难学，也应该学得会。否则，就是叶公好龙。

（5）任正非如此做的解释，源于任正非所倡导并践行的华为价值观："以客户为中心，以奋斗者为本，长期坚持艰苦奋斗。"以客户为中心了，也就没人搭理老板了，老板被边缘化了。任正非坚持："我认为最好的干部是什么样的人呢？就是眼睛老盯着客户，盯着做事，屁股是对着我的，他是千里马，跑快了，踢了我一脚，我认为这才是好干部，一天盯着做事的干部才是好干部，才是我们要挖掘出来的优秀干部，而不是那种会‘做人’的干部。”

（6）任正非要求华为的干部与员工“眼睛盯着客户，屁股对着上级”，大家都如此，就没有人关注任正非了，也就少了鞍前马后和前呼后拥的“奴才”。任正非保持着高度的清醒：“我们要清理那些特别会迎合上级，善于美化部分下级的人，免除他们的行政管理职务，让他们去做力所能及的事去。当下属给你送礼的时候，其实你已清楚谁是黄鼠狼，要谨防你家的鸡。”

（7）不迎来送往是华为的制度规定，《华为公司改进工作作风的八条要求》中的第一条就是：“我决不搞迎来送往，不给上级送礼，不当面赞扬上级，把精力放在为客户服务上。”在制度与规则高于一切的华为，有哪位干部敢往枪口上撞？躲还来不及！任正非早已发话：“对EMT人员的审计报告在心声社区全网公布了，查我们的目的不是查我们有什么问题，是查谁在拍我们马屁。我们还要查地区部总裁、代表处代表，查谁在拍他们马屁，为什么不能在华为公司消灭掉腐蚀上一级、做内部公关的人?! ”

（8）任正非确实没有专车，也没有专职司机，过去没有，当下也没有，以后也不会有。他很早就讲过：“我要有专车司机，董事长就得有；董事长有，公司高层EMT成员就得有；EMT有，那些大大小小的官也就不平衡了，华为就变成车队了……华为公司所有的资源都是以客户为中心，为客户服务的，工作资源按正常开展工作需要配备，要计算投入产出比，选择最经济有效的配置。专车司机只为客户服务，归客户工程部（其实就是客户接待部）调配。”

（9）在我看来，机场深夜等出租车和挤机场摆渡大巴，更可以看作任正非的一种修行，一种发自内心的所为，一种出自本心的惯行。孟子言：“天将降大任于斯人也，必先苦其心志，劳其筋骨，饿其体肤，空乏其身，行拂乱其所为，所以动心忍性，曾益其所不能。”这段名言非常符合任正非，我每次读到这段话，总把其中的“大任”的“任”解读为任正非，天降领导华为的大任于任正非，必定要使他的内心痛苦，使他的筋骨劳累，使他经受饥饿，以致肌肤消瘦，使他受贫困之苦，使他做的事颠倒错乱，总不如意，通过这些来使他的内心警觉，使他的性格坚定，增加他不具备的才能。在2017年4月份的讲话中，任正非提出孟子的这段话“应该成为华为优秀员工的座右铭”。其实，这何尝不是任正非的座右铭？

（10）2017年任正非在泰国与地区部负责人、在尼泊尔与员工座谈时讲道：“我承诺，只要我还飞得动，就会到艰苦地区来看你们，到战乱、瘟疫……地区来陪你们。我若贪生怕死，何来让你们去英勇奋斗。”

同样，任正非如果前呼后拥，何来华为员工眼睛盯着客户？

同样，任正非如果贪污腐化，何来华为干部的清正廉洁？

（文中引用了陈雪频先生和“柔柔如是”女士的微博，特向两位表示感谢）

8. 华为都在学什么

8.1　金一南授课

2015年华为人最喜欢讨论谁？

无疑是金一南将军。

证据如下：

（1）2015 年 6 月 10 日任正非签发总裁办电子邮件，转发金一南的文章《美军还能打仗吗？》。任正非撰写以下编者按："军人的责任是胜利，牺牲只是一种精神。华为的员工不只是拥有奋斗精神，更要把这种奉献，落实到脚踏实地的学习与技能提升上，在实际工作中体现出效率与效益来。"

（2）2015 年 9 月 29 日，金一南在华为做了题为《关于队伍的灵魂与血性》的讲座，这是金一南将军首次在企业授课。华为全球 8 000 余名员工同步收看。任正非的评价是：这是听过的最好的讲座。

（3）2015 年 11 月 29 日，任正非再次签发总裁办电子邮件，转发金一南的文章《胜利的刀锋——论军人的灵魂与血性》。

"牺牲是军人最大的付出，但不是军人的最高奉献。军人的最高奉献是胜利。"

"灵魂赋予尊严，血性赢得光荣；灵魂与血性永远是军人的脊梁、胜利的刀锋。"

金一南将军的观点与华为人产生巨大的共鸣。

（4）2015 年 12 月 4 日，华为轮值 CEO 郭平发表文章《记住插在硫磺岛上的那面旗帜》。任正非为此文撰写了编者按："'一切为了作战，一切为了服务业务，一切为了胜利'也许会成为一个时代的口号，这个口号在华为要管十年。"

（5）2016 年 1 月 16 日，金一南再次来到华为，为参加 2016 年市场部大会的千余名高管授课《关于将军的产生——对指挥、统帅和决胜的思考》。

截至 5 月底，在华为的内网上，上述两个视频的观看量已超过 12 万人次。

（6）任正非亲临现场听取金一南将军的两场各超过 3 小时的讲座，

这是不多见的。

早在 2013 年前后，万通董事长冯仑先生就写过一篇文章：《西点军校出来的 CEO 多过哈佛商学院》。文章主要介绍了美国国防部前部长拉姆斯菲尔德在任时主导的新军事变革：特种部队化，并提出“军事组织的变革是商业组织变革的先导。今天从全世界范围来观察，军事组织在朝两个方面变革，即正规组织、合法组织特种部队化和非法组织或非契约性组织基地化”。任正非读后，颇受启发，在公司内部多次推荐该文。纵观华为在组织及其运作流程的变革过程，无论是“铁三角”、“海军陆战队”、“重装旅”、“片区联席会议”、“联勤（联合后勤）”，还是“让一线呼唤炮火”、“把指挥所建在听得见炮声的地方”、“在上甘岭上培养干部”、“上校连长”，其实都来自美军的军事变革。

如果说，美国的 IBM 为华为构筑了研发、供应链及财务的组织与流程，那么，美国的新军事变革理论与实践，则为全流程的连接与打通，提供了系统性和整体性的理论指导与实践标杆。而金一南先生的讲座，则从队伍建设、企业文化、干部管理及人力资源管理的层面，给任正非及华为以系统的思考与指导。

金一南先生的著作与讲座没有涉及任何企业的管理问题，他也自谦地称“根本不懂企业管理”，但这不重要。将军所思考的应该是将军的问题，企业家的问题交给企业家就好了。任正非讲：“没有正确的假设，就没有正确的方向；没有正确的方向，就没有正确的思想；没有正确的思想，就没有正确的理论；没有正确的理论，就不会有正确的战略。”金一南将军给予任正非的是关于假设、方向、思想、理论和战略等方面的思考素材，对于任正非来讲，这就足够了。

管理大师德鲁克曾经说过：“管理空军基地、医院、软件公司当然不同，但是最大的差异在于该组织使用的名词。各种组织里，九成左右的问题是共同的，不同的只有一成。在所有的组织里，只有这一成的问题，需要适应这个组织特定的使命、特定的文化、特定的历史和特定的用语。”

简言之，管理一个军队，与管理一个企业并没有多大的差异，只不过前者的难度更大一些，因为军队的管理尤其是战时的军队管理，没有假设，只有双方的博弈，而且以一方肉体的消失为胜利的标志。

2014 年 6 月 16 日，华为召开“蓝血十杰”表彰大会（会后任正非第一次接受国内媒体记者集体采访），作为“现代科学管理之父”的“蓝血十杰”们，从商学院学生，到“二战”的美国大兵，再到福特公司的高管，证明了管理大师所言不谬。

8.2 向美军学习

任正非在近期的讲话中不但多次提到金一南将军的观点，而且充满了军队风格的语言表达，犹如大战在即时一位运筹帷幄的将军。

2016 年 1 月 13 日，任正非在市场部大会发言，标题是《决胜取决于坚如磐石的信念，信念来自专注》。华为唯一的武器是团结，唯一的战术是开放。发言的开头充满了浓重的“火药味”：“当前 4K/2K/4G①和企业政府对云服务的需求，使网络及数据中心出现了战略机会，这是我们的重大机会窗，我们要敢于在这个战略机会窗开启的时期，聚集力量，密集投资，饱和攻击。扑上去，撕开它，纵深发展，横向扩张。”通读全篇讲话，不难看出，金一南将军的所传递的海量信息，已经内化于任正非对华为未来的筹划之中。

① 4K、2K 指的是分辨率，4G 指显存。

“美军是世界上最好的‘公司’，后勤管理的最大特色是联勤。我们希望向美军学习管理，但是不能学习美军不计成本的管理，我们要强调成本的有效性。”

“伟大的背后都是苦难。个人发展最终都是取决于自己，不取决于别人。你想当将军，就得苦其心志、劳其筋骨，比别人多明白一点。”

“我非常赞成黄埔军校的培训方法，大家看《人间正道是沧桑》，孙红雷作为一名普通战士，和旅长在同一个班学习，思想互相碰撞后产生的能量是很大的。”

“得过疟疾没有？被抢过没有？被抢过要备案，登记在册，受过磨难就是意志坚强，毅力强大。技能一样的干部，得过疟疾的先升将军。”

“一切为了‘战争’，一切为了业务服务，一切为了胜利。美军对士兵的要求是服从，而对军官的要求是承担责任，我们的目标是胜利，不是简单服从。”

“‘一切为了前线，一切为了业务服务，一切为了胜利’也许是我们未来十年机关改革的重要口号，从财经践行起。”

“金一南将军讲美国军队，美国是世界上最有文化的军队，西点军校录取的是高中生的前 10 名，美国安那波利斯海军军官学校录取的是高中生的前 5 名，……所以美国军官都是美国最优秀的青年。美国军队的考核最简单，没有对学历、能力的考核，只考核‘上没上过战场，开没开过枪，受没受过伤’，所以美国军队其实是最能作战的。他们先学会战争，再学会管理国家。将来我们也要学习美军的考核方法。”

“我曾问身边的一个人有多少个朋友圈，他说‘200 个’，维护这 200 个朋友圈的时候，就在非战略机会点上消耗了战略竞争力量，进步就慢了。大家看看金一南将军讲话，看看美国军官是如何要求自己的，我们也要以此标准来要求自己。”

“你们还要加强体育锻炼，只有身体最健康，工作才会最有效率。大家看到，美国是世界上胖子最多的国家，但是美国军官中基本看不到胖子。因为美国军官升职有体重限制，西点军校只要下午一下课，就可以看到很多美国兵背着枪围绕着花园跑步。所以你们要加强健身，保证身体健康，保证头脑清晰，可以为公司多工作几十年。华大的校训可不可以是这样的：健壮的体魄，坚强的意志，不折的毅力，乐观的精神，顽强地学习，团结与协作，积极地奉献。”

“总裁办电邮文件转载《美军还能打仗吗？》时，我写了一句按语：‘军人的责任是胜利，牺牲只是一种精神。’所以不是说你吃了苦就能当将军，一定要做出贡献。学习也要有针对性，即使你说自己满腹学问，不能产粮食，有什么用？不能产粮食的流程是多余流程，不能产粮食的组织是多余组织，不能产粮食的人是多余人，要减掉。”

“美国军队每打完一场战争回来，都是自我批判。特别是‘沙漠风暴’，美国是完胜，但美国军队回去以后的总结全是批判自己，因为美国说不可能再打这么完美的战争，不可能再在最完美的地方遇到最完美的敌人，用最完美的方式完成最完美的战争。”

“在一些战役关键时刻，战略预备队也打光了，常常是卫生兵、炊事员、理发员、警卫员、通信兵……组成的杂牌部队投入进去，这是胜利天平上的最后一根稻草。”

“失败中也有英雄，主观的失误不要掩埋将士的努力，他们中也有可歌可泣的。”

“我们必须选择有贡献的员工进入战略后备队，在后备培训中我们选择 20%~30% 学习好的员工，集中投入到最困难、最不确定的项目中去。再在成功实践中选拔杰出的人。惠灵顿公爵讲过：‘滑铁卢之战是在伊顿公学的体育场上打赢的。’我们的一代将星一定会破茧而出的。”

“你们要去看看金一南的讲话，‘美国军队从来不谈文化，谈的就是你要做哪几件事，这些事做好了，你就是将军！’所以我们要把干部考核和业务结果关联起来，按实际贡献选拔干部，不是去考核学历和能力。”

“让听得见炮声的人呼唤炮火，这是美国军队的作战方式。我们要向美国军队学习，全世界最强悍的‘公司’是美国军队。美国是最自由化的国家，而美国军队是最守纪律、最自强不息的组织，正好和我们华为的机制是一样的。”

“美军选干部的机制，‘上没上过战场，开没开过枪，受没受过伤……’，这些就是责任结果导向，不考核学历，不考核能力，只考核结果。华为也是一样，按结果贡献选人才。”

“你们要让大家学习金教授的讲课，向美军学习，上过战场、开过枪、受过伤，服务要勇于做人力资源政策的创新。”

“这方面我们也要向美军学习，一线的战士开着悍马到处跑，但后方的国防大学就只有校长有专车。我们也要这样子，一线的员工牛哄哄地开着好车，一会儿见总统，一会儿见部长，我们就是要给在艰苦国家奋斗的员工提供让他自豪的条件，这样大家才愿意去一线奋斗。”

“所以美国名校出来的学生思想发散，形成了美国灿烂辉煌的文化，灿烂辉煌，就是杂乱无章。但是，美国靠军队奠定起社会主航道的基石，美军严格要求高中前10名才能进入军事院校，训练非常严格，而且军校毕业必须要上战场。学会战争后，再来学管理国家、管理企业。”

金一南将军讲座及文章之于华为及任正非的价值在于：

第一，以军队组织的文化、运作与管理为背书，验证了华为的管理哲学与成长逻辑，予华为以更强的自信。

第二，军队的运作模式特别是美军成功经验，给华为以重要的管理启示，其中包括：队伍的灵魂与血性，干部的选拔、甄别、培养与激励，组织的设置与运作。

无疑，金一南将军给华为带来的是满满的正能量，更重要的是这些正能量被提倡“一杯咖啡主义”的任正非这块大海绵给吸纳了，并将其转化为思想的能量和组织的能力。在近期接受新华社记者采访时，任正非以浪漫主义的词汇提出：“即使有‘黑天鹅’，也是在我们的咖啡杯中飞。我们可以及时把‘黑天鹅’转化成‘白天鹅’。我们内部的思想氛围是很开放自由的，‘黑天鹅’只会出现在我们的咖啡杯中，而不是在外面。”如果说金一南将军的理论是一只黑天鹅的话，它飞翔在任正非的咖啡杯，已经转化为华为的白天鹅了。

在华为总部的天鹅湖畔，金一南与任正非相遇，现役的金一南将军与曾为军人的任正非互致军礼，一位是研究军队组织的大师，一位是企业管理的领袖，高手切磋过招，如中子与原子核相撞，碰撞出了深邃的思想火花，产生了巨大的思想能量。

2016年9月22日，金一南将军再次莅临华为，这次讲座的内容是《领袖是怎样炼成的》，据金一南将军讲，讲座题目是任正非确定的。

看完金将军的视频，本人将印象最深的几句话记录如下：

人的本质在权力中尽显。

培训不能以第一任职为目标。

价值理性与工具理性。

永远不要小看坐在后边的人。

交易型领导与改造型领导。

超越利己主义，提高马斯洛需求层次。

毛泽东讲最先进的思想在最落后的山村落地生根。

领袖是让一批人成为英雄。

9. 任正非与韦慧晓

韦慧晓是谁？她与任正非有何关系？

先看看韦慧晓女士身上的标签：

出生日期：1977 年。

民族：壮族。

籍贯：广西百色。

学历：本科在南京大学读大气科学，曾作为礼仪队队长为获得南大荣誉博士的美国前总统老布什献花。

硕士和博士在中山大学读地球科学系，2005 年 8 月 ~2006 年 7 月，韦慧晓申请参加中国青年志愿者扶贫接力计划研究生支教团，赴西藏支教，在林芝县中学支教。

2007 年，她荣获美国百人会颁发的“美国百人会英才奖”和广东省志愿服务个人金奖。

2008 年 5 月，作为志愿者，到四川参与抗震救灾工作。

2008 年 8 月，到北京当奥运会志愿者。

《中国研究生》杂志将她选为 2008 年 11 月的封面人物，并刊发了她根据在藏两年志愿服务的经历和感触撰写的文章《八千里路云和月》之后，在全国影响广泛。

曾入选“环球洲际小姐大赛中国赛区十佳”；是中国“百名优秀志愿者”之一。

2000 年本科毕业后，进入华为，在华为工作过 4 年，从事市场部秘书和行政助理工作，获得过华为个人最高荣誉“金牌个人”奖。

这是一个在哪里都发光的人。

在华为时，因工作关系我曾与韦慧晓女士见过几次面，印象最深的是她的靓丽、文静、谦虚、乐观、向上和活力。

2013 年我曾将《下一个倒下的会不会是华为》一书寄给韦慧晓女士，她回赠了《我的青春我的团》一书，其中有记录她在西藏支教经历的文章《八千里路云和月》，在书的扉页，她写了一段话，其中有两句："梦想总在前方，再大的风浪又何妨！"

2015 年 11 月份，消费者 BG 总裁余承东先生向我索要韦慧晓女士的联系方式，向韦慧晓女士赠送了华为新发布的 Mate8 手机。

2010 年博士毕业后，韦慧晓自荐参加海军，被破格录取进入新组建的航母接舰部队。

2012 年初，韦慧晓从中山大学地球科学系博士毕业，自愿申请入伍："航母是中国水兵最大的舞台，为了心中的梦想，我申请当一名普通的航母舰员，在战风斗浪中历练成长！"她获特招入伍后，成为我国首艘航母辽宁舰的首位博士军官，是一位"佩着少校军衔，但资历章只有一排"的军人。

2012 年 10 月，韦慧晓被任命为辽宁舰航海部副航海长，成为航母上第一位女副航海长。

2016 年 3 月，她顺利通过新型导弹驱逐舰副舰长独操考核，成为海军首位女副舰长。

韦慧晓目前任新型导弹驱逐舰长春舰副舰长。

一次与任正非聊天，谈到了韦慧晓女士，任正非吩咐：联系一下，在她方便的时候，请她回公司看看。

2013 年 4 月 3 日，我发微博，微博的原文是："韦慧晓：如果有空，回华为看看，任总请你吃饭！”

感谢万能的互联网！仅一天后，就有网友 @like 南美在地球的另一端提供了韦慧晓女士的联系方式。信息提供者为李柯先生，华为营销体系高管，当时在南美地区部任职，巧合的是，韦慧晓女士任职华为时，正是做李柯先生的秘书。

2013 年 9 月 13 日，任正非致韦慧晓短信：“韦慧晓是当代青年的榜样，她的经历是一本人生价值的实践指导书，我很敬佩她。她有假期的话，我们提供全部费用请她回娘家来看看，同时给我们年轻人讲一课。她是我们华为的骄傲。她的精神鼓舞我们华为的航空母舰航行在全球，服务世界人民。我们的产品已涵盖 140 个国家，30 亿人。”

韦慧晓女士是任正非隔空喊回家吃饭的第二位前华为员工，第一位是叶树先生（叶树先生是一位奋斗在北极圈的华为员工，后离职，又再入职）。

韦慧晓女士回复任正非的短信：“任总一直是我们全体华为人的榜样和偶像！我的从军愿望不可否认也受到任正非军人风范的影响。我们一直关注着华为这艘通信产业航母的战绩，也时时为华为、为指挥官任正非而骄傲！我本拥有‘华为魂’，无论身在何方，都会踏实进取，共同为‘中华有为’这一目标而努力！”

两位军人的两地书，读起来至今让人感动。

不知后来韦慧晓女士是否重回华为，不知两位军人相见，是否互致军礼？

如是，那肯定是令人难忘的场面。

之所以写此小文，是因为昨天即 2017 年 5 月 4 日，韦慧晓女士荣获团中央“全国向上向善好青年”称号。

我发短信祝贺。韦慧晓女士的回复是：感谢鼓励！我会加倍努力！

非常认同任正非的评价：韦慧晓是当代青年的榜样！

10.“他姓任，故任性”

2010 年的夏天，我与任正非偶遇过一次，印象颇深。

下午接到任正非的电话，知道他来北京出差，住在国贸，约黄卫伟老师与我一起喝茶。

那是个周末，因堵车，去得晚了，喝茶改成了吃饭。

吃完饭，照例还是任正非刷卡买单，然后是撕掉发票，给服务员小费。

关于买单。

官大者买单，是华为的惯例，也是任正非的惯例。此惯例已经列入 2013 年的《华为公司改进工作作风的八条要求》，此规定的第二条提出：“不给上级送礼（贺卡、邮件、短信、鲜花除外）。有上级参加的非因公就餐应由上级付账（AA 制除外），更不允许以公费名义报销因私就餐费用。”

任正非多次在公司会议上讲过：谁请下属吃饭多，谁升得就快，并列举出公司几位高管的名字。在公司的会议上，他反复讲，铁军的领袖，自古以来都是关爱下属的，并以霍去病倾酒入泉为例。此话有一定的道理，起码从团队建设的角度，是有道理的。有人曾讲过，古今中外成大事者，都是“爱才如命，挥金如土”。

据我长期观察，曾是军人的任正非，对待下属无外乎六个字：“爱兵切，用兵狠。”既不坚持“慈不带兵”，也不迷信“关爱下属”，他从来不走极端，从不爱憎分明，从不是非鲜明，永远保持着他那恒久的灰度。

20多年来，与任正非吃饭很多次，还从来没有见到过一次别人付款。2014年1月，我曾策划过一次买单，也被打压流产（参见“任正非的吃”）。

关于撕发票。

凡是任正非请吃饭，他肯定把发票或小票撕掉，撕掉发票的目的就是避免以公费名义报销因私就餐费用。不仅任正非这么做，公司高管们亦如此。这就是所谓的以身作则。2013年，任正非去日本出差，将百余元的洗衣费加入差旅费用中报销，被审计部查出后，不仅退还了多报的费用，还自己签发文件，在全公司通报批评自己。

2006年3月20日，因“在高培楼东侧PARTY区的建设过程中，由于事前对设计方案考虑不周，造成已完工后又重新更改设计方案并返工，给公司造成了损失。公司决定对该设计方案的审核责任人任正非予以相应处罚。按照该项工程损失的10%计，对任正非处以4万元罚款”。

2018年1月15日，因经营管理不善的连带责任，任正非自罚100万元，三位轮值CEO及人力资源体系负责人各罚50万元。

对下属狠，对自己更狠，对自己狠的人是可怕的。这个世界上最难的不是管理他人，而是管理自己，管理自己的欲望、动机和人性。

为什么任正非对自己如此严格，从任正非在公司董事会监事会自律宣言的誓词中，会得到答案：“只有无私才会公平、公正，才能团结好一个团队；只有无私才会无畏，才能坚持原则；只有无私，才敢于批评与自我批评，敢于改正自己的缺点，去除自己的不足；只有无私才会心胸宽广，境界高远，才会包容一切需要容纳的东西，才有能力肩负起应该承担的责任。我郑重承诺：在任期间，决不贪腐，决不允许亲属与公司发生任何形式的关联交易，决不在公司的重大决策中，掺杂自私的动机。”用任正非的一句话概括：“我屁股上没屎，就敢擦别人屁股上的屎！”

此言诚也！在企业中要惩治贪腐，老板首先应该从擦自己屁股上的屎做起。有企业家撰文称，企业家是中国最腐败的群体，存疑。但企业家们需要扪心自问：您是公司干部和员工的榜样和楷模吗？我经常用“清新”两字形容华为的文化，华为之所以拥有一个未被污染的清新文化，重要的原因之一，就在于华为高层的率先垂范，以身作则，而不是山头林立，乌烟瘴气。

关于给小费。

在此不再赘述，详见“任正非的吃”。

吃过饭后，已是中午一点多，室外骄阳似火。任正非让黄老师与我在酒店大厅内等着，他一个人走出了酒店，半天没有回来。我们走出酒店一看，他正与一个在酒店门口拉客的黑车司机聊着什么，似乎还有些争执。后来，黑车开走了。任正非满头大汗地回来了，一脸的沮丧和愧疚。

细问究竟，原来任正非是为我俩找回去的车。黑车司机报价 130 元，任正非还价到 100 元，始终没有谈拢，这单生意泡汤了。我说：“司机报价也合理，没多要。”任正非答曰：“我兜里只有 100 元！”

我第一次知道，任正非兜里的现金也不过几百元，而华为当年的销售额是 1 580 亿人民币。

财富榜又出来了，世人关注。我查阅了一下，任正非排在 200 名开外，粗算一下，他的财富不到首富的 1/20，是次富的近 1/20。如果把财富榜与世界 500 强或中国 500 强对比来看，就真的很有趣了，企业财富榜与个人财富榜是如此不协调，如此失衡。

满身是病、年过六旬的任正非，在骄阳底下，为我们俩打车，而我们在凉爽舒适的酒店大厅等待。除了感动，还是感动！

其实，华为在北京有多个办事机构，有北研，有北代，有中国区，随便从哪调辆车供老板使用，再正常不过了。这么正常的事，在任正非身上就变得不正常了，这就是“不正常”的任正非。

11. 华为人的吃饭文化

11.1　吃是一种文化

最近朋友的90后女儿想求职华为，问其原因，是被朋友圈疯传的华为美食所吸引，看来饭勺子真是华为的核心竞争力之一。

最近网络上有一片图文并茂的文章，介绍的是华为南京研究所的吃，题目为《南京华为食堂曝光！看完我泪流满面！》，不就是几盘菜吗？作者居然“泪流满面”，看来，天下吃货真的很多，真不懂吃货的心！

华为的吃是很厉害的，吃文化、搬家文化和床垫文化，合称华为三大家居文化。

在华为早期，任正非就非常重视吃的问题。虽然有时员工拿到手的工资是白条，但在吃的方面绝不缺斤短两、将就应付。

华为搬到哪里，餐馆老板们就如影随形，华为人凭工卡还能打八折，让其他公司的人心生不平：华为的工资那么高，为什么吃饭还打折？但由于华为对餐馆的要求高，外部的餐馆基本是火一个就倒一个。

想当年，新进华为的员工，大都先被公司食堂丰盛的菜式弄得眼花缭乱，川、粤、湘、鲁、淮扬各大菜系花样翻新，另加各色面食糕点，洋洋大观，不管你是什么口味，保管吃得称心如意。“吃”在华为受到高度重视，被提到安定团结、上下沟通的高度上。从开始时家庭式的小食堂到记账式的“大锅饭”再到今天无纸化先进管理的大餐厅，华为不断改进的管理方式辅以不断更新换代的餐饮设施，令员工可以大饱口福。

吃文化是华为文化的组成部分。在 20 世纪 90 年代中后期制定的第一版的《华为员工守则》里就有专门一条：“公司提倡‘吃文化’，上下级和同事之间互相请客吃饭、吃面条，在饭桌上沟通思想、交流工作。日常生活的方方面面，只要有两个以上华为员工，也就形成了沟通的机会。生产协调委员会及其分会为兴趣相投的员工打开了又一扇沟通之门。”

华为的干部们大多是吃文化的倡导者，不仅自己吃出了个中深味，而且不断进行总结和推广，影响下属也用心去“吃”，一边吃一边沟通交流。员工们心领神会，大面积的推广和实践自然就开始了，干部和员工都大获裨益。

11.2 吃是为了工作

在正式和非正式的场合，任正非多次提到要继续发扬光大华为吃文化：“你感觉自己进步了，就自己请自己撮一顿；你要当好领导吗，那么，多请部下吃几盘炒粉吧，在轻松自由的氛围里，很轻易就做到了上下沟通，协同工作，部门的效率也就提高了；你想做大秘书，也要多请客，你的工作经过沟通开放了，大家帮助你，互相又了解，你就能成为‘大秘’；搞管理的，更要经常这样在一起聚餐。”（引自《边谈边吃》，作者石文金）

在 2008 年的一次讲话中，任正非鼓励干部请下属吃饭：“记得当年在北京，我请三个小青年吃饭。我开了个玩笑说，你们年底盘算，谁请客付钱最多，他一定是老大，十几年过去了，事实证明，他们三个人的差别，是上百倍的差别。老大吃亏了吗，那饭能吃多少钱，你说中午，大家几个人跑到凯宾斯基，吃饭喝酒，有什么不好的。”

任正非是军人出身，深知“兵马未动，粮草先行”的道理。后勤服务一直是任正非关注的焦点。

很多第一次在公司见任正非的人，都觉得他像个大师傅。某老员工回忆：“我第一次见任正非就是在食堂里。当时我们正在排队打饭，就看到一个微胖的中年人站在队伍旁边，一边看大家打饭，一边大声地叫着：‘我看谁打肉多，谁就是新来的。’那个人头发乱乱的，脸上胡子拉碴，身上穿的衣服皱巴巴的，我以为他是食堂做饭的师傅，所以也没怎么理会。过两天开会，才知道这个人是任正非，华为的老板。”

为了让员工吃好，任正非还多次组织食堂大比武，并担任评委。

为了鼓励研发人员晚上攻关，任正非曾亲自送夜宵，慰问一线将士。

如果问任正非最喜欢的饭什么，答案是：“也门饭。”

10年前在《上甘岭是不会自然产生将军的，但将军都曾经是英雄》一文中，任正非讲道：“也门饭这么好吃，任何一个用服兄弟从前方回来，我们就欢迎他，吃顿也门饭，他激动得不行，其实是我们馋了想吃。也门饭代表不怕艰苦，但也要想想，人人都馋的，至少我是个馋人，不给我吃，以后我就不来苏丹了。我至今还怀念‘也门饭’，它也许是我吃过的世界上最好吃的饭。不知什么时候还有机会再吃一次。”

10年后，任正非再次提到了也门饭。

2017年2月15日，任正非在那篇被刷屏的讲话，又是以也门饭结尾的：“我鼓励你们奋斗，我自己也会践行。谢谢在叙利亚、也门……奋斗的员工，至今我、徐直军、陈黎芳、彭中阳……都认为也门饭是世界上最好吃的饭。”

也门饭是否真的那么好吃，不得而知，我也没有看到美食家的有关推介。我感觉，任正非口中的也门饭，是个象征，是个比喻。也门饭代表着华为员工全球营运的四海为家的状态，同时也反映着任正非在全球行走奋斗的状态，反映出任正非与海外员工一起享受各国美食的快乐！

2017 年 8 月 2 日，华为七星湖数据存储中心在贵安新区开工。华为创始人、总裁任正非出席开工仪式，在谈及选址理由时，除了生态环境好、用风冷散热能省电和没有地震之外，第四点就是：“好吃的太多，员工来了不想走，他们都会变胖的。”

11.3 与众不同的吃

我对任正非吃饭的印象：

第一，吃饭速度快。军人出身，被饿过的人，不难理解。往往我刚吃一半，他就已经吃完了，在旁边看着我吃。这时候除了狼吞虎咽，别无他法。然后违心地摸着半饱的肚子，说声吃饱了，再偷偷溜到食堂点俩菜，否则，下午没法继续艰苦奋斗了。

第二，不讲究。任正非吃饭基本上以马斯洛的第一层次需求为基础，以填饱肚子为原则，以方便工作为标准。出差时经常出没于大排档，点菜基本上没有品位，既不关注营养，也不关注卫生，更不关注品位和豪华。早年，他曾连续两个月晚饭吃面条，因为保姆一直认为他喜欢吃面条，任正非后来发牢骚：每天都做面条，我还能吃别的吗？这一特征，在华为干群身上得到充分的体现，“点菜吃龙虾”是华为三大傻之一。谈到自己家里的吃，任正非是这样说的：我们在家里吃菜主要是吃蔬菜，别的菜吃得少一点，肉也吃得少一点，其实我们家生活上的开支是比较少的，甚至我们家吃饭的钱还不如保姆的工资高。

第三，爱买单。华为有条不成文的规定，谁的官大，谁的工资高，谁买单。所以，有他在场，不用惦记买单。2013 年《华为公司改进工作作风的八条要求》第二条规定："有上级参加的非因公就餐应由上级付账（AA 制除外），更不允许以公费名义报销因私就餐费用。"2013 年 10 月 19 日，华为开干部大会，最后一天一直开到晚上 9 点，任正非与田涛先生和我一起在丹桂轩吃晚饭。经周密策划，我先斩后奏地买了一次单，最后被还是被其以"干部八条"为由，很不体面地向服务员要回了餐费。有当时的微博为证："开完振奋人心的大会，已经是晚上 9 点多，与'他'还有田总一起吃饭，本来想买一次单，被他以'干部八条'为由，拒绝了。一点成就感都没有，郁闷！"任正非每次吃完饭的标准动作是，刷卡，签字，撕发票。

2017 年 4 月，任正非践行了他以前的诺言，请公司前三个公开部分个人职级的部门吃饭。"我很久前曾说过，前三个个人职级公开的勇敢部门，无论天涯海角，我都会去请他们吃饭。"有人在微博上透露：任正非是自驾车，现场刷卡买单。我不清楚任正非请的是广州代表处的全体员工，还是员工代表，要知道广州代表处是个大代表处，员工人数众多。

第四，喜欢给小费。几乎每次吃饭，都会给小费。有时候，给的小费数额会超过餐费。当我吃完了而没吃饱的时候，心中会默念：你可以给小费，也应该让我们吃饱吧。他给小费的理由是：餐厅服务员不容易，对底层的人更应该关爱，给点小费，他们会给你提供更好的服务。

第五，喜欢请客。"喜群居，爱杂食"是华为的传统，即使是在公司，任正非的中午饭基本上也不是一个人吃，一般是请高管一起吃，边吃边谈工作。有时请周围的秘书和员工吃饭，在其办公室，由 A1 餐厅送餐，目前价格为 120 元一位，老板买单。餐厅宰老板也够狠的，从来不手软。每当办公室传来中午饭老板请客的消息时，大家都立马动脑筋，找借口，避之唯恐不及。我曾提议，采用抽签制，谁抽到谁去老板办公室赴宴。老板后来改了，点名邀请，不想吃也躲不过去。

第六，喜欢美食。华为的一名员工给我讲过一个故事，他随任正非去俄罗斯访问，在某处摆放着一只北极熊的样本，任正非非常喜欢，长时间抚摸熊掌。该员工问任正非：您喜欢北极熊？任正非答曰：我没吃过熊掌！

吃饭是一种分享，一种沟通手段，任正非喜欢和大家一起分享，华为的分享机制，从其吃饭也可以看出来，或者反过来讲，任正非的吃饭本身就是一种分享机制。

任正非分享思想的起源：

（1）他是长子，不能不与六兄妹分享。

（2）他的童年与青年是在饥饿和贫穷中度过的。

（3）他的军旅生涯——军队是个分享组织。

（4）他出身于知识分子家庭，对知识拥有者很敬重。

（5）他被人骗过，鄙视不劳而获的掠夺。

任正非的这种分享价值观和实践，是华为利益共享机制的前提与条件。没有分享，特别是企业创始人的分享，何来全体员工的共享，所谓的共享经济更是镜中花，水中月，空中之楼阁！

12. 华为的咖啡文化

12.1　给我一杯咖啡，我就可以统治世界

任正非似乎很喜欢喝咖啡。

在任正非的谈话中，多次涉及与“咖啡”相关的话题。

2014年4月23日，任正非与上研专家座谈会上的讲话，题目为《一杯咖啡吸收宇宙的能量》，该文以咖啡为题，以咖啡开头：“我今天就是过来喝杯咖啡。”

而且他也让华为的那些科学家们喝咖啡。

“一杯咖啡吸收宇宙能量，你们这些Fellow[①] 的技术思想为什么不能传播到博士和准博士这些未来的‘种子’里面去？你们和大师喝咖啡，现在为什么不能也和‘种子’喝咖啡？喝咖啡是可以报销的。别怕白培养了，不来华为，他总要为人类服务的吧？把能量输入到‘种子’阶段，这样就能形成庞大的思想群。就像一块石头丢到水里面激起波浪一样，一波一波影响世界。你们一个Fellow能交5个这样的朋友，一个人几百个的粉丝，一算就知道影响了多少人。交流也是在提升我们自己，因为我们真的想不清楚未来是什么样。”

他让科学家们到外面喝咖啡。

“华为公司的圈子还太小，你们这些Fellow都不出去喝咖啡，只在土围子里面守碉堡，最终也守不住的嘛。你们这些科学家受打卡的影响被锁死了，在上研所这个堡垒里面怎么去航海，去开放？航海的时候怎

① Fellow，代表华为公司专业技术人员重大成就的最高称号。在产品、技术、工程等领域做出创造性成就和重大贡献、具备足够业界影响力的华为员工，可被推荐参与华为的Fellow评选。

么打卡？发现新大陆怎么打卡？沉到海底怎么打卡？从欧洲到亚洲的海底有 350 万艘沉船，那些沉到海底的人怎么打卡？所以，我们的管理要开放模式。”

与谁喝咖啡？

“我在干部大会上讲，‘反对高级骨干埋头苦干’，要多参加业界会议，与业界人士交谈；‘一杯咖啡吸收宇宙能量’，敢于与世界名流喝咖啡，听听人家的想法，也会给我们启发，少走弯路。”

任正非对干部的要求有三条：点兵、布阵、请客吃饭。

点兵：关注下属，培养下属；爱兵切，用兵狠。

布阵：团队建设，提升组织能力，优化组织氛围。

请客吃饭：关注客户，以客户为中心，与客户结成不打领带的关系。见不到客户的人，就请下属或周边部门的人吃饭。他多次讲到，在公司谁请客多，谁提拔得就快。大数据分析证明：这绝非谬误，请客吃饭与干部提拔存在强相关关系。

随着华为的全球化进程，“请客吃饭”这带有浓重中国特色的词被任正非抛弃了。现在变成了“点兵、布阵、喝咖啡”，一词之变，立马上档次、高大上了。

“咖啡”一词源自希腊语“Kaweh”，意思是“力量与热情”。任正非口中的喝咖啡，无疑是提倡华为人借助咖啡这一媒介，来吸收外部的能量，避免熵增、保持熵减；保持兴奋与激情、消除懈怠；促进新陈代谢、消除疲劳，持续地提升组织、个人的力量与热情。

有句名言：给我足够的咖啡，我就可以统治世界。

12.2　此咖啡非彼咖啡

2013 年 5 月，任正非在新西兰接受记者采访，当被问及华为凭什么成功超越对手，成为世界通信制造业老大时，任正非回答了四个字："不喝咖啡！"把别人喝咖啡的时间用在工作上，凭什么不超越？

鲁迅也曾说过相似的名言："哪里有天才，我是把别人喝咖啡的工夫都用在工作上。"

当问及下一个倒下的会不会是华为时，任正非的回答是："当华为的干部在总部漂亮的草坪上，喝着咖啡，听着 PPT 汇报，欣赏着周围的美景时，下一个倒下的肯定是华为！"

一会要求喝咖啡，一会拒绝喝咖啡，这是不是自己打脸？

同是咖啡，此咖啡非彼咖啡！

不管是喝咖啡，还是不喝，一切因语境而变，一切由情景决定而已。这就是任正非灰度的精髓，灰度的艺术。灰度不是中庸，不是平衡，更不是极端。

咖啡在任正非那里只是个由头，只是个仪式，目的还是为了吸收宇宙能量。

2016 年 1 月，在市场大会上，咖啡再次出现在任正非的讲话中：

"我们不要把精英理解为仅仅是金字塔塔尖的一部分，精英存在于每个层级、每个类别。有工作的地方，就有精英。有面条精英、焊接精英、咖啡精英、支付精英、签证精英、仓库精英……我们的政策要覆盖、激励所有精英，形成组织合力，千军万马搞好质量、提高效率、增加效益。大金字塔是由千千万万个小金字塔组成的，各级主管要去寻找各行业、各专业、各事务类别的精英，激活小金字塔的潜能，促动核动力、油动力、煤动力、电动力、沼气动力……一同努力发展，一同分享公司的成功。”

还是咖啡！

2016 年 5 月 9 日，在接受新华社记者的集体采访时，任正非又一次谈到了咖啡：“即使有‘黑天鹅’，也是在我们的咖啡杯中飞。我们可以及时把‘黑天鹅’转化成‘白天鹅’。我们内部的思想氛围是很开放自由的，‘黑天鹅’只会出现在我们的咖啡杯中，而不是在外面。我们这里已经汇集了世界主要的技术潮流。”

又是咖啡！

这一次所提到的黑天鹅冲进咖啡杯，转化为白天鹅，充满了英雄主义与浪漫主义的玄妙与情怀。看来，任正非在 6 月 2 日的人民大会堂和盘托出华为的迷茫，其自信与底气来源于他面前的那只硕大的咖啡杯。

华为行政中心人工湖在今年已正式命名为“天鹅湖”，湖中放养着从北欧引进的 8 只黑天鹅（因繁衍生殖，现在多于此数）。黑天鹅在西方意味着不确定性，黑天鹅的存在寓意着不可预测的重大、稀有事件，它在意料之外，却又改变一切。窃以为，天鹅湖就是任正非心中的咖啡杯，他在高瞻远瞩，气定神闲地“看庭前花开花落，望天外云卷云舒”，静观黑天鹅转化为白天鹅，一切尽在掌握中。站在华为看外部：以内部规则的确定性应对外部环境的不确定性；站在后天看今朝：以当下规则的确定性应对未来的不确定性。任正非的所谓迷茫只是表象，只有对未来有着深刻把握的人，才会如此迷茫！这是清醒中的迷茫！或者说是清醒者在为迷茫者指点迷津！我读了田涛先生与朱光平先生（华为首席战略科学家）合写的文章，方如梦初醒，原来，任正非先生的迷茫是纯粹对科学技术的迷茫，对未来信息技术传送没有“低时延”，没有理论基础的迷茫。

华为用了 20 多年由持续追赶者变为领先者后，会当凌绝顶，一览众山小。站在山之巅的任正非，身处“逐步攻入无人区，处于无人领航，无既定规则，无人跟随的境地”的“四无”状态，有点迷茫，也是理所当然的。在ICT领域，如果任正非感觉到迷茫，其他人敢说自己清醒吗？

别忘了，咖啡的首要功效是让人保持头脑清醒。法国作家巴尔扎克曾言：“咖啡从到达胃囊的那一刻便开始拨动你的思绪。你会不断生出新的点子，想出好的比喻，思如泉涌。咖啡是文学创作的伙伴，它让写作变得不再挣扎。”

如同黑天鹅、白天鹅一样，咖啡在任正非的管理语汇里，是一种象征，也是一种隐喻。

12.3 任正非会开一家“咖啡馆”吗？

其实现实中的任正非并不太喜欢喝咖啡，他更喜欢喝茶。不论是他的祖籍浙江，还是出生地贵州都出产茶，他喜欢喝茶也就理所当然了。在A1的茶水间里，有茶，有咖啡机（咖啡机是任正非当年特意为IBM顾问设置的）。咖啡很好，一种是意大利产的，一种是蓝山咖啡。有很长一段时间，我迷上喝咖啡了，常常先喝一杯，再端一杯。但很少见任正非去那儿喝咖啡。

早年最经典的会议场景是：任正非先行，秘书后随，任正非落座，秘书将茶杯放在任正非的右前方。

这是一只硕大的茶杯，确切地讲是搪瓷缸子，放半斤水估计没问题。记得有一次，秘书用双手端着硕大的茶缸，满头大汗。茶缸白底、红花、无盖。印象最深刻的是，有一段时间，任正非用的是上有“红双喜”字样的茶缸。后来，这只茶缸失踪，估计被哪个哥们儿拿回家，当作纪念品了。顶替它的那只，还是那样大，还是那样粗。

任正非喜欢喝红茶和普洱茶。2011 年，任正非与彭剑锋教授在北京金融街的七彩云南一起喝茶。任正非欲买一饼普洱茶，店员向他推荐了一饼数万元的陈年普洱。任正非犹豫再三，并几次打电话向夫人请示后，最后，只买了一饼两千多元的。彭教授已经十年未见任正非，事后感慨，任正非一点没变，我也曾写过一篇小文《没变的任正非》。

顺便讲一下，任正非不会吸烟，很少喝酒。在回答新西兰记者采访时，就明确表示："我实际上是个宅男。我没有其他的生活爱好，下班就回家，不是读书就是看电视、看纪录片、上网。"2014 年 5 月 2 日，在英国回答《华尔街日报》记者萨姆·谢克纳（Sam Schechner）的问题时，他讲道："我个人除了工作外，好像没有什么爱好。小时候家里穷，除了读书做作业，其他什么爱好都没有形成，连喝酒抽烟都不会。长大后，这些习惯就被固化了。总体来讲，我的生活还是比较单调的。"

在接受海外记者采访及内部聊天的时候，任正非也多次表示，退休后要开间咖啡馆。

很任性吧？

2013 年 5 月 8 日，在接受新西兰记者采访时，讲到了自己的退休生活，任正非表示："退休之日，我将开启一瓶香槟，开一家咖啡厅或餐厅，有一个自己的农场……""我的人生目标其实就是开个咖啡厅，但是要高档一点，或者一个餐馆，或者一个农场，这是一个很小的资本圈。"

假如，任正非退休后真的要开一家咖啡馆，如下问题处于迷茫之中：

（1）会开在坂田吗？把咖啡卖给华为的员工吗？

（2）会全球连锁吗？尤其会在美国开店吗？

（3）会沿用华为的店名吗？

（4）会招聘华为人吗？

（5）会采用优质高价策略吗？

（6）会员工持股吗？

（7）会狼性文化吗？

（8）会轮值 CEO 吗？

（9）会接受天使、A、B、C 轮风投融资吗？

（10）会上市吗？

（11）会以星巴克作为超越对象吗？

（12）会互联网思维吗？

（13）会 P2P（个人对个人）、O2O（线上到线下）、PayPal（贝宝）吗？

（14）会成为“咖啡精英吗”？

（15）会引入人工智能、VR（虚拟现实）、AR（增强现实技术）经营咖啡店吗？

（16）会赢利吗？

（17）会成为世界 500 强吗？

13. 任正非脑中的四条船

在竞争激烈如惊涛骇浪的大海的商场，华为如一条船，作为华为的掌门人，任正非的身份犹如船长。

在此，要研究的不是任正非如何驾驭和掌控华为这条船，一路走到今天的。这是一个宏大的课题。

此文要介绍的也不是任正非的游艇，因为他根本没有。而是任正非在不同阶段提到过的四条船。

13.1 泰坦尼克号

随着美国大片《泰坦尼克号》的公映，泰坦尼克号已经无人不知，这艘号称“永不沉没”，当时最大、最现代和最奢华的豪华游船的沉没，给我们带来的是杰克和露丝凄婉的爱情故事。

任正非所关注的不是这个爱情故事。

2001 年 2 月，在《华为的冬天》一文中，任正非说道：“公司所有员工是否考虑过，如果有一天，公司销售额下滑、利润下滑甚至破产，我们怎么办？我们公司的太平时间太长了，在和平时期升的官太多了，这也许就是我们的灾难。泰坦尼克号也是在一片欢呼声中出的海。而且我相信，这一天一定会到来。面对这样的未来，我们怎样来处理，我们是不是思考过。我们好多员工盲目自豪、盲目乐观，如果想过的人太少，也许就快来临了。居安思危，不是危言耸听。”

他告诫华为的干部与员工：“记住一句话：‘物极必反’，这一场网络、设备供应的冬天，也会像热得人们不理解一样，冷得出奇。没有预见，没有预防，就会冻死。那时，谁有棉衣，谁就活下来了。”

2001 年 4 月，任正非在《北国之春》一文中，他写道：“在松下电工，不论是办公室、会议室，还是通道的墙上，随处都能看到一幅张贴画，画上是一艘即将撞上冰山的巨轮，下面写着：‘能挽救这艘船的，唯有你。’其危机意识可见一斑。在华为公司，我们的冬天意识是否那么强烈？是否传递到了基层？是否人人行动起来了？”“就如松下电工昭示的救冰海沉船的唯有本企业员工一样，能救华为的，也只有华为自己的员工。从来就没有什么救世主，也没有神仙皇帝，要创造美好的明天，全靠我们自己。”

2012 年 11 月 24 日，在题为《面向未来，以客户痛点为切入点，全球化展示》的讲话中，任正非又引用泰坦尼克号的故事，对华为展厅的展示工作提出指导意见："你们知道世界上对男人的最佳表达是什么吗？电影《泰坦尼克号》告诉我们，在生死存亡的时候让女人先走，自己死掉，这就是对男人的最佳表达。"

2016 年 7 月 12 日，在题为《前进的路上不会铺满了鲜花》的讲话中，任正非再次提到了泰坦尼克号："泰坦尼克号是一片欢呼声出海的，与华为今天何其相似。沿着惯性，华为还有 3~5 年的高速增长，3~5 年后呢？百年前生产泰坦尼克号的贝尔法斯特在工业革命中，何等的繁荣呀！匹兹堡、底特律也曾是世界中心，斗转星移，换了人间。三十年河东、三十年河西，华为也三十年了，要想不死，就必须自我改革，激活组织，促进血液循环，焕发青春活力。"

泰坦尼克号这艘邮轮，给任正非带来的是巨大的危机感与惶恐感，他看到的是辉煌背后的险恶，成功之后的危机。

通过泰坦尼克号这艘邮轮，任正非向公司传递的是未雨绸缪的危机意识。

13.2　挪亚方舟

挪亚方舟来自西方的神话。

在华为还真有个"挪亚方舟实验室"，成立于 2012 年 5 月，隶属于 2012 实验室。2016 年 8 月 10 日，任正非在挪亚方舟实验室座谈会上的讲话发表后，很多人才知道这个部门的存在。

之所以起名"2012"，想必是因为任正非看了电影《2012》后，他认为，信息爆炸像数字洪水一样，华为想生存下来就得造自己的挪亚方舟。

2016年5月，任正非座谈时指出："人类社会正处在一个转折时期，未来二三十年内将变成智能社会，智能社会就是信息大爆炸的社会。这个时期充满了巨大的机会，没有方向、没有实力的奋斗是不能产生价值的。""建立2012实验室的想法，来自同名电影，就是（数据）洪水涨得太猛了，我们需要为华为找到信息洪流中的挪亚方舟……改造我们的公司，构建未来十年的生存能力，使华为成为未来少数活下来的公司之一。"

任正非指出："挪亚方舟实验室要面对信息洪流的冲击，解决信息收集、处理、挖掘和分析等多方面的挑战，构筑华为技术优势，成为ICT领域的领先者，要超越护航，要有新思想、新理论产生，要为华为找到信息洪流的挪亚方舟。"

受一部科幻电影的启发，任正非建起了2012实验室，同时，为华为构筑了一条应对不确定未来的挪亚方舟。

任正非以挪亚方舟作为公司未来生存保障的象征。

13.3 龙飞船

龙飞船是"天龙号"飞船的简称，它是由美国太空探索技术公司（SpaceX）牵头研发，采取7人座和宽货舱设计，高约6.1米，直径约3.7米。整体外形呈子弹状，目前是全球屈指可数的商用太空飞船之一，是世界上第一艘由私人公司研发的航天飞船。

2010年12月8日，"天龙号"飞船试飞成功；2012年5月22日，"天龙号"发射成功，这是人类向空间站发射的首艘商业飞船；2012年10月7日，"天龙号"飞船发射升空，首次向国际空间站运送重达455千克的货物。2013年3月3日，在成功排除推进器故障之后，美国

SpaceX 公司的龙飞船与国际空间站进行了对接。

2013 年 10 月 19 日，在公司年度工作会议上，任正非发表了《用乌龟精神，追上龙飞船》的讲话："华为就是一只大乌龟，25 年来，爬呀爬，全然没看见路两旁的鲜花，忘了经济这 20 多年来一直在爬坡，许多人都成了富裕的阶层，而我们还在持续艰苦奋斗。爬呀爬……一抬头看见前面矗立着'龙飞船'，跑着'特斯拉'那种神一样的乌龟，我们还在笨拙地爬呀爬，能追上它们吗？"

秉承乌龟精神的后进者，只要坚守、聚焦、执着，终究会有超越的那一天，兔子们等着瞧！不过，华为也要警惕，在追赶龙飞船的征途中，不仅要小心身后的乌龟们，也要小心那些不睡觉的兔子们！

任正非以乌龟精神很形象地描述和概括了华为 25 年来的发展历程，也对未来华为实现持续自我超越的文化与战略保障很有信心。我们要持续不懈地努力奋斗。"乌龟被寓言赋予了持续努力的精神，华为的这种乌龟精神不能变，我也借用这种精神来说明华为人奋斗的理性。我们不需要热血沸腾，因为它不能点燃为基站供电。我们需要的是热烈而镇定的情绪，紧张而有秩序的工作，一切要以创造价值为基础。"

在这里，任正非也用龙飞船来代表那些世界领先公司，特别是美国的领先公司，这就是任正非提出的："超越美国，潇洒走一回。"

保持乌龟精神，目的是赶得上这个时代，是要追上并超越龙飞船，它不仅表明了华为以往成功的原因，同时也说明了华为未来成功的关键要素。

13.4 "瓦萨号"战舰

瑞典的"瓦萨号"战舰目前陈列在瑞典斯德哥尔摩的瓦萨沉船博物

馆里，它是奉瑞典国王古斯塔夫二世的旨意于 1625 年开始建造的。建造的过程中，国王一意孤行，下令增加战舰的长度，并把原来修建单层炮舰的计划改建成了双层，除此以外，战舰装修得很漂亮，里面的雕塑都是艺术品，俨然成为当时装备最齐全、武装程度最高的战船，也正因为这一切，导致船身过重倾斜。

1628 年 8 月 10 日，“瓦萨号”在万众瞩目中扬帆起航，但在航行了不到 1 海里后遇上大风浪开始侧倾，又因船身过重而加速沉没。凝聚着瑞典国王无限期盼的心血之作以首航仅仅 10 多分钟便沉没而成绝唱。

2014 年 11 月 14 日，在《坚持为世界创造价值，为价值而创新》中，任正非提出：“瑞典的‘瓦萨号’战舰，这里装饰、那里雕刻，为了好看还加盖一层，结果海风一吹就沉没了。战舰的目的应该是作战。”

2014 年 12 月 22 日，在《遍地英雄下夕烟，六亿神州尽舜尧》的讲话中，任正非又一次提到了“瓦萨号”战舰：“瑞典‘瓦萨号’战舰是当时世界上最大的炮舰，装修很漂亮，里面的雕塑都是艺术品，但战舰存在的目的是打胜仗，装饰是多余的。国王为了显示威力，又加建了一层炮塔，但船体本身没有改，结果一出海就沉船了。”

2015 年 1 月 16 日，任正非在《变革的目的就是要多产粮食和增加土地肥力》一文中，任正非指出：“我们要接受‘瓦萨号’战舰沉没的教训。战舰的目的就是作战，任何装饰都是多余的。我们在变革中，要避免画蛇添足，使流程烦琐。变革的目的要始终围绕为客户创造价值，不能为客户直接和间接创造价值的部门为多余的部门、流程为多余的流程、人为多余的人。我们要紧紧围绕价值创造，来简化我们的组织与流程。变革的目的是多产粮食和增加土地肥力。凡是不能为这两个目的服务的，都要逐步简化。”

以“瓦萨号”战舰为例，任正非界定了企业变革的目的，这就是一切为了作战，一切为了胜利！

以“瓦萨号”战舰为例，任正非阐明了企业管理的本质与精髓：简单、实用与有效。

除此之外，任正非还多次提到过其他的船，如2015年9月28日在一次讲话中，他又讲道：“过去，世界上最难的一件事就是开轮船，礁石位置、洋流流向、打舵时机，……步步充满风险。一艘30万吨的油轮要过马六甲海峡，海峡水深24米，船吃水24.5米，不涨潮还过不去。船长加大油门，二十几分钟后船才感觉加速起来，但这二十几分钟时间太长，如何把握？我上次去加勒比海，坐17万吨的美国邮轮，没看到驾驶员操作。靠岸也是自动的。所以，驾驶几十万吨的油轮一定要靠信息化、自动化操作，大公司也同样要靠自动化、信息化、数字化才能管理好。”

任正非还多次提到我国的航空母舰，2013年7月，他在讲话中指出：“最近中国航母遴选人才的方式令我触动很大。中国航母选的人都是‘疯子’，是那些终生热爱航母、具有献身精神的人员。不然十年后，这些人员一旦转业，此前培养的经验全会付之东流。美国选航母舰长，一定要‘之’字形成长。华为也要加强制度建设，坚持从成功实践中选拔优秀干部，干部流动是为了形成一个有力的作战群，选拔优秀人才上战场。”

13.5　小结

从2001年，到2015年，时间跨度15年，从泰坦尼克号，到挪亚方舟，到龙飞船，再到“瓦萨号”，任正非先后提到四条船，这四条船有古有今，有虚拟有现实；有的用于渡洋过海，有的肩负拯救人类的使命，有的用于遨游太空，有的用于征伐的战争。这些船，各有各的使命，各有各的故事，各有各的命运。

在许多企业经常能看到船，船往往与飞机并列，前者寓意乘风破浪，后者寓意展翅腾飞，吉祥物而已。但在这条船上的人，在温暖的船舱里是否还感知到激烈的竞争红海的惊涛骇浪。是否还像温水中的青蛙，享受着这艘船带来的悠悠意境，头枕着波涛，在睡梦中露出甜蜜的微笑？是否像弯弯的小船上的小阿娇，阿娇摇着船还唱着那古老的歌谣……员工如果还沉醉于以往的荣耀，手中的旧船票，是否还能登上未来的客船？

而在任正非眼中，不论是哪艘船，都有各自的寓意与警示，都使任正非联想到华为这条船。

用泰坦尼克号警示着辉煌后的危机；

用挪亚方舟标示着不断探索未来的使命与责任；

用龙飞船代表着学习与超越领先者的决心；

用“瓦萨号”战舰寓意着管理的本质与终极目标。

在此，我不得不为任正非广博的知识所惊叹。当然，任正非的知识来自他的勤奋，一杯咖啡吸收宇宙能量，其实应该首先从读书开始，而不是从刷微信开始，微信所提供的是“知道”，而不是“知识”。

在此，我更为惊叹的是任正非的知识转化能力，他信手拈来，化腐朽为神奇，为己所用，以简单的易懂的公众事实，来阐明深刻的道理。

他不仅能读万卷书，还能用于干一件事。

这件事这就是守望华为，教化华为人。作为掌舵华为这艘航母的船长，他要守望这艘船，保证船上的每个人有统一的意志和共同价值观，保证它始终聚焦在主航道上，保证它有足够的力量乘风破浪，保证它驶向幸福的彼岸。

写作此文时，我脑海中不时出现如下的场景：大洋的惊涛骇浪中，我眼前始终晃着几条船，我那艘泰坦尼克号，那艘挪亚方舟，那艘龙飞船，那艘“瓦萨号”战舰，还有松下的那条船，还有那条叫“吉野号”的战船，还有邓世昌的那条战舰，还有华为这艘巨轮……

不回头

千古兴亡多少事，
一江春水向东流，
流过太平洋，
流过印度洋，
……不回头。

六 · 编外补拾

往事如云

华为成立30年，我能够有22年的时间，随华为同行，伴华为成长，与华为共荣辱，得以近距离地观察与体验一个公司的成长与发展，得以在现场感受与探索一个公司成长与发展背后的事实与真相，真的感谢任正非的信任与认同，真的感谢命运的垂青。虽多次被任正非批评为点水的“蜻蜓”，而不是沉下来的“青蛙”，但回顾往事，依旧心怀感念，依旧初心未改，依旧壮怀激烈。

1. 参与修订《基本法》

历史是个很奇妙的东西，其奇妙的根源在于真相，在于对真相的探究。所以，才会有历史这个学科，有大量的学者皓首穷经，扎进故纸堆里，毕其一生在研究。即使亲身经历的人与事，一旦成为历史，都很难说得清楚，甚至真相难明，因为历史是可以篡改，真相是可以掩盖的。历史已经远去，历史只能追忆。

《华为公司基本法》的起草，历时3年，距其正式定稿公布，也已经过去了19年，《基本法》离我们越来越远，已经成为历史。

《基本法》这段历史，早已有很多的人谈及，有描述的，有总结提炼的，也有戏说的。其中有当事人，有参与者，也有旁观者，众说纷纭，甚至有天壤之别。作为亲历者，我无意卷入是非之争，也没有能力探究其完整的真相，只是想把那段历史的片段重现一下。

1.1 初遇华为

我初遇华为的时间是1995年7月，正值暑假期间。学校的6位老师结伙出去做咨询，在深圳请我们做咨询的第一家企业是深圳宝安集团。其间，华为曾通过咨询培训公司做培训，找到了学校在深圳的仁大公司，后者推荐我们去华为讲课，我开始与华为有了联系。

其后，华为再次联系我做咨询工作。1996年1月，我正式进入华为。

当时的华为销售额达15亿元人民币，主要来自中国农村市场。员工总数为1 200人，注册资本7 005万元，华为是一个默默无闻的小公司，即使在其所处的南山区，也很少人听说过它。

我第一次进深意工业大厦的华为，只留下两个很深的印象：其一，员工很年轻，如同进了校园；其二，任正非很有个性，说话如同他的外表——简单、朴实无华。

华为的第一个咨询项目是市场营销部的绩效考核制度，接口部门是市场考评办（负责人为张建国，编制共三人）。咨询项目的目的是把年终奖金发出去，因为市场人员远离公司，任正非搞不清这些人的绩效到底如何，而面对各办事处报上的分配方案，心中又没有底，所以迫切需要建立市场人员的绩效考核体系，作为发放奖金和增加工资的依据。

这是华为历史第一次引进咨询机构，进行管理咨询。

1.2 人大教授

至此，华为就多了一帮人，这帮人有个代名词：人大教授。

当年，我们在华为的感觉特别好，比在校园的感觉好多了。每次公司开高层会议，任正非基本上都会说：请人大教授说说。在稚嫩的华为面前，同样稚嫩的我们有指点江山、激扬文字的成就感。

人大教授来自工业经济系、劳动人事学院和计划统计学院，平均年龄 35 岁，四位博士，两位硕士。六人的关系很复杂，归纳起来讲是通过纵横交错的同学、同事、老乡和队友（学校武术队）网络连接起来的，这是一个自组织团体，没有机构，没有注册，没有公章，连皮包公司都不如，说白了就是拉帮结伙外出挣钱的合伙人。

现在可以说了，“人大教授”是名不副实的，六位当年都是副教授，在华为咨询期间，自己将自己的职称抬高了一级，或者说被华为认可为教授。学校的副教授们听到每天有人喊自己为教授，肯定很受用。

后来，我们六位被外界称为“人大六君子”或“华为六君子”，说心里话，我并不喜欢这个称呼，当年变法的六君子，都被押到了菜市口问斩，定法的六君子会有什么好下场？

人们往往把偶然连接的关系叫作缘分，与华为的合作就是基于偶然的缘分，我们命好，遇上了华为。我的微博签名后缀是 H-R，H 代表华为，R 代表人大，人生只为一件大事来。

1.3 “基本没办法”

“基本法”这一称呼，出自任正非。那些年，正值《香港基本法》成为热点，在一次会议上，任正非提出：“华为也要有自己的《基本法》。"

任正非提出搞《基本法》肯定不是突发奇想，也不是基于一时的冲动，其实在此之前任正非就已经在思考企业文化建设问题了，1995 年 9 月起，华为公司发起了"华为兴亡，我的责任"的企业文化大讨论，同时还制定了 14 条的《华为人行为准则（暂行稿）》。

接下来的过程他人都有过详细的回忆，充满了传奇色彩。

公司内部搞出的《华为公司基本法》被任正非否了，据说任正非把文稿扔在地上，因没有亲眼见证，存疑。在没有办法的情况下，任正非提出：让人大教授试试。

于是，人大教授升级了，成为"《基本法》专家组"。人大教授们自此与《华为公司基本法》相联系了。一帮学者与一个公司偶遇，又偶然地与一部公司的大法相连接，这个公司改变了学者的命运轨迹，这部大法又影响了这个公司的成长轨迹。这一切皆由于偶然。

历史充满了偶然，历史真的很好玩。

人大教授接到这个任务时，一片迷茫，犹如任正非当下对摩尔定律和低时延的迷茫一样，这也是个"无人区"——前无古人，后无来者，左右无同行者。

第一，没有可借鉴的文献资料。那时，企业文化还不像现在这样如火如荼，加之信息渠道的匮乏，几乎找不到相关的文献资料。当很多年后看到国外翻译过来的派翠西亚·琼斯所著《说到做到：50 家顶尖企业的使命宣言》时，不仅感慨：如果当年看到这本书，该有多好！

第二，没有可借鉴的企业实践。那时，国内企业还没有相关的实践，也不知道国外是否有。

第三，不知道任正非的真实意图和期望。可以说，在当时，什么是《基本法》，《基本法》有什么，这些基本问题也不清楚。后来《基本法》

结集出版的书名为《走出混沌》，很真实地反映了当时的状态。甲方没有详细需求，乙方肯定一片迷茫，一片混沌，《基本法》起始于混沌。

当务之急，是搞清楚啥是《基本法》。

于是，六位教授在北京召开紧急会议，讨论关于《基本法》的写作问题。会议聚焦于两个核心问题：什么是《基本法》？如何写《基本法》？

经过一天的激烈讨论，还是达成了共识：

第一，《基本法》，基本不是法。不能把《基本法》写成企业内部的法律文件，这肯定不是任正非所要的，企业也不需要一部法律文本。

第二，《基本法》，基本没办法。对于《基本法》里主要包含哪些内容，是使命与价值观宣言，还是企业的经营政策体系？大家各持己见，互不相让。

学者们如果遇到理论问题，都如同牛虻遇到了牛，斗牛遇到了红布。这其中还关乎面子问题、尊严问题、长幼次序问题，因而每次讨论都争得面红耳赤，但大家都有君子风度，从没动过手。不过想起来后怕，这六人一半是校武术队的，都是练家子，有的还是高校武术冠军，一旦动起手来，后果不堪设想。

1.4 科技园

《基本法》起草之时，正值华为由租用的深意工业大厦搬到自建的科技园一号楼，十余年后我又去过一次深意工业大厦，绕楼三圈，百感交集，想到最多的是当年的《基本法》岁月。

《基本法》写作的突破，源自一页半复印的小文章，讲的是宝洁公司的案例，我们受此启发，当时提炼出三个问题，基本上为《基本法》

定下了基调，确定了主旨。

这三个问题是：

第一，华为为什么成功？

第二，支撑华为成功的关键要素有哪些？

第三，华为要取得更大的成功还需要哪些成功要素？

于是，横跨三年的《基本法》起草大幕由此拉开。

在公司，查资料，访谈，讨论，调研，调查。

那段时间确实匆忙而充实，一头扎进文档里，追溯华为成长的路径，华为有限的资料被翻了个底儿掉；与公司的高管和员工们访谈，从里程碑的大事，到坊间野史，无话不谈，从办公室，一直谈到大排档，最后称兄道弟地互诉衷肠。

在北京，同样是讨论，每一稿写出来后，都是伴随着相互赤裸裸的吹捧与批评。

尤其难忘的是，1996 年 3 月，任正非与专家组连续三天长谈，从其家世、童年、求学、参军、退役，一直到创办华为以及公司的艰难成长历程。非常可惜的是当时没有录音，一段珍贵的历史资料只存在有遗忘功能的大脑中，留下的是记忆的碎片。

在起草过程中，任正非与专家组就《基本法》的内容有过四次长谈，谈话要点后来整理于《为华为公司设计未来——公司总裁任正非谈〈华为公司基本法〉》。专家组的办公室就在任正非办公室的隔壁，任正非有什么新想法，都会见缝插针地聊上几句；每次新的一稿出来，都会长谈一次；每次开会结束前，任正非总会问一句：人大教授有什么意见？

同任正非交流的过程中，不难看出他对《基本法》的重视与期待。他是《基本法》的策划者，也是最重要的参与者和智慧贡献者，否则，就无法解释《基本法》为什么会出现在华为而不是别的公司了。

1996 年 6 月 30 日，任正非在《再论反骄破满，在思想上艰苦奋斗》的讲话中提出："我们正在进行《基本法》的起草工作，《基本法》是华为公司在宏观上引导企业中长期发展的纲领性文件，是华为公司全体员工的心理契约。要提升每一个华为人的胸怀和境界，提升对大事业和目标的追求。每个员工都要投入到《基本法》的起草与研讨中来，群策群力，达成共识，为华为的成长做出共同的承诺，达成公约，以指导未来的行动，使每一个有智慧、有热情的员工，能朝着共同的宏伟目标努力奋斗，使《基本法》融于每一个华为人的行为与习惯中。"

那是一段值得追忆的岁月，那是一段难忘的青春。

《基本法》的制定从 1996 年初开始，到 1998 年 3 月 27 日完成，历经三年，改了八稿，其中小的改动就没法统计了。

《基本法》的起草过程比结果更重要。"重要的事情不着急"，这是任正非时间管理的基本原则。三年起草，是一个灌输、认同和信仰的过程。经过这三年的不断折腾，每条大家都已经烂熟于心了，如果三个月拿出来，恐怕就是另外一个结果。从某种意义上讲，《基本法》可以与 1787 年长达 160 多天的美国宪法的起草过程相媲美——是一次伟大的妥协。其实，直到审定的当天，《基本法》的第一条还在争论和妥协之中。

那时，华为的干部每个周日，都要牺牲休息时间，到公司学习讨论《基本法》。

1996 年 12 月 26 日，《基本法》第四讨论稿刊登在了当日出版的第 45 期《华为人》报上，任正非要求所有干部职工带回去读给家人听，回到公司后提出自己的意见和建议。1997 年春节，任正非为每一个华为人布置了寒假作业：认真学习《基本法》的同时过好春节，"如果说企业文化是公司的精髓，那么《基本法》是企业文化的精髓”。

1.5　南园村

南园村位于南山区，是典型的城中村，距离华为的龙兴之地深意工业大厦很近。

人大教授第一次进华为的时候，住的是南油酒店，南油集团是任正非复员后任职的第一家国企。我们第一次见任正非就是在附近的南海酒店，那次是一起喝早茶，但六人中没有几个人知道早茶是什么，纳闷的是，早饭还没吃，喝什么早茶？

后来，就搬到了南园村的农民房。

再后来，就搬到了新桃园的华为楼，该楼位于南山妇产医院对过，是华为唯一自建的宿舍楼，因华为的高层均住在此楼，内称“中南海”。

搬来搬去的原因是节省费用，那时候华为真的没钱，大多数员工都住农民房。

专家组每次去华为，均下榻于南园村的农民房，早晨从南园村坐354路公交车到科技园上班。那时深圳的公交车真的不敢恭维，外观破旧，车况很烂，速度极快，乘员超载。记得有一次，在深南大道进入辅路下桥时，公交车突然失控，差点一头栽向桥下，下车一看，一根疑似传动轴的物件掉在地上，众人大惊失色！

我们在深圳不懂粤语，但有句粤语是上下班必备，到达目的地如果喊“下车”，中巴照旧一路前行，必须喊“有落！”，且要荡气回肠地喊，否则售票员根本听不见。

在南园村时，过得很清贫，但真的很快乐。晚上吃大排档，回来后也没有什么娱乐节目，那时没有手机，腰上别了个华为配备的摩托罗拉传呼机，基本上用于工作。有一部电话，还不能打长途，也无法上网。于是，回来后，就是神侃，话题永远离不开华为，离不开那个基本没办法的《基本法》。当年本人曾做过记录整理，取名《南园村夜话》，很可惜遗失了，现今想起来，还是有些遗憾。

在南园村的农民房，印象最深刻的是夏天的酷热，我因一时的“高风亮节”，选了没有空调的房间，而且一住就是三四年，现今想起来都觉得不可思议，那些年是如何度过的？看来人的适应能力与人的潜力一样——你的能量超乎你想象。

当年在南园村还出过大事。某晚赶上联防夜查，几位教授因没有办理暂住证，被带到了派出所，可怜这些专家们蹲在地上，手抱头，一字排开，简直是斯文扫地，脸面全无。幸亏公司及时搭救，否则，很可能被送往樟木头。

1.6 《走出混沌》

1998 年 3 月 23 日，南山明华会议中心，“华为公司《基本法》审定会”正式召开，宣告了历时三年，修改数次，计 103 条，16 400 余字的《华为公司基本法》横空出世，《基本法》的制定工作宣告完成。从这一天开始，《基本法》成为可追忆的历史。

在这次会议上，任正非指出：“《基本法》通过之时，也就是《基本法》作废之时。”因为，《基本法》输出的只是一个文本，而其精神内核已经内化于华为人的头脑之中了，并与华为的经营管理实践相结合。

当年国务院副总理李岚清曾为《基本法》题词：“随心所欲不逾矩。”

1997 年 6 月 10 日，《人民日报》刊登文章《中国人民大学为企业改革探路》，对“青年教师长期深入企业、服务企业，探索中国企业发展道路”，做出了肯定。

1997年6月11日，中国企业家协会会长袁宝华（曾任人民大学校长）专门听取了《基本法》的汇报，并予以较高的评价：“华为是做到了‘从心所欲，而不逾矩’。经验很宝贵，不仅值得新企业吸取，也值得老企业吸取。改革开放以来，大量新企业出现，许多是先天不足，后天失调。”

1998年10月31日，专家们在北京昆仑饭店召开了“走出混沌——探索中国高科技企业可持续发展之路”的研讨会，一百多位专家学者围绕《基本法》展开研讨。《人民日报》对此做了相关报道。

这次会议有几个花絮印象深刻。

会议期间，一位公司副总到会场请任正非到会议室外请示工作，任正非在会场直接问：“死人了吗？”

副总答：“没死。”

任正非：“没死人，着什么急？”

会议继续进行，各位专家学者面面相觑。

公司发给每位与会专家的礼品是一部无线子母电话机，本校几位老教授交口称赞：真不愧是高科技！

但没过几周，他们来电咨询：华为送的电话到哪里修？电话真的不错，但一打电话，电视机的屏幕就一片雪花。

看看今天的华为手机，谁能想到当年华为也是一个连电话座机都做不好的高科技通信企业。

1998年9月，人民邮电出版社出版了《走出混沌——探索中国高科技企业可持续发展之路》一书，其中包括《基本法》全文，专家组撰写的六篇《基本法》辅导报告，任正非撰写的题为《由必然王国到自由王国》的序。此书首印 5 万册，累计发行 20 万册，盗版书无法统计。

1998 年 12 月 10 日,《基本法》咨询项目获国家教委“普通高等学校第二届人文社会科学研究成果奖”的管理学二等奖，一等奖空缺。

1999 年 4 月,《走出混沌》出了增订版。

在增订版中，我被列为主编之一。这是任正非添加上的，我婉拒多次，怕引起“内讧”，他讲:“法是法，书是书，要承认每个人的历史贡献。”

我曾得到十本任正非亲笔签名的《走出混沌》，但赠书时我有点忘乎所以了，没有注意到，一股脑地送出去了，现均下落不明，失去了珍贵的纪念。

历史对群体来讲，是经历；对个体来讲，是遗憾。

1.7 吃瓜群众

2016 年的十大网络流行语中，有个“吃瓜群众”，意思是指“不发言只围观”的普通网民。在《基本法》的制定过程中，我的角色定位基本上属于“吃瓜群众”。

这不是自谦，也不是自卑。在六人中，我年龄最小，而且更重要的是我是唯一一个非管理专业的，从本科到博士拿的都是经济学学位，一个没学过且不懂管理的人，能够成为华为的管理顾问，不是奇迹，也是“奇葩”。之所以能够忝列“人大六君子”其中，全依仗几位兄长的提携与厚爱，当然也有点个人因素，就是命好。而且，在《基本法》制定的初期，我出国访问一年，并没有全程参与。

从另一个角度看,《华为公司基本法》也是集体的智慧，不是专家组的《基本法》，不是任正非的《基本法》，是华为公司的《基本法》。

当年，我曾在相关文章中，提出一个命题：是谁创造了历史？是英雄，还是群众？现今看来，这个带有典型一分为二的命题有了答案：这就是英雄带领群众创造了历史，《基本法》也如此！没有任正非，就没有华为，没有华为，也就没有专家组，也就没有《基本法》。

这就是历史的逻辑，历史就这样偶然，又这样必然。

有人认为，《基本法》是任正非思想的系统集成；也有人认为，《基本法》是人大专家组为华为量身定制的企业文化与经营管理政策文本。两种观点皆有道理，角度不同，观点与结论相去甚远。但有一点是肯定的，这就是任正非作为编写《基本法》的发起者，没有他的高瞻远瞩，没有他对专家组的信任与激励，何来《基本法》？如果有，可能也不会出现在20世纪的90年代末。任正非同时又是《基本法》思想的贡献者，《基本法》中有许多条款的语言风格不统一，那些稍显突兀的话就是典型的任氏语言。

回想起来，我与《基本法》相关联的仅有四篇文章。

《由鞍钢宪法所想到的》，写于1996年3月31日国外访问期间，发表于1996年5月2日的第28期《华为人》报。据说，此文对尚未走出混沌的《基本法》起草工作有一定的启发。

《相互的承诺 共同的契约——我读〈基本法〉》写于1998年初，近万字，是《基本法》的读后感。主要探讨了《基本法》是什么，《基本法》不是什么和为什么要制定《基本法》等三个问题。

《为华为公司设计未来——公司总裁任正非谈〈华为公司基本法〉》，整理于1998年8月，两万余字。本文分专题整理了任正非在有关会议讲话及与起草小组的谈话，从中可以了解任正非决定编写《基本法》的思想轨迹。该文收入《走出混沌》一书。

《全力创造价值，科学评价价值，合理分配价值——〈华为公司基本法辅导报告之二〉》，写于 1997 年 3 月，全文 22 000 余字，曾全文刊载于《华为人》报 1997 年 5 月 18 日第 51 期。这是按照任正非“在《基本法》试行期间我们还要再产生一大批辅导报告”的要求，撰写的《基本法》辅导报告，主要涉及人力资源管理部分的内容。成文后，依据此文，华为还专门做了一次辅导报告会（《华为顾问的枪林弹雨》一文有详述）。

今天读起此文，既为其中某些幼稚词句与观点感到羞愧——当年是如此青涩；又为自己能够写出如此好的文章自豪——当年是如此厉害。在学术圈，有“代表作”之词，窃认为，这篇文章可以称得上我的代表作，加个“唯一”也无不可。人生只为一件大事来，千古流传的歌才是好歌（任正非语）。虽然我深知拙文达不到如此境界，但自我激励一下，自我感动一下，总不是坏事。

此文的价值在于：

在理论层面，文章把现代人力资源管理体系的基本框架归结为价值创造、价值评价和价值分配三个体系，而三个体系的相互连接及相互驱动，构成了“人力资源管理价值链”体系，从而修正了把现代人力资源管理分割为选、育、用、留四个功能模块的传统的经典理论。“六君子”中的著名教授著文称之为以我命名的模型，实不敢当，老兄抬爱了，过奖了。

在实践层面，文章认为华为未来的人力资源管理应该依据价值创造、价值评价和价值分配的体系构建，并使这一体系实现全力创造价值、科学评价价值、合理分配价值的目标，从而构建起充满活力的适应知识员工管理的高科技企业的管理机制。自感小确幸的是，华为的人力资源管理体系基本上是依据此理论框架构建的。换言之，文章提出的理论框架基本上得到了华为管理实践的验证。

在《基本法》层面，虽然有的条款提出了价值创造与价值分配的内容，但其“人力资源管理基本政策”部分基本上还是依照传统的经典理论来确定的，并没有把价值创造、价值评价和价值分配作为一个完整的新体系来阐述。但不可否认，我的理论体系的提出，根源于《基本法》。如果能够在《基本法》制定过程中提出这一体系，也就不会有这马后炮的遗憾了。

《基本法》定稿后三年后，我在学校的任职也发生变化，由讲授宏观国民经济管理，转向微观的人力资源管理，这一华丽的转身，或谓之惊险的一跳，拜华为所赐。因为如果没有《基本法》过程的学习与感悟，我不可能完成对企业管理的系统思考与知识储备。任正非从来不鼓励公司高管们去读EMBA（高级管理人员工商管理硕士），他认为，把华为的管理体系搞明白了，会比在EMBA课堂收获的更多，而且还不需要交那么高的学费。记得那几年在科技园时，在华为的内刊上，曾有一位清洁工写过一篇文章，文中讲：在华为，扫地之余，多看几眼墙上的管理文章，出去就敢应聘一个小公司的总经理。此话虽有些桀骜，但我宁愿相信他讲这话时是有底气的。我有与这位员工相同的体会。

华为从小到大，由弱到强，变化可谓翻天覆地，其中变化最大的是人，华为为每个人提供了成长的平台，在这个平台上他们不仅能够共同创造和共同分享价值，更重要的是能够共同分享知识。当然，这些年华为进步最快的人是任正非，他由一位企业老板，成为企业家，进而成为企业领袖。在华为的内训中，我多次向华为的管理者提出：向任正非学习。

私下讲，我是在华为完成了MBA（工商管理硕士）或EMBA的教育，指导导师是任正非，但估计他不会认。其实，与任正非的关系，这些年来一直是“亦师亦友”，他不论是否正式场合，对我一直是“称名不道姓”。

1.8 值一个亿

华为那时真的没有钱，不仅公司没有钱，员工也没有钱。尽管不时地给员工涨工资，但主要是以白条为主。任正非的一位前秘书当时最大的心愿是能够去商场随意地买衣服。任正非的一个妹妹当时穿的是带补丁的外衣。但在任正非口中，华为从来不缺钱，或者说他从来不看重钱。

与人大教授第一次接触，任正非在描绘了华为“三分天下”的美景，请求人大教授帮助华为成长之后，就直截了当地提出一个问题：“你们要多少钱？”容不得教授们思考，任正非复问：“一百万够不够？”

这就是任正非的风格，古今中外成大事者，都爱才如命，挥金如土！

闻后，几位教授目瞪口呆，一时语塞，小心脏狂跳不已。

要知道，在深圳的上一家搞咨询项目，为了拿到应得的尾款，教授们差点拍了桌子，软硬兼施才拿到区区几万元钱。

其实，《基本法》项目历经三年，印象中咨询项目经费是 5 万人民币，后来华为过意不去，又奖励了 5 万元。

现在的咨询公司为企业做一个文化项目，动辄上百万，企业得到的基本上是《基本法》的翻版。

后来，华为从国外引进大量的咨询项目，看着那些咨询顾问住酒店，喝咖啡，坐豪车，看着手表数钱，做着咨询费上亿的项目，还真有一种别有一番滋味在心头的感觉。

可以讲，《基本法》项目是华为性价比最高的一次咨询项目，也是中国本土咨询业具有里程碑意义的一次咨询项目。

《基本法》的案例也昭示着一个管理学的原理：成就大事者都不是基于利益，而是基于责任感、使命感、成就感，以及合作双方的相互信任。

记得任正非在一次讲话中，曾经说过："《基本法》值一个亿！"他讲道：

> 1997年后，公司内部的思想混乱，主义林立，各路诸侯都显示出他们的实力，公司往何处去，不得要领。我请人民大学的教授们，一起讨论一个《基本法》，用于集合一下大家发散的思维，几上几下地讨论，不知不觉中"春秋战国"就无声无息了，人大的教授厉害，怎么就统一了大家的认识了呢？从此，开始形成了所谓的华为企业文化，说这个文化有多好，多厉害，不是我创造的，而是全体员工悟出来的。
>
> 我那时最多是从一个甩手掌柜，变成了一个文化教员。业界老说我神秘、伟大，其实我知道自己名不副实。真正聪明的是13万员工，以及客户的宽容与牵引，我只不过用利益分享的方式，将他们的才智黏合起来。

在华为的这么多年，很少听到任正非表扬人，对人大教授的表扬也少之又少。这次他也只用了"厉害"两字，可谓惜字如金。印象中，任正非对人大教授还有过一次表扬：

《基本法》到年底一定修改好，从几次辅导报告中我看到了信心，我们与人大的合作这条路走对了。《基本法》最终只要有三五十人学明白了，我们就达到目的了。

华为是个“功利”集团，《基本法》要有助于我们搬石头和修教堂。你们把“知本”留给我们，“论”你们可以拿走。

人大教授整天在瞎忙，也没给华为带来什么，但你们对华为的最大贡献是告诉我们做企业还需要管理。

斯言诚也！人大教授给华为带来的只是管理语言，IBM 给华为带来的只是流程语言，HAY 给华为带来的只是职位语言。

这就够了。

他还说过：“没有《基本法》，华为会崩溃；没有 IBM，就没有华为的国际化。”

1.9 《基本法》之后

《基本法》审定通过之后，专家组的主要工作转入制定“子基本法”，即依据《基本法》的相关条文，制定可实施的管理制度，如“委员会管理法”等。

《基本法》制定过程中及之后，华为进入高速增长时代，华为由一个默默无闻偏居深圳的小公司，开始引起国内及国际的关注，并由“超越四通”，到“三分天下”，再到进入“无人区”。

《基本法》前一年的 1995 年，华为的销售收入为 14 亿元，员工人数为 800 人。

《基本法》元年的 1996 年，华为的销售收入为 26 亿元，员工人数为 2 400 人。

《基本法》制定过程中的 1997 年，华为的销售收入为 41 亿元，员工人数为 5 600 人。

《基本法》审定通过的 1998 年，华为的销售收入为 89 亿元，员工人数为 10 000 余人。

2016 年，华为的销售收入 5 200 亿元，员工人数 17.6 万人。

这意味着，2016 年的销售收入是《基本法》前一年的 371.4 倍，员工人数是 220 倍；《基本法》元年的 200 倍，员工人数是 73.3 倍；是《基本法》制定过程年的 126.8 倍，员工人数是 31.4 倍；是《基本法》审定通过年的 58.4 倍，员工人数是 17.6 倍。

这些数字并不能说是《基本法》造就了今天的奇迹，但任何奇迹中必有关键成功要素的累积。

《基本法》后，"人大六君子"也宣布解体，其中四位选择了离开华为，但他们一直以各自的方式关注与研究华为。另外两位继续做华为的长期管理顾问至今。

至于《基本法》之后，还有没有《基本法》，答案在《基本法》的第六章"接班人与基本法修改"中的第一百零三条规定："每十年基本法进行一次修订。修订的过程贯彻从贤不从众的原则。"

其实，2007 年前后，任正非确实提出修订《基本法》的要求，顾问们也都提出了书面的修改思路和修改提纲。但没多久，再也没有人过问此事。

1.10 《基本法》也有泡沫

《华为公司基本法》正面临着诸多变化，这也注定了《基本法》是特殊时点的特殊历史产物。

任何公司的成长都是一步步走过来的，回头望去，给人们留下记忆的不过是一些特殊事件，其中的某些关键事件，后人谓之“里程碑”，而《基本法》也不过是华为一路走来的一块不大不小的里程碑。

第一，随着华为公司大规模的人力资源扩张，大量的员工（90%以上）属于“后《基本法》时代”，新员工对《基本法》的感知与了解在逐渐淡化。现在新一代员工的价值观和道德底线与上一代人有非常大的差别，80 后是伴随着手机和互联网长大的一代，知识面很广。但对企业的人力资源管理来讲，却是巨大的挑战。所以，德鲁克提出 21 世纪管理的最大挑战是对知识员工的管理，是提高知识员工的生产效率。至于新员工对《基本法》感知的淡漠，这是个正常的现象，因为《华为公司基本法》是战略性的管理策略，是属于“大政方针”范畴。新员工毕竟是基层，当前任务就是把自己的工作做好，理解《基本法》与否对他们来说不是至关重要的。

第二，《基本法》本身是一个过程，并不是一个固定不变的教条。所以任正非说：“《基本法》真正诞生那一天，也许是它完成了历史使命之时，因为《基本法》已经融入华为人的血脉。”《基本法》真正的价值，体现在其制定过程中，而不是文本之中。历经三年，八易其稿的《基本法》，本身就是企业文化的培育和认同过程。

第三，《基本法》是有阶段性、历史性的。《基本法》是一个特殊阶段的特殊产物。如果有人说华为抛弃了《基本法》，那我认为是华为经营管理的实践超越了《基本法》，而不是抛弃了《基本法》。因为它有时代局限性，《基本法》是在当时特殊的年代、时期诞生的，有很多方面没有具体阐明，比如说核心竞争力问题、流程问题、客户问题、国际化问题等。

《基本法》从制定到实践，是一个不断扬弃的过程，任正非将其定位于“模糊、混沌中的一条光束”。有了这条光束，就有了未来的确定的方向。

经营假设其实是一个验证，并没有说这个假设做出来后就被扔到一边去了，而是在验证以后需要产生新的经营假设。企业的经营管理过程，从某种意义上讲，就是一个“假设—验证—再假设—再验证”的过程。《基本法》提出的假设，有的被充分地验证，有的是部分得到了验证，有的可能放弃了验证，现在是需要提出新的假设的时候了。同时，我们也不能认为假设被验证，就忘记当年提出假设的艰难过程。

经过近 30 年充满艰辛的发展，公司已成功地探索出了自己的商业模式、内部营运模式和企业文化的内涵。可以说，《基本法》对未来的展望、描述和企盼，更多的已经变为华为的实践。换言之，公司发展的实践正在不断地验证《基本法》所构建的伟大蓝图。

经过近 30 年的发展和思考，尤其是经过寒冬的考验，具有强烈自我批判精神的公司领导对自己核心价值观体系有了更深入的思考和反思。任正非曾指出：“《基本法》里也有泡沫。”因为它毕竟诞生于一个以泡沫为特征的时代。新的核心价值观体系无疑是建立在这种系统思考和自我批判基础之上的。

1.11 《基本法》并不过时

《基本法》的定语是华为公司，但《基本法》的价值并不止于华为，它还有一个重要的外部价值，就是对中国管理学的贡献。对华为的贡献可以讲是实践价值，对中国管理学是其理论价值。某种意义上，《基本法》的理论价值远高于其实践价值。

《基本法》诞生于邓小平南方谈话 6 年后，中国刚刚从计划经济走向市场经济，宏观上的改革开放，微观上的企业管理实践与理论，都处于“摸着石头过河”的阶段。中国的企业管理理论还无法承担起教育培养管理者和指导企业实践的重任，时代也呼唤着中国管理学的创新与进步。

但时至今天，这一现状也未得到根本的改观。当下所谓的“中国式管理”，犹如大多出现在“鸡汤大师”光盘里的内容，犹如互联网大佬们的“互联网精神”，没有严格的定义，没有严谨的逻辑，没有严密的学术体系，大多是成功学的心灵鸡汤，更多的是“三十六计”式的挖坑、下套、作局、使绊。

30 余年气势恢宏波澜壮阔的中国企业管理实践，为什么没有孕育出中国的管理学体系？这恐怕不能仅仅归因于学者的无能，它与学术环境和对学术机构的管理有很大的关系。

其实，中国企业的管理实践中有许多成功的案例，它们有资格被纳入管理学的教案，例如“两法”。

一个是“鞍钢宪法”。1960 年 3 月 22 日，毛泽东豪迈地宣布：“鞍钢宪法在远东、在中国出现了。”以“干部参加劳动，工人参加管理；改革不合理的规章制度；工程技术人员、管理者和工人在生产实践和技术革新中相结合”（即“两参一改三结合”）为内容的鞍钢宪法是中国企业管理实践与理论的创新。

在 1996 年《由鞍钢宪法所想到的》一文中，我曾写道：“以前，我们把鞍钢宪法这个婴儿与洗澡水一起倒掉了；现在，我们期待着华为宪法在鹏城呱呱坠地！”

一个是《华为公司基本法》。它是管理学者植根于中国本土企业实践的一次理论创新，它回答了中国企业的成长之路径、经营之方向、管理之关键。《基本法》涉及了企业核心价值主张、战略定位、管理机制、管理政策、管理制度、管理模式、组织形态、人力资源开发与利用、产品与技术政策等，形成了一个完整的管理体系，其中关于按生产要素分配、知本主义、成长管理、组织设计、高层决策等方面都对传统管理理论做出了重大的创新或优化。

更重要的是，《基本法》对在中国如何发展高科技企业，如何管理高科技企业，如何管理与开发中国的知识员工，如何准确地处理中国企业的所面临的矛盾与冲突，中国企业如何走出发展的困境等问题，都做出了卓有成效的理论探索，而华为后来的发展实践也佐证了这一理论探索的价值。

《基本法》如果不能被认为是中国企业的教科书，那至少是一部中国企业的管理参考书，也至少是管理学教学的必读案例。

虽然囿于历史的原因和特殊的情景，《基本法》的某些条款已不适应今天的实践，但总体来看，《基本法》并未过时，对许多中国企业来讲，还没有完成二十余年前华为在《基本法》中的思考与探索，换言之，二十余年前华为在《基本法》中的思考与探索依旧值得中国企业参考与学习。

《基本法》不仅有历史意义，至今还有现实意义。

《基本法》不仅有实践意义，同时还有理论意义。

后者的意义，要大于前者的意义。

《基本法》产生于华为特殊的历史阶段，完成了其特殊的历史使命，也毫无悬念地成了历史。

作为一段特殊历史的亲历者，《基本法》只能供追忆了。

2. 我为华为上课的日子

我看到公司的“枪林弹雨系列”，被深深地打动，处于一种被感动状态，许久没有这样被感动了。非常遗憾的是，没有机会体验“蚊子龙卷风”、“牵手”和“英伦之恋”。我在学校的本职工作是上课，在公司的一项主要工作也是上课，对于以教书为职业的人讲，最痛苦的事，可能就是“天天上课”。不过，上课亦有乐趣，暂且记下来，博读者一乐。

2.1 胡说八道

20 世纪 90 年代末，有江苏电信客户来公司，安排我讲课，地点在五洲宾馆。

课前，客户经理特别叮嘱，多讲讲公司的管理模式以及对客户的借鉴意义，客户非常关注这方面的内容。

我以客户为中心，响应一线呼唤炮火，连夜修改胶片。

课程过半，讲到公司的管理体系及机制部分，遵嘱展开，借鉴意义计八条，娓娓道来。

刚讲到第三条，会议室里突然有人发声：“胡说八道！”

声音低沉但铿锵有力，顿觉五雷轰顶。

多么熟悉的声音！

不用看，也知道肯定是敬爱的任正非。

我不知道他什么时候进了会议室，更不知道他在下面听课（事后得知，任正非中午要在酒店陪客户吃饭，提前到了酒店，顺便听听课）。

后面的课，已经没法讲，基本上确实在胡说八道了。

课后总结的教训：讲课时，不仅要眼睛看着客户，而且余光还要盯着老板。

当年还没有诸如“坑爹”等词，这次肯定是被客户经理坑了。

从此之后，我每次去五洲宾馆讲课都心有余悸。

有此遭遇的不只是我一个，公司的一位顾问与任正非同台为上海客户做报告，顾问先讲，对华为的管理模式做了深入的分析。

轮到任正非开讲，第一句话开宗明义：“华为没有管理。”

这脸被打的，那位顾问肯定要死的心都有了。

不过，老兄您别伤心，老板说的是公司，没有说您，总比说我的胡说八道要客气得多。

2.2　酒后上课

上课少喝水，更不能喝酒，但有一次例外。

一次是去给吉林省的某地级市客户讲课，时值隆冬季节。

从深圳出发，穿得单薄，到了长春后已经浑身冻透。

当时吉林气温零下26摄氏度。从20度，穿越到零下20多度，深感祖国的辽阔，造化的神奇。

在从机场到客户所在地的路上，办事处的车的空调已经坚持不住了，最后气若游丝地吐出点儿热气。我也早已坚持不住了。

当时我就琢磨，在南方，汽车的热空调形同摆设，而在北方，热空调更重要，汽车厂商为什么不改进一下，生产出适用南北方的汽车。

途中，我要求司机停车，进路边店，买酒。本来想买小瓶的，没有。就买了一斤装的正宗牛栏山二锅头。

就这样，一路酒相伴，一路车疾行，到达目的地，除了与司机分享了几口外（当时不查酒驾），酒瓶见了底——都被我喝了。这是我有生以来喝酒最多的一次。

从来没喝过这么多，人说，喝酒与情绪有关，与身体有关，其实，喝酒与天气也强相关，与喝酒的节奏强相关，也与喝酒的时间长短强相关。

酒多了，也不用睡觉了，一晚上毫无睡意。

酒多了，就不用吃饭了，晚饭没吃，第二天早餐没吃，冲进教室，直接上课。

当天讲课，那叫神采飞扬，火花四溅，欢歌笑语，讲课效果非常好，有客户授课效果评价为证，印象中达到 98 分。

写此文时，网上正流行“我有一壶酒，足以慰风尘”，谨唱和一首。

我有一瓶酒，
足以伴人生。
冷酒暖人身，
授课更生动。

2.3 规格最高的讲课

时间为 1998 年，授课地点科技园 7 层食堂，授课对象为公司员工，授课题目为《全力创造价值，科学评价价值，合理分配价值》，是《基本法》的辅导报告。

课前，发现几位高层在观澜接待客户没到场，任正非要求他们紧急赶回公司听课，并邀请客户参加听课。

此次讲课，任正非亲自主持，并致开场词。

这规格，估计在公司历史真的不多见，连金一南将军都没享受到此待遇。

讲课过程中，坐在第一排的任正非，除了听课，做得最多的事就是给我倒水，提着白色的不锈钢暖壶，一次一次地倒水。

讲课时，必须控制饮水，这是职业特点决定的。

但当你看到领导一次次倒水，讲台上已经好几个一次性水杯，而且一个个满满当当的时候，你好意思不喝吗？

你越喝，任正非就越以为你渴，他就倒得越勤。

倒水与喝水不断循环！

因为内急，为了早一点下课，那天有两张胶片（真正的胶片，华为人现在还把 PPT 叫“胶片”，还有所谓的“胶片文化”）没有放到投影仪上。

最后，趁着任正非做课后总结的当口，我冲向了厕所，还好厕所就在附近。

然后，惬意地回到讲台，接受听课者雷鸣般的掌声。

这待遇，可以吧！

这待遇，本人史上最高！

2.4 课后酒

到客户那儿上课，最怕喝酒，一是不胜酒力，二是容易误事。

上课前，对客户的劝酒，以第二天要上课作为借口婉转拒绝，客户一般都能理解。

但授课结束后，通常情况下或客户做东，或办事处做东，要有个答谢晚宴，下午的课尤为如此。

这时候基本没有借口拒绝喝酒，你是主角，客户老大作陪，酒已斟满，菜已上桌，众人已跃跃欲试，虎视眈眈，不喝，那叫给脸不要脸。

如果客户老大手举酒杯，口念我代表公司几千或几万员工敬您一杯，基本上就收不住了，那时的风气又比较正，我又是性情中人，还代表华为公司，喝假酒常有，假喝酒没有。

讲了一天的课，一顿酒下肚，吃点东西，基本上未经消化又吐出来了，对身体伤害极大。所以，每次上课最恐惧的是喝酒，尤其是去那几个酒文化浓厚的地区。

其实，损失更大的是客户，辛辛苦苦听了一天课，一顿酒基本上忘得一干二净，之后只好回去翻笔记了。

某年去黑龙江的某市授课，晚上客户宴请，已经成醉猫状，要不是客户经理代喝了几杯，早已酩酊大醉了。

正欲离座，一客户领导问及老家在哪里，答：某省。又问：那个城市？答：某市。再复问，最后，一直问到哪村的。饭桌上居然有 5 人都是乡亲，其中两人还是真正的同乡，几位都是闯关东的后裔。

老乡见老乡，酒杯叮当响。随着一声“老妹，上酒”，就什么都记不起来了，也就按下不表了。

一直到第二天早上，我都处于失忆状态，怎么去的机场，办的登记卡，过的安检，候的机，上的机，统统不知道。

但有一点还保持着理性，就是上飞机前，把便携机挂在脖子上，双手护住，然后才在飞机上昏睡。

直到飞机降落，一声震动，方才回到人世间，记忆重启。然后，挂着便携机回家。

回家后，给家人讲东北老乡的热情，不仅喝了酒，还赠送了礼物，有哈尔滨红肠一箱，三厂的，大列巴一箱，正宗的。

家人问：放在哪？

冥思苦想半天，答：当时肯定放在飞机的行李架上，现在在何处，真的不好说。

没招，赶快去超市，购得哈尔滨红肠三根，产地不明；大列巴买不到，买了一个圆形大面包，作为补偿。

喝酒真的伤人伤身伤家人！

2.5　饥肠辘辘地上课

当年曾有友商的销售经理言：我们之所以干不过华为，不是因为技术不行，主要原因在于：一没有任正非，二没有《基本法》，三没有能讲课的顾问。对前两条高度认同，第三条有待商榷。但管理培训是市场营销的“五个一工程”之一，这是不争的事实。所以，那些年授课任务很多，我犹如“走穴”的明星，活跃在大江南北。按客户区分：移动，联通，电信，网通，铁通，广电，邮政；按地域分：省，市，地，县，建设兵团，反正除西藏外，都去过，国航知音卡每年都升级，旅行箱每年都换（主要是质量原因和机场的野蛮装卸）。

到办事处或代表处上课，办事处（代表处）领导都比较重视，一般会受到比较得体或隆重的接待，咱跋山涉水，千里迢迢，扛着炸药包上战场，前后方联动，军民鱼水情。办事处主任（或代表）亲自迎接，嘘寒问暖，上课时主要领导亲临课堂，认真听讲。

但是走的地方多了，啥事都有例外。

到了机场，不见接机的人，在机场里游荡一小时，打电话，告知：抱歉，给忘了！我弱弱地问：如果是公司领导莅临，您敢忘了吗？

司机接到酒店，酒店告知没有预定，只好拖着行李，四处寻找安身之处。人生地不熟，如无头之苍蝇，如丧家之犬。被告知：不好意思。请听题：啥叫不好意思？

授课前前呼后拥，授课后门可罗雀，典型的实用主义，非典型的拿来主义。

领导很忙，无暇接见，都是自家人，各忙各的，不用客气。或打个招呼，握个手，换张名片，道个拜拜。都是自家人，一切从简，八项规定。

不发牢骚了，牢骚太盛防肠断。回归正题。

在公司接到授课任务，去给西北某营运商讲课。

任务紧急，匆忙准备，一大早出发，来不及吃早餐。因航班延误，中途又在西安转机，航空公司只发了两个“骨瘦如柴”的面包，限量供应，节省成本。

到达省会城市，继续赶路，抵达上课地点已是晚上十点多。

讲课地点位于非常偏远的度假村，四周漆黑，犬吠不断。食堂早已关门，我饥肠辘辘，眼冒绿光，四处找食。终于在一柜台角落里发现了两桶康师傅红烧牛肉面。

猛扑上去，定睛一看，柜台上着锁。四处寻找服务员，告知：已经下班休息了。在哪休息？只在此村中，云深不知处。

那晚，一个人，盯着方便面，徘徊了很久。什么叫幸福？从哲学上讲，“人生充满了回忆，就是幸福”（任正非语）；从现实讲，有两桶方便面，就是幸福！人生最短也是最长的距离是，方便面在里边，人在外边。两相望，枉凝眉。

幸亏我的自制力强，否则，那晚说不定干出什么违法乱纪的事来。

抑制欲望，管理动机，控制冲动。

小时候咱也饿过，这点饿算什么？回房间喝水去。

早晨早早起床，等待早餐，已闻到油条豆浆的芳香，瞟了一下那两桶方便面，垃圾食品！早餐谁会吃方便面？

客户手持餐券已经就餐，我没有餐券，苦等客户经理，缺乏狼性，不敢贸然进入。直到上课前不到十分钟，才见客户经理下楼，问及在哪里就餐，答曰：我们平时都不吃早餐！

一句不文雅的脏话已经到了嘴边，又硬生生地咽了回去。无语。

严格自律，保持理性，自我修炼，绅士风度。

上课去，还有茶歇，按惯例总会有些小糕点充饥。

那天的茶歇，只有茶。

饿过劲了，其实就不饿了，随遇而安吧。因为上课，不敢多喝水。中午饭还是会有的，不相信客户经理平时也不吃午餐！

中午下课，客户经理们因要事必须赶回办事处，没得商量，不得不随车打道回府。

昨天早餐没吃，中午两块面包，晚餐没吃，今天早餐没有，午餐也给误了。

在途中，客户经理“体贴入微”地问道：“老师，您还有什么需求？”

吾答：“停车，买点吃的！”

“不好意思，现在还在高速路上，离下一个出口还有120公里。”

再等一个小时吧！胜利就在前头！

司机发话：“前面修路，堵车！”

别问我想什么。

我想跳车！

2.6　人在旅途

这是一篇19年前的旧文，发表于1997年10月21日第59期的《华为人报》(当时为此名，后因政策要求改为《华为人》；公司还有一份报纸叫《24小时之外》，后改为《24小时》；现在的《管理优化》报，创刊时叫《华为大简报》。记录的是当时授课的感想，今天看来，文笔幼稚，内容朴素。

不知文中的小黄、孙师傅、小叶和查主任是否还在公司？前些年，公司曾经寻找过叶树，每一个华为人都是有故事的人。很想寻找这四位兄弟，一起吃个饭，把酒忆当年。

1997年9月中旬，应市场部之邀，到日照市电信局授课，短短两天，来去匆匆，但山东办事处四位华为人的一言一行，他们的爱业、敬业与奉献，给我留下了极深刻的印象。

小黄

飞机晚点，我走出青岛机场，一眼认定他是华为人，因为在炎热的天气里，他几乎是人群中唯一打领带的人，稍近一些，手中的华为资料袋格外醒目熟悉，是山东办的小黄。一问他由外地赶到机场，在这里足足站了一小时。

上路后，在直接赶往日照的车上，健谈的小黄如同见了亲人，问的全是公司的事，从市场部、中研部、生产部、《基本法》、生协到食堂的饭菜。我只好动用所知，尽量回答，尽管许多问题不着边际，但他疲倦的脸上始终流露出惬意，是那么满足。

问他累不累，小黄只是淡淡一笑：“习惯了”，问到他的个人生活，他语调低沉了些：“在外面跑了一年，把女朋友跑丢了。”接下来是让人难以忍受的沉闷，只有汽车音响里阎维文用浑厚的嗓音在唱《说句心里话》（这是华为市场人员最爱唱的一首歌）。高速公路已被夜色笼罩，车灯犹如两把利剑，向目的地冲去。

到达日照已是晚上8点多，晚饭时不见司机与小黄的身影，明天他还要与别的市的客户谈项目，为赶时间，小黄与司机空着肚子又上路了。

叶工

小叶不知是否因为在山东干久了，他有山东人的直爽、豪放，脸上永远是一副灿烂的笑容。刚见到小叶，讲实话我一直为他这个“大男孩”担心，他能受得了市场上的风吹雨打，能经得住重压和挫折吗？事实证明，我的担心是多余的，我们的大男孩一进入角色，完全像久经沙场的战士，又像纵横捭阖的外交家，言语得体，应对自如，与客户的关系极融洽，客户对他也表现出极大的信任，不难想象，为此他付出了艰辛的劳动。整整一天，小叶忙前忙后，各项工作安排得井然有序。让他休息时回答也是“习惯了”，脸上又是一副灿烂的笑。

午餐时小叶谈得最多的是不在身边的妈妈，言谈中露出一丝牵挂，谈到苦、忙时小叶担心的是学习。长期奔波在外，难得坐下来充充电，他特羡慕在总部上班的人，我由此才想到，上午上课时，小叶听得是那么专注，尽管我讲的是华为公司的内容。

小叶也有开心的时候，这几天他常常念叨，一位外市客户升任了局长，而自己一直还称他老伍。

电信局的人称小叶为叶工（想必是工程师之“工”），后面还往往开玩笑地加一句：叶公好龙。而我想到的是：叶工好赢。

孙师傅

孙师傅是办事处聘的专职司机，或许是与职业有关，他不善言谈但做起事来非常踏实，几天中他问过我的唯一问题还是与车有关：华为的创业者多年前是否真的用自行车驮着机器推销？这几天，孙师傅开着车子来回转，从青岛到日照，从日照到青岛再去济南，他始终没有一句怨言，我发现在餐桌上，他吃得很少，但烟抽得很凶，问起家人有没有意见，他布满血丝的眼睛闪过一丝难以察觉的无奈，随即憨厚地说了句："习惯了"——还是这句。

在去电信局的路上，因汽油不足，匆忙在路力加足了油，事后孙师傅觉得加的油量不足，直到住地，孙师傅还在为当时少加了点油而懊悔。

孙师傅没有去过深圳，很想去公司总部看看，但我觉得他已经是一个真正的华为人，同时我也惊叹华为文化巨大的辐射力、影响力和感染力，讲课时，我临场发挥，做了个假设："即使让这帮人去卖菜，肯定也比别人卖得多。"

查主任

不知道该如何描述查主任，我认为他是一个职业的营销管理者，齐鲁片区的不凡业绩，是最好的佐证。

我们还是回到路上吧。

讲课结束，电信局热情款待，已近晚上 9 点，我们又赶回青岛，在车上，由于连日劳累，我与小叶进入了梦乡，唯有查主任难以入睡，每次刚想打个盹，手机就响了，有公司的、青岛的、烟台的、济南的。又是手机响起，是查主任夫人从江西老家打来的，快到中秋了，想必是电波传情，但听得出他在用沙哑的声音安慰夫人，隐约听出，他的爱女没有被什么舞蹈班录取。好长时间，查主任一直把目光转向窗外。

窗外黑漆漆的，几道车灯一闪而过，让人感到一丝寒气，偶尔出现一片微黄的灯光，倍感温馨，那是一个温暖的家，屋里一家人正围坐在一起看电视吧。

我递给孙师傅一支烟，这次查主任没有讲违反公司规定，不吸烟的他也点上了一支。

小叶冒出一句“刚才我做了个梦，与客户谈判，居然有两位美女负责接待”，查主任马上跟上一句“谈成了没有”，看来这位查主任，太注重结果，不注意过程了。

汽车音响里唱着不知名的歌曲，车厢里是让人难受的沉默，不知小叶是否还在惦记着改称局长，孙师傅是否还自责少加了汽油，查主任是否还在筹划着明天的工作。

终于青岛的万家灯火出现在眼前，我看了一下表，10点50分，今天是9月13日。明天，星期天，一大早，查主任、小叶、孙师傅还要赶路去济南，我发自内心地祝愿他们“一路平安”。

2.7 在飞机上感受企业文化

2007年7月28日上午，我为重庆移动公司讲课结束后，乘坐国航CA1419航班，由山城重庆返回北京，此行讲授的课程是“构建高绩效的企业文化”。我在飞机上继续思考企业文化问题，以排解飞行的无聊。

长长的思考没有什么新东西，但在飞机上亲历的两件事倒使我很受启发，或许与文化问题相关。

在前排的4A，坐着的是一位可爱的小女孩，只有5岁，是无人陪伴儿童，姓谢。

由于天气异常，气流变化大，在一段时间内，飞机颠簸得很厉害，虽然我经常坐飞机，但遇到大的颠簸，还是很紧张。

但看看前面的小女孩，泰然自若，一副大将风度，笑看云卷云舒，没有表现出一点的害怕和恐惧。

为什么一个 5 岁的小女孩能如此？

“你害怕吗？”

“不害怕！”

“为什么不害怕？”

“因为过一会儿就能见到妈妈了。”

原来战胜恐惧的力量来自文化，来自愿景的指引，来自目标的牵引。

想起了尼采的一句名言：“知道为何活着的人，几乎能够忍受任何如何。”

想起了《圣经》中的一句话：“万物因为你的信仰而造就。”

想起了柏拉图的一句名言：“若神不在，一切皆无。”

这就是文化的力量，这就是信仰的力量，这就是梦的力量！

到了机上供餐时间，推餐车过来的是一位男空乘，他按照国航的标准服务规范，问小女孩：“请问要包子，还是面条？”

连问三次，小女孩没有任何反应，不理不睬，男空乘推车向前继续分发午餐。

是小女孩觉得国航餐食质量不好，不想吃饭，还是没有想好吃什么？

这时过来一位空姐，年龄较大，30 岁左右，显然她注意到刚才发生的一幕。

她走到小女孩身旁，俯下身，问：“小朋友，是要吃面面，还是要吃包包？”

小女孩答：“我想吃面面。”

男空乘没有做错，他是按规范做的。但他显然对所服务的客户不了解，这也不怪他，他那个年龄不会有小孩。用客户听不懂的语言沟通，沟通的效果可想而知。

空姐估计有小孩了，作为一个母亲，她深知孩子的语言，优质服务，沟通有效。

多亏这位空姐（遗憾的是没有记住她的名字），否则那位有文化的可爱的小女孩要空着肚肚去见妈妈了。

服务体现了文化，文化无时不在，文化无地不在。

服务是细节，细节彰显伟大，细节显示渺小。

细节是魔鬼，细节是天使。

2.8 上课偶遇

某年去河南安阳电信授课，接送的办事处司机很热情，很朴实（忘记他尊姓大名了）。

他最遗憾的是没见过任正非，话题自然地转向任正非，不断地问这问那，任正非有几个保镖？任正非坐什么样的车？挂部队的还是武警的牌照？车牌号有几个8？给他开车的司机是部队的，还是武警的？任正非在哪里吃饭？喜欢吃啥？是烙饼，还是烩面？诸如此类。我尽我所能地一一解答。

又问：任正非长什么样？

答：普通人，跟普通人没有什么不一样。

不相信，进一步启发："你们村有村长吧？任正非长得与你们村长没什么两样。"

还是不信："您逗我！"

事有凑巧，任正非来河南了，先去郑州，再到林县，参观红旗渠，与当年的劳动模范座谈，据说还向劳模们捐了款，然后，顺访安阳。

接送任正非的恰好就是这位司机。

问：见到任正非了？

答：见到了。

问：长得咋样？

答：不中！

又答：长得还不如俺村的村长哩！脸上胡子拉碴，穿得皱皱巴巴（以下略去若干字）。

司机还讲了一个亲眼所见的故事。早晨从酒店接任正非出来，坐在后座的老板不断地从裤兜里掏东西吃，吃得有滋有味。开始时，吃的时间长于掏的时间，越往后，掏的时间长于吃的时间。他非常好奇：老板吃的是啥？估计肯定不是面条或烙饼。

任正非下车后，司机到后座检视一番，撒落物高度疑似饼干渣！

回归偶遇的主题。

任正非一行到安阳，客户所有的领导驱车到高速路口迎接，见此场面，任正非面露不悦。

正值午饭时间，客户设宴接待，任正非执意到大排档吃面条，遍寻无果（大排档只有南方有），加之众人劝导，任正非才移步餐厅，但提出只吃已经上桌的凉菜，不吃热菜。

客户老大手执酒杯，致欢迎词，直到干杯，他面无表情，纹丝不动。

办事处主任起来打圆场：任正非身体劳累，不能喝酒，我代表任正非喝一杯。

任正非发话："狗拿耗子！"

办事处主任的脸色如变色龙：由红变绿，由绿变黄。

这顿饭吃得，五味杂陈。

下午，去殷墟遗址博物馆及袁林（袁世凯陵墓）参观，客户老大亲自陪同并担任解说，任正非一路基本上一言不发，场面肃穆庄严。

参观完毕，客户老大向任正非赠送礼物，是仿的刻着甲骨文的龟壳，据说在安阳只有一位有此技艺。任正非扫了一眼，顺手交给了我：你处理吧。

场面那叫一个尴尬，客户老大尴尬，办事处领导们尴尬，我也尴尬，一句话，众人皆尴尬。

客户经理似乎已经崩溃，邻近失控状态。他站在他的老板身后，以“深情”的目光久久地盯着，自言自语地蹦出一句：“我真想踢他一脚！”

特别说明，这里绝没有黑老板的意思，我以人格保证其真实性。如果任正非见到此文，谨供您自我批判用。

兄弟们，在这块市场，“举杯相庆”已经没有可能，该合计合计如何“拼死相救”吧。

任正非不懂营销或许是不争的事实，此次安阳之行，可以做证。

参观完毕，任正非一行借口有事，与客户匆匆告别。

回到酒店，有人敲门，是任正非。他转了一圈，杀了个回马枪。

我们两人在酒店里聊了很久。

2.9　机场偶遇任正非

一个大公司的总裁，拖着沉重的行李，以他那快速的脚步，一个人孤独地走向远方，夕阳中，背影越来越小。

一月的一天，结束了在华为的工作，我从深圳机场回京，因工作较多，特意定下午 6 点 55 分的飞机。冬天天短，准备登机时，外面已夜色朦胧，准备登机时，偶遇华为总裁任正非先生。他乘坐同一航班去北京，坐这么晚的航班，想必任正非也是为了节省时间。这是十余年来第一次与任正非同机出差。

任正非大概是刚从机场书店出来，手里拎着“学而优”书店的塑料袋，里面有四五本书。记得任正非多次在公司会议上要求干部多读些书，并讲他自己每次去北京出差，3 个小时左右的航程，有两个半小时在读书。还记得在 2001 年访问日本时，凌晨一点钟，任正非还在读书。这次，我对任正非的读书印象更加深了一层。

一个人的成长，源自其学习和领悟能力，源自其见识，源自长期的实践，正所谓“读万卷书，行万里路，与万人谈，干一件事”。任正非所学的专业是建筑（确切地说是建筑学中一个很小的学科），没有学过通信，更没有读过企业管理、MBA 或 EMBA。他领着华为公司很幼稚地进入通信领域，并管理着全球化营运的公司。他的学识来自不断地学习，当然还有天赋。可以讲，在华为成长最快的人力资源是任正非。许多公司失去了成长力，很大的原因是老板不学习、不进步。老板到了天花板，企业肯定也长不大。

与任正非见面后，没有任何寒暄，任正非直接问的是到北京后有没有车接。当听我坐出租车后，任正非说：坐我的车，送你回家（任正非住的酒店比我家远），而且不容我推辞。

国航晚点了，到达北京的时间已是晚上 10 点 15 分。由于我所坐的舱位靠后，又托运了行李。飞机落地后，任正非让同机的市场部领导转告我，他们三位同坐一辆车，让接他的那辆车送我回家。出了廊桥以后，任正非在门口等着，再次告诉我坐他的车回家。然后，自己拖着行李，向出站大厅走去。

我又想起两年前的身影。同样也是在北京首都机场，从哈尔滨授课回来，电话响起，是任正非打来的，问我是否回家，有无车接。原来到京出差的任正非在嘈杂的机场发现了我。与任正非同车到燕莎凯宾斯基饭店南侧的三环路，他坚持在路边下车，让司机直接送我回家。那是个周末的黄昏，天气有点寒冷。一个大公司的总裁，拖着沉重的行李，以他那快速的脚步，一个人孤独地走向远方，背影越来越小。

记得任正非曾对市场部门的管理者讲过："铁军的领袖，自古以来都是十分爱兵的，真心去关心你的弟兄。"

近来重读《论语》，孔夫子的几句话印象颇深，抄录如下：

"子曰：其身正，不令而行；其身不正，虽令不从。"

"政者，正也。子帅以正，孰敢不正？"

"苟正其身矣，于从政乎何有？不能正其身，如正人何？"

"为政以德。譬如北辰，居其所而众星共（拱）之。"

（本文写于2007年3月，原载于《中国企业家》，标题为《任正非：铁军的领袖自古以来都十分爱兵》。稍做修改。）

2.10　没有成行的讲课

下了学校的课，直接奔机场，公司有客户，共三批，明早就要上课。候机中接到电话，是浙江省某地级市移动客户人力资源部部长打来的。

问："你定的是几点的航班？明天上课需要做哪些准备？"

诧然，我并没有接到去杭州的讲课指令，怎么突然冒出新的课来。分身乏术，何去何从。我立马联系公司，联系杭州办事处，联系深圳的客户经理，联系杭州的客户经理。

转了一大圈，才把事情基本搞清楚。

早些时候我曾到这家本地网客户讲过课，客户非常认同，希望有机会再换个专题讲一次。这次客户有项目，处于招投标阶段，客户老大附加了一个条件，如果把上次讲课的老师请来，再讲一次，可优先考虑。

新任的客户经理是个新手，从校园进公司，在华大新员工培训后就上市场，正欲大展身手，对客户的要求大包大揽：没问题！

可惜，这位经验不足，又不善于求助，他哪知公司流程，课程资源的配置是有流程的，有版本的，有内控的，有节点的，有责任人和联系人的，有 owner（责任人）的。客户催得紧，项目招投标时间迫在眉睫，只好出此下策，欺骗客户，告知客户那位老师明天来公司讲课。

兄弟，新员工培训时的内容忘了，20 多年来，华为对客户铸就的就是诚信！华为永远做乙方，华为永远“拜客户教”，客户虐华为千万遍，华为待客户如初恋。

任何事情都要依流程而行。在公司，假喝酒都要通报批评，此事体大，后果很严重。呼唤炮火，炮火落到脚边了。美国大兵的二十二条军规有言：专业士兵的行为是可以预测的，但世上却充满了业余玩家。这么玩，会引火烧身的。

处于保护这位新员工的目的，我没有把此事告知公司、市场部和办事处。否则，后果会很严重。恻隐之心，人皆有之。

我给客户的人力资源部部长发了条短信：“因身体突然有恙，不能前往授课，非常抱歉！”——这也是不诚信行为！

我给这位兄弟发了一条短信，其中引用了老板文章的标题：“从泥坑里爬起来的人就是圣人。”

兄弟，只能帮你到这里了，自己挖的坑，自己填吧！

登机时间到了。

2.11　空无一人的教室

按照当下的互联网精神，这个标题肯定不会吸引眼球，可否改为"当他打开了电脑，教室里已空无一人，一个无法完成的讲课（深度好文，不看后悔，独家解密，阅后即焚）"？我痛恨"标题党"，看到网上一篇文章，是任正非的大作，满怀喜悦打开，一看内容，是十余年前的旧文，只是换了标题。有时看到一篇文章，本想学习一番，打开一看，作者竟是我本人，只是换了标题。其实，作者写文章，最注重的是标题，标题是文章的"睛"，标题党就是"挖眼族"。（"华为上课记趣"系列文章的题目，也被某公众号编辑改成了《我在华为最"生动"的 10 堂课》。）

回到主题。

2000 年前后，上课需求迅速增长。在高峰期，有时候教师待在高培教室，学生一拨拨轮换，给这拨客户讲完，又来一拨客户，犹如饭馆，一天要翻几次台。讲课是体力活，每次讲完课，人基本上就崩溃了，人前疯狂，人后遭殃。既要上学校的课，又要上公司的课。因为客户经理约课一般采用的是"两头蒙"的方式，用老师蒙客户，以客户蒙老师。我每次接到华大市场培训秘书的电话，都很紧张。

如果日程冲突，还要不断地调课，调学校的课，也要走流程，更可怕的是刚调完课，又告知公司的课取消了，再把课调回来，搞得当年的教务秘书见了我就翻白眼。

某日，江西办事处下达讲课指令，为某客户讲授"构建高绩效的企业文化"。

印象中去客户那里讲过此课，询问客户经理，答曰："是来讲过，但讲的不是这个专题，肯定，没错。"那些年常讲的课程有四门，究竟是否讲过，有时候我自己也搞不清楚。

授课当日，我在教室等候。客户鱼贯而入，嘘寒问暖之后，接着就是开场白，打开电脑，授课题目投射到幕布，一切顺利。

接着，意想不到的一幕出现了，客户老大起身，一言不发地离开了教室。接着是坐在第一排的领导们离场，然后，是其他领导们起身离座，鱼贯而出，秩序井然。

傻了吧？傻了！

急问客户经理，他一脸茫然，也傻了！

追问走在最后的客户人力资源部部长，答："这门课您在这讲过一次了！"

客户经理说："能不能换个题目，讲点别的？"

客户："人都走干净了，给谁讲？"

我："同问。"

离开客户公司后，客户经理诚邀到市内转转，去看看八一南昌起义纪念碑，我婉言谢绝，哪有心情去看什么碑。

还有个问题没有解决，这次出差如何填报工作量，差旅费如何报销？在办事处报销，不合规；到公司报销，可能被审计怀疑公款旅行，个人诚信会被减分；自己出，冤枉，堪比窦娥。

幸好，又接到去邻省给客户上课的任务，赶向机场。

报销的问题也解决了，事由：去邻省上课，路经江西。

2.12 锵锵三人行

当年结伴给客户上课最多的是两位陈老师。

客户有系列培训任务时，往往三人同行，同住同吃同劳动，相互帮衬，相互提携，相互切磋，上课前，鸣锣开道，威武肃静；下课后，点赞精彩，道声辛苦。有客户经理称：锵锵三人行，最佳拍档——在客户面前相互拍，在困难面前相互挡。

一位是陈培根先生，后成为公司顾问，再成为员工，正式入职公司。

陈老师是典型的湖南人，曾在湖南大学任教，操着口音浓重的湖南话。他的授课胶片，图文并茂，五彩斑斓，诗情画意，还配有优美的音乐，都是以“工匠精神”制作的，称得上匠人（教书匠）、匠心、匠魂。

陈老师的主打课程是“理性与平实”，其实他讲课一点也不理性，不平实，总是激情澎湃，神采飞扬。这门课应该是最受欢迎的管理课、无论是客户，还是内部员工。记得当年《天道酬勤》写作组请陈老师讲过一次，公司高管们无不流泪动容。我多次听过陈老师的课，每次都感觉是一次心灵的洗礼。

友情提醒：听陈培根老师的“理性与平实”，一定准备好手帕或纸巾，女士最好别化妆。

一位是陈珠芳老师，广东人，曾在华中理工大学任教，后加盟华为，公司首任人力资源部部长，首任党委书记，现已退休。在华为，毕业于华中理工者人数众多，与陈老师有着很大的关系。

我一直尊称陈珠芳老师为“陈小姐”，其实她已经年逾花甲，满头银丝。陈老师曾经数次晕倒在课堂上，去年还见她在高培中心上课，依旧是风采不减当年，依旧是当年的激情——这就叫“长期坚持艰苦奋斗”。其实，人很少被累死，人大多数是愁死、烦死的。毛泽东讲：革命人永远年轻！

当年，四川移动有三天系列培训，地点在峨眉山下，师资分别由我司与友商推荐，各三人。抵达当晚，陈珠芳老师连夜召开战前动员会议，党委书记的激情加教师的口才，滔滔不绝，激情飞扬，足足讲了两个小时，不仅陈培根老师与我充满了鸡血，她自己也是满血盈格。大敌当前，排兵布阵，运筹帷幄，将军决战岂止在战场，首战用我，用我必胜。教师的最高荣誉不是讲课，而是胜利！

结果，那一天的战前动员有点过，当晚，三人都没休息好。第二天早晨，三人的眼睛布满血丝。

但客户对授课的满意度很高，记得三位的综合得分都在 90 分以上。问及与友商师资授课的比较，公司办事处主任回复的短信就四个字：“天壤之别。”

2.13 你是华为的

2014 年 7 月，有上海的咨询公司联系我到杭州上课，至于给哪个公司上课，咨询公司一般不会事先告诉授课老师，这是行规。究其原因，一是怕老师与企业直接联系而绕开咨询公司；二是怕课酬透明没法拼缝。

晚上 9 点多下高铁到杭州，一女士接车。上车后刚介绍：“我是这次 ×× 移动设计院培训的交付负责人……”我脱口反问：“你是华为的？”

司机惊呼：“老师真厉害，你怎么知道她是华为的？”

我跟司机说：“你肯定不是华为的！”原因没告诉他，华为司机绝不会在车上人交谈时插话。这是规矩。

至于认定那位女士是华为的，依据很简单，就是“交付”一词，华为人的惯用词。他们不会用“班主任”，而是用“交付”，前者代表着权力，后者反映着流程和“以客户为中心”的价值观。

华为有很多专有词，外人很难知其所指。如把竞争对手叫友商，把中兴叫 26，把笔记本叫便携，把 PPT 叫胶片，把工作成果叫输出。有好事者甚至拟了份华为语言的六级试题。列举如下，不服可以试试：

拉通，对齐，回归，基线，落地，痛点，闭环，回溯，跟踪，一线，家里，胶片，纬度，诉求，灰度，声音，亮点，当责，责任人，端到端，点对点，一指禅，澄清，打开，交付，知会，预警，风险，夯实，输出，赋能，审视，挖掘，潜力，支撑，运作，动作，兄弟，老大，推动，牵引，复制，召集，协调，思路，聚焦，灯塔，立项，突破，山头，组织客户关系，局点，炮火，蓝军，26，我司，片联，地总，任命，及时激励，一并表示感谢，等等。

在华为还有一多，就是英文缩略语多，几乎到了泛滥成灾的地步，在一张 PPT 上，甚至可以同时出现七八个缩略语。尽管在公司内网上有容量巨大的词义库可供查询，但即使是内部员工也对此甚为头疼。如不服，可以一试：

BCG，E2E，PL，PM，PO，PDT，PBC，LM，CCB，CBB，TR，TMG，TTM，OSG，RAT，DRB，IPMT，PDU，DU，WET，PBC，等等。

如果有人经常冒出这些词，十有八九就可以认定：你是华为的，或者你在华为待过。

再说华为的司机。每次一出机场或火车站，扫一眼基本能把华为的司机认出来。一米八的个儿，小平头，西装革履打领带，笔直站立，肯定是华为的。我曾多次做过测试，无一错误。那些脚穿拖鞋，像孤魂游鬼在游荡的，肯定不是华为的。司机身上能反映出公司的管理水平，一个连司机都管不好的公司，其内部管理可想而知。我有个经验，与司机聊几句他们的公司和老板，基本上会对这个公司做出一个基本的判断。有的司机对公司非常认同，滔滔不绝地介绍其公司伟大和老板的传奇；有的司机聊两句就大爆诸如老板有几个二奶小三的黑幕；有的司机爱搭不理，沉默不语；有的司机甚至让你出过路费。

华为的司机为什么好辨识？原因其实很简单。华为的司机是公司的原保安转过来的，华为的保安是从中央警卫团、国旗班和驻港部队退伍战士中招聘的。

回到开头的疑惑：给自己的客户上课，为什么不直接与顾问联系，而要委托外部咨询公司找授课老师？事后方了解，邀请顾问授课是要内部结算的，而且结算价很高，加之还要走内部流程，他们只好抄了一次小道。

“你是华为的”的故事还多次发生过。

强大的被认同的文化，会在公司每个人身上形成印记！

著名学者埃德加·沙因认为：企业文化的实质是假设，它通过一定的方式传达出去，为员工所接受，并在将其贯彻于实践过程中，体现在员工的行为上，也体现在员工的用语上，这就是组织文化的实质。

2.14　课后洗脚

20 世纪 90 年代中后期，恰值五一黄金周期间，来公司参观学习的客户成管涌状态。客户们往往带着家人，名义上是到华为考察学习，实际上主要日程是旅游。又有接待单位，又能与家人在深圳旅游，两全其美，那时候也没有八项规定。

既然是华为客户，就必须按华为的接待流程走，这一点华为不会妥协的。客户除参观展厅外，就是一定要给客户上课，尤其是重要客户。管理培训一直是华为营销的五大手段之一，既然来了，就要听听华为的课。

于是，我又进入了疯狂上课模式，一天三次授课，客户轮流转，老师不动窝。结果是腿胀了，静脉曲张了，脚肿了，鞋垫都能拧出水来。

客工部的秘书出了个主意：晚上下课后去洗洗脚，并热情地介绍其所住小区的洗脚店（不知与其是否有关联交易）。

刚到洗脚店门前，就有两位身穿旗袍的女士（其后方知她们叫“咨客”）对我喊：“老板，晚上好！欢迎光临！”

听着很别扭，我哪是老板？

给我按摩的是位男士，江西人，人很机灵。

由于还处于讲课后的亢奋状态，我们两人聊了起来。

一见面，还是那句“老板，晚上好”。

我告诉他：“我不是老板，与你一样，也是打工的。”

“不可能，您肯定是老板！看您这双皮鞋，意大利的，说不定是定制的。”

“看商标，中国产的，说不定是您老家乡镇企业做的。”

然后是手表，西服，领带。总之，他用一切证据证明：我就是老板！

当他的所有证据都被击破以后：“老板，您肯定是老板。而且是大老板，不像我们深圳的土老板，就知道穿名牌！”

起初，我对“老板”这个称呼非常排斥，听的次数多了，也觉得入耳了，很受用，不由自主地也模仿任正非一下，装出老板的样子来了。

按摩完毕，师傅拿出一个托盘，一脸的真诚：“老板，您赏碗饭吃！”

这咱懂，要小费呢！

我毫不犹豫，掏出百元大钞，放于盘中，老板这时候不能含糊！

走出门口，凉风一吹，我清醒了：我哪是老板，洗个脚，收费 38 元，凭什么给 100 元？这不是冤大头吗？

心痛那不合理的支出！

回去，不搭车了，走着回去！

回到南园村的出租房，一看，脚更肿了！

2.15　最失败的讲课

一般情况下，上课不出状况，客户认可，就可以认为上课是圆满的，成功的。

这些年，为客户授课一般重点关注两个人和一张表，至于掌声是否热烈，全程有无尿点，倒不重要。

一是坐在第一排的客户老大，他是客户中的关键客户，他对授课的反应至关重要。如果他全程投入听讲，还奋笔疾书记笔记，基本上讲，授课是被认可的；如果他在授课结束后，还能上台讲几句，说明授课是被高度认可的，他讲的时间越长，说明认可度越高。相反，如果客户老大中途离场，不管什么理由，讲课者该自我批判且反思了。

授课其实是个风险活，有时候，一不小心就会踩雷或中枪，或者被给个脸色瞧瞧。某次，刚说了两句“弯道超越”是机会主义的，就见前排的领导脸色不对，后排有人鼓掌——这帮看热闹不怕事大的人。事后了解，他们公司本年度的战略就是弯道超越。还有一次，正在批“以人为本”，但见众人扭头往向教室后面墙上看，墙上正好刷着这四个金光闪闪的大字，我赶紧打了个圆场：以人为本也不一定错，仅供参考之类。

二是坐在最后一排的客户经理，他们是铁三角中最重要的一角，对客户的需求把握准确，又是课程培训的全程策划者，培训流程的实施者，所以，他们对授课的感受至关重要。一般情况下，课间休息时，吸烟、上厕所之后，要与客户经理聊聊。

三是事后看《课堂教学效果评估表》，课程内容、课程体系、语言表达、时间把握等共有 15 项评价项目，其中最关注的是总得分和综合满意度。比较自豪的是这些年一直在 95 分左右。改进意见中，经常出现“与学员互动太少”“所讲内容与讲义差距大”两项，深以为然，但一直改不了。

说说最失败的一次授课。

地点：北京某著名酒店大宴会厅。

时间：18：00—19：30。

课程：华为没有秘密。

对象：企业业务伙伴。

这是一次企业业务伙伴的答谢会，除了晚宴、文艺表演、抽奖外，策划者为答谢客户特意安排了思想的盛宴——让我为客户讲讲华为的案例，不可否认，这是一个完美的策划，对客户也是掏心窝子的好，把能拿出来的都拿出来了。

400 人的会场，高朋满座，人声鼎沸。客户本来就是冲着晚宴、晚会和礼品来的，于是呼朋唤友，携儿带女，加上中国人特有的大嗓门，从会议开始，会场就宛如农贸大市场，根本安静不下来。

这种情况下，如何讲课？讲了谁听？只能拔高声音，拔高到声嘶力竭地喊，也没用。

于是，两次求助于那位穿旗袍的主持人，请她帮助维持一下会场秩序，主持人的声音连身边的我都听不清。

于是，先是拜求听众安静，无果。再次，跪求听众安静，还是如旧。

当时感觉就像在猴山上，给猴子们讲课一样。如果在以往血气方刚的时候，早就撤了。

终于讲完了，讲的什么，自己也搞不清了，只能问客户，他们听到了什么。

婉拒了客户经理留下来参加晚宴，为客户抽奖和颁奖的合理要求，打道回府。

路上反思了一下，今天的主题不应该讲“华为没有秘密”，如果换成“华为的秘密”，会场秩序或许会好一些。

3. 只言片语话华为

以下内容选自我的微博。与微信相比，微博更能有效地利用碎片化的时间，可以随时随地将自己的感想与他人共享和分享。因为有字数限制，不需要长篇大论，也不需要分析论证。以下是或有感而发，或触景生情的只言片语，主题当然围绕着任正非及他所领导的华为。

我的新浪微博名为：“吴春波 H-R”，H-R 是我的研究领域；H 代表华为；R 代表人民大学。

（1）被“网红”的低调。从虹桥机场等出租车，到在海外代表处食堂排队吃饭，再到接受新华社记者的采访，又到这次接受中央电视台采访，直到在庄严的人民大会堂做报告，任正非被成为“网红”，被认为是“高调”，确实颠覆了人们对任正非低调务实的一贯印象。

其实，1978 年任正非就走进了人民大会堂，作为 6 000 名代表之一，迎接科学的春天。1982 年，作为 1 600 名代表之一，再次走进人民大会堂，共议全面开创社会主义现代化新局面。2016 年，任正非作为党的第十二次代表大会代表，再次走进人民大会堂，所不同的是，三十几年前，他更多的是聆听、参与。

这次，他在人民大会堂发出自己的声音，传递自己的迷茫和思索，其背后是基于管理华为 28 年的成长发展的感悟，抒发的恒久坚持是产业报国、科技兴国的情怀。这样高调一次又何妨？这样网红一把又如何？

（2）任正非分享思想的起源。①他是长子，不能不与六弟弟妹妹分享；②他的童年与青年是在饥饿和贫穷中度过的；③他的军旅生涯——军队是个分享组织；④他出身于知识分子家庭，对知识拥有者很敬重；⑤他被人骗过，鄙视掠夺。

（3）任正非的企业家精神。①理想主义、英雄主义、乐观主义；②组织激情；③忧患意识；④在商不言政；⑤人性管理大师。

（4）领导力无绝招。任正非走访世界大多数国家的案例再次表明，领导力提升其实没有太多绝招，三点至关重要：读万卷书，行万里路，与万人谈。再加一句话：干一件事——管理华为。

（5）致年轻人。任正非送给年轻人的人生格言：视野，意志，品格。这三句话的解读是：广阔的视野，坚强的意志，胸怀他人的品格。

（6）不迷信。①深圳龙岗坂田基地当年是一片乱坟岗，南京软件园不远处则是雨花台烈士陵园；②手机和座机不带“8”或“6”；③工卡中没有“8”或“6”；④汽车牌照没有“8”或“6”；⑤没有英文名字；⑥华为基地开工典礼、搬迁和启用不选带“8”或“6”的时间。

（7）任正非很文艺。理想主义者 = 英雄主义 + 浪漫主义。

（8）孤独的行者。市场部颁奖会，歌舞升平，豪杰云集，把酒言欢。独不见任正非出席，印象中，自 2005 年，他就不出席年会了。人总是孤独的，任正非比他人更孤独。孤独的行者。

（9）造梦易，践梦难。伟大的梦想只是牵引公司的未来动力，但梦想的落地需要伟大的管理。中国企业从来都不缺梦想，缺少的是实现梦想的机制、文化、管理和企业家。

（10）靠谱的文化。核心价值观是企业文化的内核，企业文化是一种假设（哈佛大学沙因教授语），假设源自管理哲学。所谓“靠谱的文化”，不是对流行的时髦的管理语言的引入和宣扬，是基于对商业本质的深刻理解的常识，因为其朴素，因为其可靠，因为其可信赖，因为其可验证，故“靠谱”。

（11）作为企业领袖。企业家不应该成为慈善的主体，企业不应该更多地关注慈善，企业更不能把慈善作为事业。对于企业来讲，发展企业，多缴税，多吸纳就业，就是最大的慈善；作为企业的领袖，在“云端”无可厚非，关键是要把“思想云”，变为“思想雨”，来滋润企业的土壤。如果仅仅高高在上，必然“垂直压抑”。

（12）回归商业本质。所谓的“高科技企业”绝不能高高在上地脱离基本的商业逻辑，必须回到商业本质思考问题，从这一点讲，高科技企业与农业生产，与传统工业，并没有本质的区别。新经济并没改变旧规则。在企业经营管理上，心灵鸡汤不靠谱，经营理论不靠谱，管理格言不靠谱，成功案例不靠谱，大师预言不靠谱，时髦流行不靠谱，独门秘籍不靠谱。最靠谱的是回归商业本质，回归商业逻辑，回归商业常识。

（13）经营与管理。经营的关键问题是扩张与控制；管理的关键问题是激励与约束；经营与管理的核心问题是方向与节奏。在把握方向和掌握节奏的前提下，脚踩油门或刹车，手挥胡萝卜或大棒。创业者尤其要注意第一个问题；企业家应关注第二个问题；做企业的人必须思考第三个问题。

（14）军队与 NBA（美国男子职业篮球联赛）。得出两点感想：企业应该向军队学习文化建设；企业应该向 NBA 学制度建设，以制度激活竞争活力。

（15）成功有逻辑。每个公司都有精彩的或不精彩的故事或段子，或是关于过五关斩六将的，或是关于走麦城的。企业管理中不能简单地模仿或照搬，因为这些故事或段子背后都有特定的情境。重要的是其背后的思考逻辑。把自己的衰落归因于他人崛起的组织，是没有机会重新崛起的；把自己的失败归因于他人成功的个人，是没有机会重新成功的。

（16）必须关注内在效率。低劳动力成本，使得企业通过招聘，解决企业的扩张问题，而不是通过效率提升。只有劳动力成本大幅度提高之后，企业才能真正关注内在效率。但过剩的就业供给一直在抑制劳动力成本的提升，所以，企业的增长模式在相当长时期是很难转换的。

（17）员工持股计划。为那些对员工持股计划心存恐惧、介意或迷惑的人，推荐两本书：《资本主义宣言——怎样用借来的钱使 8 000 万工人成为资本家》，《民主与经济的力量——通过双因素经济开展雇员持股计划革命》，作者都为路易斯·凯尔索（Louis O. Keiso）。

（18）跨国公司的"尴尬"。因开放之际，跨国公司利用自身的优势，在中国市场上赚取了大量的利润，同时也消磨了其创新精神，跨国公司内在的机制越来越惰化，跨国公司对客户也越来越傲慢，进而也变得越来越"尴尬"。

（19）短兵相接勇者胜。中国三家标杆企业联想、海尔和华为，以往在各自的产业领域，各领风骚，互无交集；现在在手机领域，三家短兵相接了。谁能独占鳌头？这是对企业文化、机制、管理、企业家和综合实力的检验。文无第一，武无第二，商有雌雄！

（20）中国企业缺少什么。中国企业缺少的不是伟大的战略，缺少的是系统的战略实施能力；中国企业缺少的不是先进的管理理念，缺少的是化理念为实践的行动能力；中国企业缺少的不是众多管理制度，缺少的是成体系的管理平台；中国企业缺少的不是优秀的人力资源，缺少的是整合和管理人力资源的能力。

（21）好公司的佐证。离开该公司的员工：第一，把公司就职经历作为荣耀；第二，感恩曾就职的公司；第三，还愿意推荐他人入职原公司；第四，向新公司推荐原公司的同事。

（22）企业的追求。一个持续追求产品和服务不断上市的公司（华为），与一个持续不断追求企业上市的公司，是有区别的，区别很大。

（23）警惕狮子蜕变为羔羊。创业的初期，员工的狼性造就了公司的成长，使企业成为狮子；在企业成长期，员工的狼性退化，把企业这头狮子蜕变为羔羊。

（24）谦卑和敬畏。当一个企业的规模远大于它的客户规模时，还能保持当年小于客户规模时的那份谦卑和敬畏，这就是以客户为中心的体现。企业的衰败都是从傲慢地对待客户开始的。

（25）少点报时人，多点造钟者。从来都不缺少问题大师，把问题看透说透，指点江山，激扬文字。缺少的是建设性地、智慧地解决问题的高级工匠，脚踏实地，艰难前行。少点报时人，多点造钟者。

（26）唯惶恐者生存。以过冬天的心态活在春天里，是一种活法；以过春天的心态活在冬天里，也是一种活法。问题是怎么活得更精彩。忧虑着会不会倒下，会站得更久，活得更精彩。在这个世界，唯惶恐者生存，唯偏执者成功。在乐观与悲观中走向“灰观”。

（27）只能持续努力。过去的努力的结果，会被今天透支消耗；今天的付出程度，决定了未来的状态；不要以为有了个好的平台，就一定有一个美好的未来。这个世界没有一次耕耘，反复收割的好事——种子会退化，土壤会板结，还会有天灾，还会有病虫害。

（28）狼性。企业在国际市场的狼性，是在国内市场培养的；企业在国内市场的狼性，是在企业内部培养的；企业内部的狼性，是由企业家赋予的。所谓“狼性”，指的并不是狼区别于其他动物的残忍和凶恶的特质。狼性指的是：第一，在混沌中对未来方向的敏锐把握；第二，不屈不挠的进取精神，方向确定以后，义无反顾地前进；第三，团队协作，共同实现挑战性目标。

（29）再谈人性与狼性。近日有经济学家的关于企业中人性与狼性的微博引起热议。这是一个错误的命题，在企业中，人性与狼性并不是同一层面的问题，因此两者并不并行，更不存在非此即彼的选择问题。企业组织也存在人性问题，因为它是普世的。企业的“性”，应该回归到这个组织的本质来思考。对于企业来讲，企业成长、竞争优势、客户认同、员工成长等，仅仅是组织能力的一个方面，更重要的组织能力是自我批判、自我修正、自我优化的能力，也就是消除组织惰性的能力。

（30）内部是农场外部是丛林。企业的外部，是丛林：优胜劣汰，适者生存；企业的内部，是农场：一分耕耘，一分收获。把企业内部变成丛林是一种错误，把企业外部看成农场也是错误。企业应该为员工打造一只银饭碗，但碗里没有饭。大锅饭（铁饭碗）：没有差异，一潭死水；金饭碗：衣食无忧，死于安乐；泥饭碗：朝不保夕，得过且过；银饭碗，没有饭，活力无限。远离泥饭碗，打碎铁饭碗，警惕金饭碗，构建银饭碗。

（31）黑乌鸦与白天鹅。企业被黑，没必要紧张、辩白和反击，中国的企业环境一直不好，是正常现象，如果一个企业太白了，被黑一下，可以增加点健康肤色；企业是个黑乌鸦，再被黑，还是黑的；企业是白天鹅，泼上点黑墨，褪毛后还是白的，增加点灰度，或许更艳丽，白天鹅本来也是杂色的丑小鸭出落的。

（32）创新者的孤独。创新者永远是孤独的，走在前无古人的路上；跟随者总是焦躁的，关注与领先者的距离；平庸者一直是安逸的，有同伴快乐为伍；落后者最终是绝望的，在迷茫中出局；垄断者不一定是快乐的……

（33）创新与利润。创新者获取超额利润；追赶者获取高额利润；平庸者获取平均利润；落后者获取负利润；垄断者获取的是暴利。

（34）创新的窘境。为那些狂热地搞所谓“企业文化建设”的企业、企业老板和管理咨询从业者出一道思考题：在华为现有的核心价值观中，并没有“执行”和“创新”的内容，但谁能否定华为强大的执行力和创新力？原因何在？一个把“创新”作为口号的国家，一个把“创新”作为精神的城市，一个把“创新”作为理念的大学，一个把“创新”作为文化的企业，肯定是在创新方面出了问题：或者是体制的，或者是机制的，或者是技术的，或者是成果的，或者是……

（35）摸着石头过河。管理是在“摸着石头过河”中探索，在自我批判中进步，在自我优化中成长，在“顶层设计”中卓越。

（36）“触动利益，比触动灵魂还难。”第一，触动利益是“术”的问题，触动灵魂是“道”的问题；第二，术是权宜的和权变的，道是全局的和长远的；第三，触动灵魂是建构，触动利益是解构；第四，没有灵魂的触动，利益的触动是难以实现的；第五，触动利益依靠制度和机制，触动灵魂靠思想和灵魂；第六，两者都很难，没有更难。

（37）开放系统。企业必须也应该是开放系统，才能与外部能量交换，才能吐故纳新，才能持续地保持组织的活力。祈求于外部力量的保护，自我封闭，组织的能量就会衰减，导致系统的熵死。

（38）以客户为中心的效率提升。矩阵结构、业务流程和流程型文化的要义，是以客户为中心，而不是以流程为核心。企业不能追求内部管理之美，管理的核心永远是效率，经营的核心永远是客户。管理的高效率如果不能直面客户与市场，就是管理对经营战略的背叛。

（39）平庸的组织。低效率，决定了低回报；低回报，又导致低效率——这是个死循环。很多组织在这一循环中，变得平庸。

（40）组织设计与组织变革。每一个组织人的行为和行为结果背后，都是组织价值观和管理的体现。在设计制度时，除关注制度的目标之外，还需要特别关注制度之间的匹配，消除制度之间的相互制衡、矛盾与冲突，否则制度的力量会因制度之间的不匹配而衰减。换言之，制度设计一定要有系统观、体系观和结构观。组织变革的条件：第一，组织危机重重，已到崩溃的边缘，且人们已经意识到；第二，组织首领对组织更理想状态的追求，且付诸行动；第三，来自组织外部的巨大压力，且已影响到组织的生成。

（41）组织能力与个人能力。组织能力提升的重要度远远大于个人能力的提升，在没有组织能力提升下的个人能力提升，只是增长了长木板。如果提升的个人能力未能整合指向组织目标，或许会破坏组织能力的提升。

（42）企业中的痼疾。第一，不拉马的士兵；第二，假动作；第三，山寨化。解决第一个问题靠职位管理；解决第二个问题靠绩效管理；解决第三个问题靠流程再造；三个问题都解决靠企业家及企业家精神。

（43）管理者常犯的两个错误。第一，关爱走向溺爱；第二，严格走向苛责：这都不利于下属的成长。任正非以灰度的思想，破解两个极端的做法是：用兵狠，爱兵切。在对事的问题上，用兵狠；在人的问题上，爱兵切。有战斗力的军队，既是打出来的，也是爱出来的。

（44）第四个平台。业务、行政、事务是三个不同的领域，由此应该有对应的三个平台来承接，业务是核心，行政是支持，事务是辅助。三个平台之间的信息交流，还需要信息桥连接，故出现第四个平台，信息平台，它是链接。

（45）秘书体系建设。第一，秘书与文员是有区别的，秘书是经营者的助手，助手是没有决策权的。第二，秘书对非决策性管理事务进行快速反应，权力中心进行决策性管理，非决策性管理事务全由秘书处理。第三，要把渠道选准，挖掉淤泥，一是干部配置，二是信息分流：决策性和非决策性信息分流。秘书掌握和处理的 80% 是行政资源，即行政平台的运作，而不是 80% 的业务资源和业务平台。千万别混淆了。

（46）人力资源的潜力。人的态度不认真时，过多的知识培训开发是一种浪费，诸多国企的培训就是一种毫无价值的浪费；培训开发应该关注那些态度认真但知识技能缺乏的人，良好的态度与知识技能相结合，才能开发出持久的人力资源潜力，这样的人力资源投资才会有高回报。

（47）招人。企业从哪里招人，有两个途径：校园人和社会人。校园人的特点是：第一，成本低；第二，人力资本成长空间大；第三，雇用风险小；第四，企业认同感相对强；第五，价值观可塑性强。社会人的特点与此相反。

（48）投资者与投机者。投资者购买某家企业的股票时，都希望这家企业艰苦奋斗、狼性十足、加班加点、无私奉献、厉行节约、回报股东、工资要低、奖金要少；相反，当他成为这家企业的员工时，都希望安逸、小资、轻松、舒适、实惠、高回报、低投入。这就是人性：一半是天使，一半是魔鬼，一半是火焰，一般是海水。

（49）能量场。左的是正能量，右的也是正能量，只要聚焦于组织的整体价值观和整体利益。极左和极右就是负能量。世间充满正能量，人心向善，宵小之徒毕竟不是多数。组织的关键在于构建正能量场，让正能量高扬，让负能量耗散，让向善者得志，让作恶者遁形。国家如此，企业如此，网络亦如此。

（50）能量转化。对于富有自我批判和自我修复能力的组织或个人来讲，外部的批判、指责和打压，都会变成改进、优化和走向优秀的动力，即能够把外部的负能量，内化为自身的正能量。华为就是这样的组织。内化外部负能量者，走向优秀；排斥外部负能量者，走向封闭；吸纳外部负能量者，走向溃败。

（51）坚持自我批判（华为）。第一，持续地吸纳客户对公司的批判，并转化为对组织的自我批判——如“马电”；第二，持续地吸纳全体员工对公司的批判，并转化为对组织的自我批判——如“千里奔华为”；第三，自发地组织对公司的自我批判——如“泥坑”；第四，高层自主地自我批判；第五，把自我批判作为选拔管理者的标准和核心价值观。

（52）将与兵。兵是将的胆，将是兵的魂。

（53）优秀的少数人。归纳出优秀的标准很容易，也很讨巧，翻来覆去就那么几条。这个世界上优秀的人总是少数，与其关注优秀的素质，倒不如多关注一下阻碍我们走向优秀的障碍。

（54）改变使自己强大。以阴暗的心理猜测他人的人，只能得出阴暗的结论，其人生终将被阴暗所笼罩。改变自己，从而影响别人，会使自己更强大；改变别人使自己强大，往往难以持续。

（55）两个代价。习惯了以乞讨果腹的人，很难再回归以劳动生存；习惯了以提价剥夺利润的企业，很难回归以经验管理获取收益。

（56）批评与毁谤。容得下别人的尖锐批评，固然是一种进步；能够客观地自我批判，是走向伟大的进步。古人曰：无谤不英雄。可怕的是，谤人成为时尚，成为时髦，成为主流，且受追捧。在吾国，在当下，一个人、一个组织的成功，是最大的失败。这是一个不容许优秀的时代，这是一个没有英雄崇拜的时代，这是一个妖魔化成功的时代，这是一个缺少宽容时代。

（57）华为的“林志玲之美”。第一，美丽不是泼脏水就会玷污的——妖魔化的喷粪只能使鲜花更有营养；第二，华为也要不断地通过后天的努力变得像林志玲一样美——公司目标；第三，美丽不是永恒的——危机意识；第四，对美丽的判定达成共识——价值观的高度统一；第五，美丽是一种均衡——整体优化。

（58）华为的兴衰逻辑。《下一个倒下的会不会是华为》讲的是任正非的“管理哲学”，其管理哲学聚焦于“华为的兴衰逻辑”，管理哲学决定组织的兴衰。华为以往的“兴”，取决于对管理哲学的坚守，华为未来可能的“衰”，决定于未来还能否坚守和传承管理哲学。这就是“下一个倒下的会不会是华为”的本意。《下一个倒下的会不会是华为》写的是华为的“道”，而不是“术”。“道”可悟，“术”难学，不明“道”，“术”难为。归因于华为的思想与实践，我们作为旁观者，只是做了系统的梳理、归纳和提炼。

（59）管理永远是实践的艺术。最好的管理理论与实践，在企业，在咨询公司，不在课堂里。管理学来自对人类管理实践的总结与提炼，并以此对落后的管理实践指导与借鉴；必须警惕诞生于书斋的管理学理论，它对管理实践有误导作用。

（60）布谷鸟与乌鸦都是益鸟。华为是备受争议的公司，任正非是备受争议的企业家；华为是灰度的公司，任正非是崇尚灰度的人。这注定：有人热烈地推崇，不遗余力地褒扬；有人泼墨地批判，毫不留情地批评。这都很正常。在红与黑的争议中，还原到灰度。《下一个倒下的会不会是华为》上市以来，读者各类反馈很多。表扬与认可的，很受用，照单全收，心存感激；批评与否定的，不刺耳，练神经，认真反思，虚心接受；谩骂与攻击的，不生气，练度量，拉黑他。布谷鸟与乌鸦都是益鸟！

（61）华为不仅仅是500强。2010年第397位，首次进500强。2010—2012年在300位区间，2013—2015年在200位区间。2016年进入100位区间，2017年进入100位以内区间。7年在《财富》500强中前进了314位，这就是华为。

（62）不能本末倒置。任正非讲：不能去炫耀锄头而忘了种地！何谓炫耀锄头？宣扬互联网思维、宣扬商业模式、宣扬上市与市值等等，都是在炫耀锄头。

（63）共享经济。共享经济不是人人有份的普惠，不是平均主义的大锅饭，也不是经营管理的终极目标。企业内部构建共享经济，是价值的分配形式，它首先应该建立在价值创造之上。没有分享（向他人让渡利益），何来共享（组织成员分享让渡的利益）。

（64）跨界与边界。在跨界之前，先清楚自己的边界。跨出去易，走回来难。别种了别人的地，荒了自己的田。企业要搞生态，还是应该从种好每棵庄稼做起，从种好自己的一亩三分地开始。组织是有边界的，业务是有边界的，人也是有边界的，这一切都是基于分工原理，分工是组织成立的基础。强调团队精神没错，但团队精神也是基于分工的。要有团队精神，首先必须种好自留地。

"无边界"将导致组织的混乱。边界真的如此可怕？为什么企业都想打破它？没有边界，就没有责任界定；没有边界，就没有团队合作；没有边界，就难以授权；没有边界，就很难实现监控。

（65）以脚践行。2009年任正非在某省拜访客户，用餐完毕双方告别时任正非让客户先走，而客户则坚持任正非先走，时任代表果真让我们的司机过来请任正非先上车。任正非见状大怒，客户一看任正非为此生气，马上上车先走了。第二天，此事就在该省传为美谈，客户说"华为以客户为中心是真的，任正非用自己的脚在践行"。——摘自华为内网文章

（66）道是悟出来的。有人问：为什么很多企业并没有提出艰苦奋斗和以客户为中心的企业文化？最重要的原因在于它过去没有相关的艰苦奋斗和以客户为中心的经营管理实践；在于它还没有深刻地领悟到这一普适的和普世的企业价值主张；在于悟道有先后；在于并非每个人都能悟到道。

（67）学以致用。当年的小朋友，今天初入职场，人生进入新的阶段。衷心感谢所有关心、关爱、帮助与呵护他的师友亲朋！今天送两件礼物，伴其职场生涯。一是任正非的《致新员工书》；二是任正非致年轻人的人生格言：视野，意志，品格。顺便期望：用第一个月的工资，给妈妈买点礼物，给爷爷奶奶一份孝敬。祝工作顺利！

（68）激励与约束。一般认为，华为敢激励，号称"让激励更刺激"。但外界所忽视的是，华为也敢惩罚，其惩罚力度也是很大的。诸多企业学了华为的激励，但没学华为的惩罚。赏罚分明，才是真正的灰度。能赏不敢罚，是极端。

（69）简单。简单，方能聚焦；聚焦，才有效率。从简单做到不简单，其实也简单。

（70）华为之灰。华为崇尚“灰度”，如何的黑，都不会改变其灰度的本质，只能使灰的度发生一些变化。灰度是核心，宽容与妥协是两翼。在坚守灰度的核心价值观的前提下，宽容人性的恶，向不如意的现实妥协。

（71）分享不仅是个理念。当下的“分享经济”，面临着的两个最大问题是：第一，参与分享的要素的价值如何衡量；第二，各分享主体对于价值创造贡献度如何衡量。这两个问题不解决，所谓的分享经济只能是个美好想象的概念。这两个问题，当下的管理学及管理学家或许解决不了，只能寄希望于领先企业的实践探讨。

（72）自我批判。华为的实践证明：自我批判，不是自卑，而是自信，唯有强者才会自我批判，也只有自我批判才会成为强者，唯有长期坚持自我批判，才能立于不败之地。

（73）妙论。任正非新近提出：HR应该成为业务运作的“空中加油机”，而不是“加油站”。这才是对人力资源业务伙伴（HRBP）的恰切比喻。

（74）力与利。华为坚守的是“力出一孔”和“利出一孔”，前者关注的是价值创造，秉持的是“以客户为中心”；后者关注的是价值分配，坚持“以奋斗者为本”。力与利，相辅相成，以力取利，以利激力。

（75）让谁满意。在理论上，客户满意度、员工满意度、领导满意度等是统一的，相互促进的，有内在逻辑的；在实践中，客户满意度、员工满意度、领导满意度是矛盾的，相互制约的，无内在逻辑的。

（76）选人是天下最难的事。一个好的团队必须有唐僧，有悟空，有八戒，有沙僧，还要有白龙马。如何构建一个好的团队？有人认为选人是关键。其实，这是错误的观点。对于唐僧来讲，悟空、八戒、沙僧和白龙马都是在路上偶遇的，并不是选拔出来的。

（77）任正非是面镜子。如果想学华为文化，您要先从自己做起，学学任正非的奋斗精神和奋斗实践，这应该不难学，也应该学得会。否则，就是叶公好龙；否则，别学华为。为什么在国内很多企业老板身上看不到任正非的这种奋斗，或者说也曾奋斗过的老板们为什么不能像任正非那样继续保持奋斗了？不断提倡让员工奋斗的企业家们，您想过吗：您若贪生怕死，何来让员工去英勇奋斗？什么时候敢像任正非那样，发出自己的承诺："我鼓励你们奋斗，我自己也会践行。"当您更多的时间奋斗在高尔夫球场上时，您有资格让员工在枪林弹雨中奋斗吗？任正非是一面镜子，您敢于问心无愧地直视这面镜子吗？

（78）基因与机理。人的基因研究都那么困难重重，进展缓慢，何况研究一个组织的成功基因。故，那些研究成功企业基因的研究成果，基本是靠不住的自说自话。故，研究一些企业成功的内在机理，比研究成功的基因更有价值。

（79）分钱易，奋斗难。将无差异的普惠式的福利，转化为拉开差距的与绩效挂钩的其他薪酬支出，带来的激励效果更明显。所以说，分钱更多的不是科学，而是艺术。

（80）对联。斗胆为任正非的名言配个下联：

秦淮河边温柔之乡成长不起世界领袖；

大观园里粉黛之地出落不了热血男儿 。

（81）自我激励。伟大的领导者都是激励他人的大师，更重要的是，伟大的领导者首先是自我激励的大师。

（82）把批判内化为自我批判。多少年来，企业与组织都在致力于建立"学习型组织"，似乎成效不大。既然如此，可否就此打住，从现在起，致力于构建"自我批判型组织"。没有自我批判，学习型组织很难构建。

人贵有自知之明。其实，有自知之明的人是少数，能够自知也是很困难的，故才“贵”，日三省吾身的是圣人，普通人三日省一次“吾身”也不多见，日三攻（击）人身的倒不少。因此，即使具备自我批判之心，有时候也不清楚批判自己什么。个人如此，组织也如此。那么，如何解决自我批判的供给侧问题呢？

华为找到一个有效的途径，这就是把来自他人的批判，转化为个人或组织的自我批判。

（83）狼性文化。一个奇怪的悖论：很多企业都赞赏、羡慕或学习华为的“狼性文化”，而华为从不认可自己的企业文化是“狼性文化”。

（84）博观而约取，厚积而薄发。没有厚积薄发，就没有后来居上。弯道超越是机会主义的选择，直道冲刺才是强者的逻辑。

（85）工程师文化。这是公司研发体系的“遵义会议”（指以呆死料作为奖金、奖品发给研发骨干），通过集体的自我批判，消灭“工程师文化”，呼唤“工程商人”，重新回归以客户为中心的正确轨道。

（86）企业之树。企业之树：树根是核心价值观与经营哲学；树干是组织架构与干部；树枝是人力资源；花果是经营业绩。根深，干壮，枝繁叶茂，方能果硕。许多企业的问题出在根上。

（87）状态。任何企业人都有状态，或者在状态，或者不在状态。人力资源管理的价值就在于：让不在状态者，变为在状态，并持续地使之保持在状态。

（88）压强原则。聚焦于主航道的机会导向的“压强原则”，与在不同行业四处寻找机会的“风口理论”，是两种完全不同的价值主张。在一个机会主义横行的企业生态环境里，企业只能构建起机会主义的生态模式。

（89）荐书。如果您家有80后、90后，如果您有下属，如果您有学生，如果您想自我激励一下，请让他们读读此书（《枪林弹雨中成长》），在当下还有一帮年轻人这样活着！扉页上有句话：人生攒满了回忆就是幸福——任正非。“枪林弹雨”系列可以作为任何企业新员工培训的辅助教材。

（90）乌龟精神。如果乌龟能够飞奔，兔子就必须淘汰；如果大象能够跳舞，蚂蚁就必须出局。别忘了，决定企业能走多远的是一个基本常识：距离 = 速度 × 时间。乌龟们的速度缓慢，但如果能用比兔子更多的时间来爬行，不断累积的结果是照样会把兔子抛到身后，兔子，等着瞧！

（91）组织的兴衰。组织的强盛从来都不是组织衰落的原因，同样，组织的衰落也从来不是组织强盛的原因。组织的强盛是组织强盛的原因，组织的衰落是组织衰落的原因。

（92）企业的价值。在企业中有两个“值”几乎没有价值，一个是上市公司的市值，一个是未上市公司的估值。它们如同丰富的啤酒泡沫，看起来华丽，实则如昙花一现，无法持久。还有一个不靠谱的是老板的财富榜排名。企业最关键最重要的，一个是营业额，一个是利润。前者反映的是价值创造能力，后者反映的是可持续发展能力。

（93）组织的力量。狼群的力量来自狼，狼的力量来自狼群；组织的力量来自个人，个人的力量来自组织；组织的核心问题在于组织起来。

后 记

2013年10月，中信出版社出版了《华为没有秘密》。

2015年10月，应出版社要求，对本书调整修订，出版了《华为没有秘密（珍藏版）》。

2015年10月之后，我又写了一些小文章，想再出个集子。但书名叫什么，颇费周章，最后决定还是取巧一下，沿用过去的书名。

这些文章依旧聚焦于“没有秘密”的华为，“没有密码”的任正非。

本书所有文章都是在近两年写的，也都是我一个字一个字敲出来的，没有使用剪刀与糨糊，绝少复制与粘贴。

有人发微博讲，当下中国能够拿出去的只有高铁和华为，不敢妄评。巧合的是，书中写华为的文章，大部分是在高铁上写作或构思的。

依然是诚惶诚恐：数十篇小文能否清晰地揭示“华为没有秘密”的主题？能否把没有秘密的华为的管理哲学、成长逻辑、动力机制、管理体系等阐释清楚？能否对华为这个特殊的案例做出准确的解析？限于笔者的视野和能力，这或许是一项不可能完成的课题，只能留待以后更深入地研究。

本书只想提出并验证“华为没有秘密”这个命题，至于读者对华为及任正非是否认同，会得出什么样的结论，作者唯有诚惶诚恐！

考虑到《华为没有秘密》及随后出版的珍藏版有些文章是重复的，故将本书定名为《华为没有秘密 2》，至于“1”到底是哪一本，就不深究了，至于会否有“3”，现在不好说，看看再说。

首先感谢任正非先生，感谢您对本人的开放、宽容和灰度；感谢华为人，感谢华为的高层领导们，感谢华为，感谢的内容恕不一一列出；感谢五位人称为“君子”的彭剑锋教授、包政教授、黄卫伟教授、杨杜教授、孙健敏教授；感谢田涛先生、牛文文先生；感谢中信出版社的沈家乐女士、李玫女士。真诚地感谢！

我的邮箱地址：wchunbo@ruc.edu.cn.

2017 年 8 月 13 日

于求是楼